उत्कृष्ट प्रबंधन के रूप

सुरेश कांत

जन्म : 16 जून, 1956, ***गाँव :*** करौदा-हाथी, ***जिला :*** मुजफ्फरनगर, उत्तर प्रदेश।

शिक्षा : दिल्ली विश्वविद्यालय से प्रथम श्रेणी में एम. ए. (हिंदी); राजस्थान विश्वविद्यालय, जयपुर से पत्रकारिता में स्नातकोत्तर डिप्लोमा और पी-एच.डी.। 'प्राचीन भारत में बैंकिंग का स्वरूप और शब्दावली' विषय पर डी.लिट्. के लिए शोधरत।

प्रकाशन : ***उपन्यास :*** *धम्मं शरणम्* (पुरस्कृत), *युद्ध, जीनियस, नवाब साहब, कनीज;* ***कहानी :*** *उत्तराधिकारी, गिद्ध, क्या आप एस.सी. दीक्षित को जानते हैं ?;* ***नाटक :*** *रजिया, प्रतिशोध, विदेशी आया, गवाही, कौन ?* ***व्यंग्य :*** *ब से बैंक* (पुरस्कृत), *अफसर गए बिदेस* (पुरस्कृत), *पड़ोसियों का दर्द, बलिहारी गुरु* (पुरस्कृत), *अर्थसत्य;* ***बाल साहित्य :*** *कुट्टी, रोटी कौन खाएगा, चलो चाँद पर घूमें, भाषण बाबू, भैंस का अंडा, विश्व-प्रसिद्ध बाल कहानियाँ (पाँच भाग);* ***आलोचना :*** *हिंदी गद्य लेखन में व्यंग्य और विचार;* ***अन्य :*** *प्रबंधन के गुरुमंत्र, कुशल प्रबंधन के सूत्र, सफल प्रबंधन के गुर, आदर्श प्रबंधन के सूक्त, उत्कृष्ट प्रबंधन के रूप, बैंकों में हिंदी का प्रयोग, इन्साइक्लोपीडिक डिक्शनरी ऑफ बैंकिंग एंड रिलेटिड टर्म्स* (शीघ्र प्रकाश्य) आदि।

दैनिक 'अमर उजाला कारोबार' में हर रविवार को प्रकाशित होने वाला उनका साप्ताहिक व्यंग्य-कॉलम *अर्थसत्य* और हर मंगलवार को प्रकाशित होनेवाला साप्ताहिक *प्रबंधन-कॉलम* बहुत चर्चित हुए हैं।

नुक्कड़ व्यंग्य-नाटक *विदेशी आया* के 100 से भी ज्यादा प्रदर्शन।

सम्मान : साहित्य कला परिषद् (दिल्ली), हिंदी अकादमी (दिल्ली), उ. प्र. हिंदी संस्थान (लखनऊ) के पुरस्कार।

आवरण : नरेन्द्र श्रीवास्तव

विख्यात ग्राफिक डिजायनर। कुछ समय अध्यापन के उपरांत इस समय स्वतंत्र कार्य। 1972 में नेहरू फेलोशिप से विभूषित। भारत और पेरिस में साथ-साथ कार्य किया। हिंदी टाइपोग्राफी पर शोध, देवनागरी के अक्षरों और 'ओ३म' का रचनात्मक अंकन। कई संस्थाओं व विख्यात डिजायनर्स के लिए प्रतीक-रचना।

उत्कृष्ट प्रबंधन के रूप

सुरेश कांत

समझदार पेपरबैक्स
राधाकृष्ण

पहला पुस्तकालय संस्करण
राधाकृष्ण प्रकाशन प्राइवेट लिमिटेड द्वारा
2005 में प्रकाशित

राधाकृष्ण पेपरबैक्स में
पहला संस्करण : 2007
पहली आवृत्ति : 2012

राधाकृष्ण पेपरबैक्स : उत्कृष्ट साहित्य के जनसुलभ संस्करण

राधाकृष्ण प्रकाशन प्राइवेट लिमिटेड
7/31, अंसारी रोड, दरियागंज
नई दिल्ली-110 002
द्वारा प्रकाशित

शाखाएँ : अशोक राजपथ, साइंस कॉलेज के सामने, पटना-800 006
पहली मंजिल, दरबारी बिल्डिंग, महात्मा गांधी मार्ग, इलाहाबाद-211 001

वेबसाइट : www.radhakrishnaprakashan.com
ई-मेल : info@radhakrishnaprakashan.com

बी.के. ऑफसेट
नवीन शाहदरा, दिल्ली-110 032
द्वारा मुद्रित

मूल्य : ₹ 125

आवरण : नरेन्द्र श्रीवास्तव

UTKRISHTA PRABANDHAN KE ROOP
by Suresh Kant

ISBN : 978-81-8361-138-1

'अमर उजाला कारोबार' में हर हफ्ते
इन लेखों की उत्सुकता से प्रतीक्षा करनेवाले
आदरणीय बाबू जी—श्री रूपचंद कल्याण
को सादर

क्रम

भूमिका : क्या, कैसे और किसके लिए

आज से लगभग चार साल पहले हिंदी के पहले बिजनेस-डेली 'अमर उजाला कारोबार' के प्रकाशन के साथ हिंदी की व्यावसायिक पत्रकारिता के क्षेत्र में एक क्रांति हुई थी। उसके खूबसूरत कलेवर, पेशेवराना प्रस्तुति और उच्चस्तरीय सामग्री ने मुझे भी उसके साथ बतौर लेखक जुड़ने के लिए प्रेरित किया। और तब से उसमें हर मंगलवार को प्रकाशित होनेवाले अपने कॉलम में मैं प्रबंधन के विभिन्न पहलुओं पर नियमित रूप से लिखता रहा।

एक विषय के रूप में प्रबंधन की ओर मेरा झुकाव रिज़र्व बैंक में अपनी कानपुर-पोस्टिंग के दौरान अपने कार्यालय-अध्यक्ष श्री केवल कृष्ण मुदगिल की प्रेरणा से हुआ। बाद में कानपुर से दिल्ली आने पर दिल्ली-कार्यालय के अध्यक्ष श्री सैयद मुहम्मद तक़ी हुसैनी ने मुझे नया कुछ करने की प्रेरणा दी, तो मेरा ध्यान प्रबंधन पर लिखने की तरफ ही गया। हिंदी में इस तरह के लेखन का नितांत अभाव था और 'हिंदीवाला' होने के नाते मैं इस अभाव की पूर्ति करना अपना कर्तव्य भी समझता था। लिहाजा मुदगिल जी और हुसैनी साहब जैसे हितैषियों की प्रेरणा, अपने कर्तव्य-बोध और 'कारोबार' के प्रकाशन की शुरुआत—इन तीनों ने मुझे इस विषय पर लिखने की राह पर डाल दिया।

प्रबंधन मेरी नजर में आत्म-विकास की सतत प्रक्रिया है। अपने को व्यवस्थित-प्रबंधित किए बिना आदमी दूसरों को व्यवस्थित-प्रबंधित करने में सफल नहीं हो सकता, चाहे वे दूसरे लोग घर के सदस्य हों या दफ्तर अथवा कारोबार के। इस प्रकार आत्म-विकास ही घर-दफ्तर, दोनों की उन्नति का मूल है। इस लिहाज से देखें, तो प्रबंधन का ताल्लुक कंपनी-जगत के लोगों से ही नहीं, मनुष्य मात्र से है। वह इंसान को बेहतर इंसान बनाने की कला है, क्योंकि बेहतर इंसान ही बेहतर कर्मचारी, अधिकारी, प्रबंधक या कारोबारी हो सकता है। प्रबंधन पर लिखते समय मेरे ध्यान में यह पूरा लक्ष्य-समूह रहता है और मैं अखबार से मिलनेवाले फीडबैक तथा पाठकों से सीधे प्राप्त होने वाली प्रतिक्रियाओं के आधार पर कह सकता हूँ कि मैं प्रबंधन को हिंदीभाषी छात्रों, अध्यापकों, शोधार्थियों, कारोबारियों और कर्मचारियों-अधिकारियों-प्रबंधकों के बीच ही नहीं, इस विषय से सीधा संबंध न रखनेवाले आम आदमी के बीच भी लोकप्रिय बनाने में कामयाब रहा हूँ।

इस व्यापक लक्ष्य-समूह को मद्देनजर रखते हुए और साथ ही प्रबंधन की विभिन्न

अवधारणाओं को समझने में हो सकनेवाली गफलत की आशंका को दूर करने के उद्देश्य से भी, मैंने हिंदी के साथ-साथ अंग्रेजी के शब्दों का भी बहुतायत से प्रयोग किया है और इसके लिए 'यानी' वाली शैली अपनाई है, जैसे अंतःक्रिया यानी इंटरएक्शन, प्रत्यायोजन यानी डेलीगेशन, कल्पना यानी विजन आदि। जहाँ हिंदी के शब्द अप्रचलित और क्लिष्ट लगे, वहाँ मैंने केवल अंग्रेजी के शब्दों का प्रयोग करने से भी परहेज नहीं किया। शुद्धतावादी इससे कुछ परेशान हो सकते हैं, पर हिंदी को जीवंत और रवाँ बनाए रखने के लिए यह जरूरी था। मैं शुद्धतावादियों का खयाल रखता या अपने पाठकों और अपनी हिंदी का? शुद्धतावादियों की जानकारी के लिए बता दूँ कि खुद 'हिंदी' शब्द विदेशी है। और भी ऐसे अनेक शब्द, जिनके बारे में हम सोच भी नहीं सकते कि वे हिंदी के नहीं होंगे, हिंदी के नहीं हैं। कागज, कलम, पेन, कमीज, कुर्ता, पाजामा, पैंट, चाकू, चाय, कुर्सी, मेज, बस, कार, रेल, रिक्शा, चेक, ड्राफ्ट, कामरेड, दफ्तर, फाइल, बैंक आदि में से कोई अंग्रेजी का शब्द है, तो कोई अरबी, फारसी, तुर्की, रूसी, जापानी आदि में से किसी का। और ऐसे शब्दों की एक लम्बी सूची है। असल में यह हिंदी की ताकत है, कमजोरी नहीं।

लेखों में अनेक देशी-विदेशी प्रबंधन-गुरुओं, विद्वानों, शास्त्रियों, व्यावसायिक सलाहकारों, कार्यपालकों आदि के उद्धरण मिलेंगे; यह ज्ञान बघारने या बोझ से मारने के लिए नहीं, बात को स्पष्ट करने और प्रामाणिक बनाने के लिए है।

अशोक महेश्वरी जी ने जब मुझे पत्र लिखकर सूचित किया कि वे 'कारोबार' में मेरे लेख नियमित रूप से पढ़ रहे हैं और उनसे स्वयं उन्हें भी बहुत लाभ पहुँचा है, तो मेरे उत्साह की कोई सीमा न रही। अब वे उन्हें पुस्तक-रूप में छापने का दायित्व भी उठा रहे हैं। हरीश आनंद जी ने भी अनेक महत्त्वपूर्ण सुझाव देकर मेरी सहायता की है। उनके द्वारा सुनाया गया किस्सा मुझे अब तक याद है और वह यह कि एक व्यक्ति ने अपने हाथों में पकड़े एक पक्षी को पीठ पीछे ले जाते हुए अपने मित्र से पूछा—बताओ, यह पक्षी मरा हुआ है या जिंदा? मित्र ने झट से कहा—ऑप्शन तुम्हारे पास है, क्योंकि अगर मैं कहूँगा कि जिंदा है, तो तुम पीछे ही इसकी गर्दन मरोड़कर मुझे दिखा सकते हो; और मैं कहूँ कि मरा हुआ है, तो जिंदा तो तुम इसे दिखा ही दोगे। इसी की तर्ज पर मैं भी यह कहना चाहता हूं कि प्रबंधन एक ऐसी विद्या है, जिसके द्वारा हम अपने व्यक्तित्व, घर-परिवार, दफ्तर और कारोबार—सबकी काया पलट सकते हैं और उन्नति के मार्ग पर अग्रसर हो सकते हैं। हम ऐसा करें या नहीं, यह विकल्प हमारे अपने हाथ में है।

अंत में, जिस-जिससे भी मुझे अपने इस प्रयास में सहायता मिली, उन सबके प्रति मैं शायर के इन शब्दों में आभार व्यक्त करता हूँ :

नशेमन पे मेरे एहसान सारे चमन का है,
कोई तिनका कहीं का है, कोई तिनका कहीं का है।

—सुरेश कांत

स्व-प्रबंधन

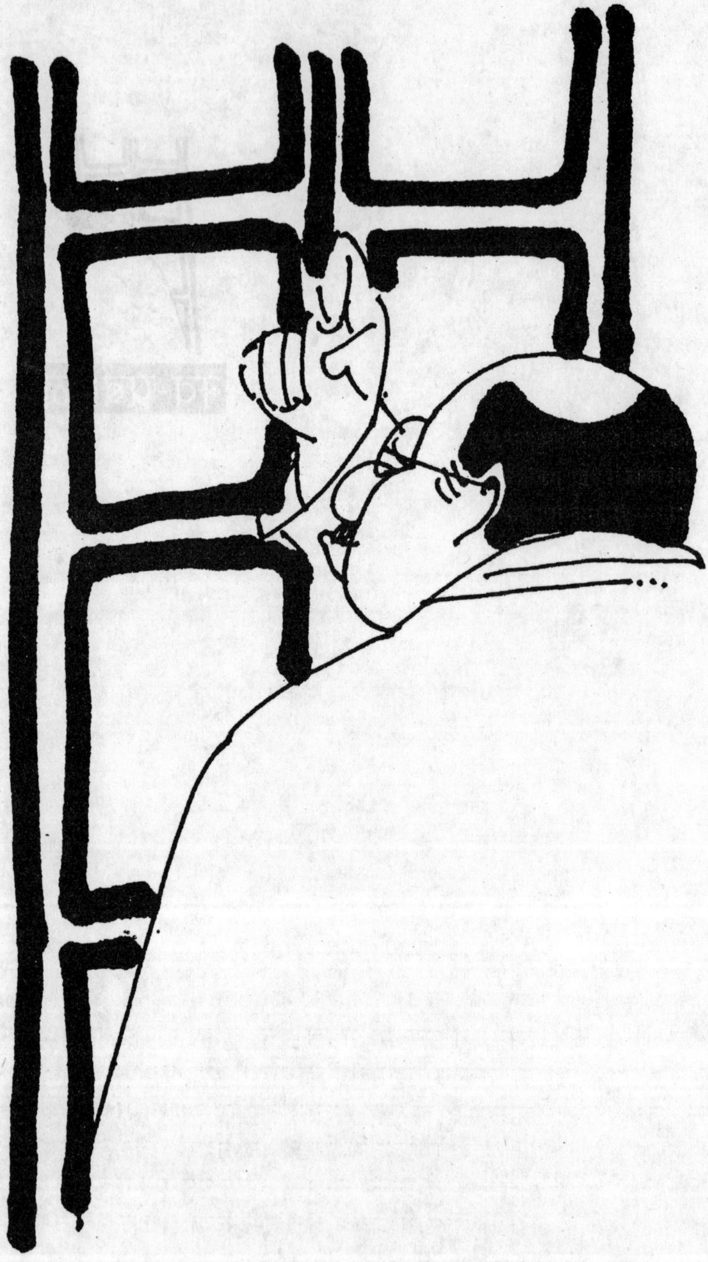

पूछने में झिझक कैसी

संता सिंह एक गंदी नाली के किनारे बैठा बार-बार उसमें हाथ डालकर कुछ ढूँढ़ रहा था। वह नाली में हाथ डालता, मुट्ठी में कीचड़ भरकर बाहर निकालता, उँगलियों से कीचड़ को मसलकर देखता और अपनी मनोवांछित चीज न पा फिर नाली में हाथ डाल देता। जब उसे ऐसा करते काफी देर हो गई, तो उसकी हरकतों पर नजर रखे हुए ओट में खड़े उसके एक परिचित ने नजदीक आकर उससे पूछा, 'संता सिंह जी, यह क्या कर रहे हो?'

'अठन्नी ढूँढ़ रहा हूँ,' संता सिंह ने जवाब दिया।

'अठन्नी?' परिचित ने पूछा, 'क्या आपकी अठन्नी इसमें गिर गई है?'

'नहीं, गिरी तो नहीं है,' संता सिंह ने कहा, 'पर ढूँढ़ने में क्या हर्ज है?'

एक बार कहा गया 'नहीं' हमेशा के लिए 'नहीं' नहीं होता

बाइबल में कहा गया है कि खटखटाओ, और दरवाजा खुलेगा। पुकारो, और जवाब मिलेगा। शर्त बस यह है कि हमारी खटखटाहट वाजिब होनी चाहिए, पुकार सच्ची होनी चाहिए। मतलब यह कि कुछ पाने की इच्छा करने से पहले हममें उसे पाने की पात्रता होनी चाहिए। बिना पात्रता के कहीं भी अठन्नी ढूँढ़ने लग जाने का कोई फायदा नहीं, पर यदि पात्रता हो तो फिर खटखटाने और पुकारने में झिझक कैसी?

बच्चे कक्षाओं में शिक्षक से सवाल पूछने से हिचकते हैं, भले ही पाठ उनकी समझ में न आ रहा हो। उन्हें लगता है कि सवाल पूछने से शिक्षक और सहपाठियों द्वारा बुद्धू न समझ लिए

जाएँ। उन्हें नहीं पता कि सवाल न पूछने से बुद्धू समझे भले न जाएँ, बुद्धू रह जरूर जाते हैं। कहावत गलत नहीं है कि 'जड़तापूर्ण प्रश्न करने से जड़तापूर्ण गलतियाँ करने की गुंजाइश नहीं रहती।' समाज में व्यक्ति मुसीबत में पड़कर भी पड़ोसियों से सहायता माँगने में झिझकता है। वह समझता है कि सहायता माँगने से उसकी नाक नीची हो जाएगी। नाक बचाने के खयाल में वह,भूल जाता है कि समाज में एक-दूसरे की सहायता के बिना काम नहीं चलता। कर्मचारी बॉस से अपनी समस्या कहने में हिचकता है कि बॉस कहीं मना न कर दे। सेल्समैन बहुत-से आदेश सिर्फ इसलिए गँवा देते हैं, क्योंकि वे आदेश माँगने में हिचक जाते हैं। वे नहीं जानते कि एक बार कहा गया 'नहीं' हमेशा के लिए 'नहीं' होता। अगले दिन, अगले महीने, अगले बरस या अगले दशक यह 'हाँ' हो सकता है।

प्राथमिकता का सवाल

एक बार एक पिता-पुत्र कहीं जा रहे थे। रास्ते में एक हाथी सस्ते में बिक रहा था। बेटे ने पिता से हाथी खरीद लेने के लिए कहा, पर पिता ने मना कर दिया। बरसों बाद वे अपनी टोयोटा में बैठे जा रहे थे कि रास्ते में एक हाथी फिर बिकता दिखाई दिया। बेटे ने झिझकते हुए पिता से फिर हाथी खरीदने की इच्छा जताई, तो इस बार पिता ने इजाजत दे दी। बेटे से यह पूछे बिना नहीं रहा गया कि पिता ने वर्षों पहले हाथी खरीदने की इजाजत क्यों नहीं दी, जबकि तब हाथी सस्ता मिल रहा था। पिता ने जवाब दिया, 'बेटा, तब हम गरीब थे और प्राथमिकताएँ भिन्न थीं। आज हम इसे खरीदने की हैसियत रखते हैं।'

विभिन्न कारणों से जो आज 'नहीं' है, वे कारण न रहने पर कल वह 'हाँ' में बदल सकता है। 'नहीं' के डर से प्रयास करने से नहीं हिचकना चाहिए। प्रयास करने पर ज्यादा से ज़्यादा क्या होगा? 'नहीं' सुनना पड़ जाएगा—यही न? पर प्रयास न करने पर तो वह अपने-आप ही 'नहीं' है। हाँ, प्रयास करने पर 'हाँ' भी संभव है। मतलब यह कि प्रयास करने से नुकसान कुछ नहीं होगा, लाभ जरूर हो सकता है। अतः 'नहीं' के लिए तैयार रहते हुए 'हाँ' के लिए प्रयास करने से नहीं चूकना चाहिए।

कारगर युक्ति

माना कि रहीम ने कहा है कि 'रहिमन वे नर मर चुके, जे कछु माँगन जाहिं'। पर यदि आपको अपनी माँग के वाजिब होने का विश्वास है और आप सिर्फ अपने ही लाभ के लिए 'भीख' नहीं माँग रहे हैं, तो ऐसी माँग करने में कोई हर्ज नहीं। आगे बढ़िए और माँग लीजिए। पूछकर तो देखिए। हाँ, पहले थोड़ा 'होम-वर्क' जरूर कर लीजिए। कुछ इस तरह, मानो आपका प्रेम-प्रसंग चल रहा हो। अपना अनुरोध लिख डालिए, मात्र छठा-सातवाँ प्रारूप ही अच्छा रहेगा उसे भेजने के लिए,

जिससे आप अनुरोध करने जा रहे हैं और फिर सफलता की उम्मीद रखिए। यकीन मानिए, यह तदबीर 90 प्रतिशत मामलों में काम कर जाती है।

वर्षों पहले एक मित्र ने इस तरकीब को आजमाया और पैनएम से प्रथम श्रेणी में दुनिया की सैर का पुरस्कार पाया। तब वह अमेरिका में जनरल मिल्स में काम करता था। कंपनी की गृह-पत्रिका में उसने एक छोटी-सी सूचना पढ़ी कि कंपनी 'पीएल-480 योजना' के एक अंग के रूप में सोयाबीन को शामिल करने की दृष्टि से खानपान की आदतों के सर्वेक्षण के लिए दो सदस्यों का एक दल भारत, बर्मा और श्रीलंका भेजना चाहते हैं। सूचना से वह खिल उठा। इस बहाने वह भारत में रहनेवाले अपने माता-पिता से मिल सकता था। अंततः उसने अपनी कंपनी के निदेशक को यह पत्र लिखा।

'महोदय, मैंने गृह-पत्रिका में सर्वेक्षण-दल भेजे जाने की कंपनी की योजना के संबंध में पढ़ा। चूँकि मैं एक भारतीय हूँ, अतः बेहतर सर्वेक्षण करने में मैं टीम के लिए अच्छा मददगार साबित हो सकता हूँ। मैं भारत में अपने खर्च पर रहूँगा। प्रायः पूरे भारत में मेरे रिश्तेदार या परिचित रहते हैं। यही नहीं, अमेरिका वापस लौटने पर मैं अपने विमान-किराए का पैसा भी किस्तों में लौटा दूँगा। कंपनी से मुझे सिर्फ दौरे पर रहते हुए अपना नियमित वेतन चाहिए।'

और हफ्ते-भर में ही उसे सोयाबीन काउंसिल ऑफ अमेरिका के विशेष परामर्शदाता के रूप में 45 दिन के दौरे पर भेज दिया गया। सारा खर्च कंपनी ने उठाया और उसे 25 ड़ॉलर प्रतिदिन फुटकर (आउट ऑफ पॉकेट) खर्च के लिए अलग से दिए।

किसी से कुछ माँगने से पहले हमें स्वयं को बार-बार उस आदमी की जगह रखकर देखना चाहिए, जिससे हम कुछ चाहते हैं, और तदनुसार ही अनुरोध करना चाहिए। याद रखिए, आम तौर पर कोई 'नहीं' नहीं कहना चाहिए। क्योंकि जायज बात के लिए 'नहीं' कहना असहज है, उसके लिए भी स्वयं को मारना पड़ता है। तभी तो रहीम ने आगे कहा है, 'उनते पहले वे मुए, जिन मुख निकसत नाहिं'।

त्रुटियों से बचाव

पूछ लेने से न केवल राह पता चलती है और गाड़ी आगे बढ़ती है, अपितु ऐसा कुछ होने की संभावना भी खत्म हो जाती है जो नहीं किया जाना चाहिए। फ्रांसीसी सेना में एक बार जवानों की टोपियों की डिजाइन बदली जा रही थी। जनरल ने अपने एडीसी से पूछा कि कितनी टोपियाँ बदली जानी हैं। एडीसी ने इसे बड़ा गंभीर काम समझा और उसने इस पर अगले छः दिन मेहनत की। जब उसने जनरल को एक समेकित रिपोर्ट दी, तो जनरल ने उसे फाइल नं. 13 यानी रद्दी की टोकरी में फेंक दिया। पहले तो एडीसी को बड़ा धक्का लगा, पर फिर वह समझ गया कि उसे जनरल से पूछ लेना चाहिए था कि 'आपको कितनी विस्तृत सूचना चाहिए?' तब

शायद वह अपने अनुभव से ही जवाब दे देता और शायद जनरल चाहता भी वही था।

किसी चीज का आपके काम से दूर का संबंध न होने पर भी प्रश्न पूछिए, जिज्ञासाएँ कीजिए। इससे आपके हाथ ऐसे सूत्र लगेंगे, जो यथासमय आपके बहुत काम आएँगे। और हाँ, घर-दफ्तर में ऐसा माहौल भी पैदा कीजिए कि आपके बच्चे या अधीनस्थ कर्मचारी (जो बॉस के लिए बच्चों के ही समान होते हैं) भी सवाल पूछने में डरें-झिझकें नहीं। आखिर उन्हें भी जानने का उतना ही अधिकार है, जितना आपको है।

पहले खुद तो कीजिए अपना सम्मान

मानव-संसाधन-विकास यानी एचआरडी ने हाल ही में बहुत महत्त्व प्राप्त कर लिया है। एक समर्थकारी और प्रेरणादायक उपाय के रूप में एचआरडी आज प्रबंध-अध्ययन के एक अत्यंत महत्त्वपूर्ण क्षेत्र के रूप में स्वीकृत किया जाने लगा है। क़हा तो यह तक जाता है कि व्यक्तिगत और संगठनात्मक, दोनों तरह की प्रभावोत्पादकता के लिए लोगों की संपूर्ण क्षमताओं का उपयोग एचआरडी को उचित महत्त्व दिए बिना संभव नहीं।

एचआरडी पर जितना भी साहित्य उपलब्ध है, वह प्रेरणा, टीम-निर्माण और नेतृत्व जैसे सिद्धांतों से भरा पड़ा है। विश्वास, खुलापन, स्वायत्तता, सहयोग, कर्मण्यता और प्रयोग-शीलता एचआरडी के क्षेत्र में प्रचलित कुछ और शब्द हैं।

अगर अपनी निगाह में ही आप दो कौड़ी के हैं, तो दूसरे भी यही मानेंगे.

स्वाभिमान का महत्त्व

पर आश्चर्य है कि स्वाभिमान या 'रचनात्मक अहम्' का उल्लेख कभी-कभार ही मिलता है। किंतु इससे हो सकनेवाले लाभों को दृष्टिगत रखते हुए 'स्वाभिमान' की अवधारणा और व्यक्तिगत व कॉरपोरेट, दोनों ही संदर्भों में उसके निहितार्थों पर गहराई से गौर करना आवश्यक है।

नेपोलियन कहा करता था कि 'वे इसलिए योग्य हैं क्योंकि वे सोचते हैं कि वे योग्य हैं।' भारतीय संदर्भ में स्वामी विवेकानंद ने 'स्वाभिमान' या 'आत्मसम्मान' के महत्त्व को बार-बार रेखांकित

किया है। उन्होंने कहा है कि 'मनुष्यता के संपूर्ण इतिहास में, समस्त महान स्त्री-पुरुषों के जीवन में जो सर्वाधिक प्रेरणा-शक्ति रही है, वह है उनका आत्मविश्वास। इस बोध के जाग्रत् होने पर ही कि उन्हें महान बनना है, वे महान बने।'

विकास का स्वस्ति-चक्र

आज की कॉरपोरेट-दुनिया में अनेक भारतीय कंपनियाँ सच्चे अर्थों में 'विश्वस्तरीय कंपनियाँ' बनने के लिए संघर्षरत हैं। अंतर्राष्ट्रीय स्तर पर बढ़ती संख्या में भारतीय कंपनियों का पूर्वोत्कर्ष भारतीय प्रबंधकों के स्वाभिमान में वृद्धि करेगा, जबकि भारतीय प्रबंधकों का बढ़ा हुआ स्वाभिमान भारतीय कंपनियों को निश्चय ही नई ऊँचाइयाँ छूने में मदद देगा। कारण, उपलब्धियों से स्वाभिमान बढ़ता है और बढ़े हुए स्वाभिमान से और उपलब्धियाँ हासिल होती हैं। यह उत्तरोत्तर विकास का 'स्वस्ति-चक्र' है।

स्वाभिमान 'स्व' से प्रकट होता है, जो व्यक्तित्व का एक महत्त्वपूर्ण आयाम है। इसका अर्थ है कि हम अपना आदर करते हैं। 'स्वाभिमान' को सही परिप्रेक्ष्य में समझना जरूरी है। 'स्व' नहीं है तो कुछ भी नहीं है। मेरे लिए यह संसार तभी तक है, जब तक मैं हूँ। मैं ही नहीं, तो फिर कुछ भी होने का क्या अर्थ है? आदमी स्वस्थ भी तभी होता है, जब वह 'स्व' में 'स्थ' यानी स्थित होता है। यदि वह आत्म का यानी अपना ही सम्मान नहीं कर सकता, तो दूसरों का सम्मान कैसे करेगा? जाहिर है कि स्वाभिमान, अहंकार से भिन्न है। अहंकार का मतलब है 'मैं ही', जबकि स्वाभिमान का मतलब है 'मैं भी'। इसीलिए स्वाभिमान को 'रचनात्मक अहं' कहा गया है।

कुछ से बहुत-कुछ

अनुभव बताते हैं कि हमारी व्यक्तिगत क्षमताएँ हमारी 'स्व' की अवधारणा और स्वाभिमान से संबद्ध होती हैं। यदि हम अपना ज्यादा सम्मान करते हैं अर्थात् ज्यादा स्वाभिमानी हैं, तो हम स्वयं से ज्यादा अपेक्षाएँ करते हैं। यह एक ऐसी प्रक्रिया है, जिसमें स्वयं से ज्यादा ऊँची अपेक्षाएँ करके अकसर बड़ी सफलताएँ हासिल की जाती हैं। इससे एक तरह का 'स्वस्ति-चक्र' बन जाता है, जिसमें 'अपेक्षाओं से उपलब्धियाँ' और 'उपलब्धियों से और अपेक्षाएँ' उत्पन्न होती जाती हैं।

वारेन बेनिस और बर्ट नैनस (संक्षेप में डब्ल्यूबी एंड बीएन के नाम से विख्यात) ने अपनी पुस्तक 'लीडर्स—दि स्ट्रेटेजीज ऑफ टेकिंग चार्ज' में इरविन फैडरमैन का यह कथन उद्धृत किया है, 'हमारी व्यक्तिगत क्षमता हमारे स्वाभिमान की सीधी व्युत्पत्ति है, जिसका मतलब है कि हम खुद को अच्छा समझते हैं। अगर हम स्वयं को और ज्यादा सम्मान देंगे, तो हम स्वयं से ज्यादा अपेक्षाएँ करेंगे। इस विकास-प्रक्रिया

की परिणति ज्यादा कठिन लक्ष्यों, उच्चतर अपेक्षाओं और फलतः ज्यादा प्रभावपूर्ण उपलब्धियों के रूप में होती है।...धैर्य, प्रसन्नता और उत्साह से आपका अनुसरण करनेवाले लोग आपको यह महसूस कराते हैं कि आप भी कुछ हैं। और यह अहसास आपको 'कुछ' से 'बहुत-कुछ' की यात्रा पर ले चलता है।'

भावनात्मक बुद्धिमत्ता

डब्ल्यूबी एंड बीएन अपनी उपर्युक्त पुस्तक में खुद भी कहते हैं, 'रचनात्मक अहं यानी स्वाभिमान का संबंध परिपक्वता से है, जिसे हम भावनात्मक बुद्धिमत्ता कहना ज्यादा पसंद करेंगे।'

अन्य बातों के बीच यह भावनात्मक बुद्धिमत्ता दूसरों से निरंतर अनुमोदन और मान्यता प्राप्त किए बिना ही निर्णय लेने और कार्य करने की योग्यता प्रदान करती है।

डब्ल्यूबी एंड बीएन इंगित करते हैं कि 'स्वाभिमान दूसरों में भी आत्मविश्वास की भावना और उच्च अपेक्षाएँ पैदा करके अपना प्रभाव छोड़ता है।' उच्च स्वाभिमान संभवतः समस्त महान हस्तियों में एक आम घटक होता है, जो संपूर्ण समाज पर प्रभाव डालता है। दूसरे शब्दों में, उनका स्वाभिमान धीरे-धीरे रिसकर सारे समाज को प्रभावित करता रहता है।

अतः अपने लोगों का स्वाभिमान जाग्रत करना अत्यंत महत्त्वपूर्ण है। ऐसा करके ही हम कठिन लक्ष्य साध सकते हैं। हमें इस प्रसिद्ध उक्ति को नहीं बिसराना चाहिए कि 'अपराध असफलता नहीं बल्कि न्यून लक्ष्य-निर्धारण है।'

अपरिपक्वता से परिपक्वता की ओर

क्रिस आर्गिरिस द्वारा अपनी पुस्तक 'पर्सनैलिटी एंड ऑर्गेनाइजेशन : दि कफ्लिक्ट बिटवीन सिस्टम एंड दि इंडिविजुअल' में प्रतिपादित 'परिपक्वता सिद्धांत' में यह निर्दिष्ट किया गया है कि 'स्वस्थ व्यक्तियों में अपरिपक्वता से परिपक्वता की ओर बढ़ने की प्रवृत्ति होती है।' आर्गिरिस के अनुसार इसका अर्थ है :

- निष्क्रियता से बढ़ती सक्रियता की ओर गति,
- दूसरों पर निर्भरता से आत्मनिर्भरता यानी स्वाधीनता की ओर गति,
- व्यवहार के कुछ ही तौर-तरीकों की तुलना में अनेक विकल्प रखने की ओर गति,
- सतही रुचियों के बजाय गहनतर रुचियाँ होने की ओर गति,
- अल्पकालिक परिदृश्य यानी पर्सपेक्टिव के बजाय दीर्घकालिक पर्सपेक्टिव रखने की ओर गति,
- अधीनस्थ स्थिति के बजाय स्वयं को समान या उच्चस्थ स्थिति में रखकर देखने की ओर गति, और

● जानकारी के अभाव से जानकार होने की ओर गति।

कहने की आवश्यकता नहीं कि परिपक्वता की उपर्युक्त विशिष्टताएँ उच्च स्वाभिमान की पूर्वापेक्षा के बिना प्राप्त करना मुश्किल है।

कैसे बढ़ाएँ स्वाभिमान

स्वाभिमान व्यक्ति में अत्यधिक सामर्थ्य और लोच पैदा करता है। जेरी मिशिंटन ने अपनी अत्यधिक लोकप्रिय पुस्तक '52 थिंग्स यू कैन डू टु रेज योअर सेल्फ एस्टीम' में स्वाभिमान में वृद्धि करने के कुछ उपयोगी टिप्स सुझाए हैं, जिनमें से कुछ इस प्रकार हैं :

● फोकस अपनी क्षमताओं पर करें, न कि कमजोरियों पर।

● दूसरों को समान समझें, चाहे समाज में उनकी जो भी हैसियत हो। दूसरों को ऊँचा नहीं समझना चाहिए।

● दूसरों को प्रभावित करने के लिए ज्यादा चिंतित न हों। हो सकता है, वे आपको प्रभावित करना चाह रहे हों। वैसे भी तनावरहित होकर आप स्वयं को बेहतर ढंग से उजागर कर सकते हैं।

● रचनात्मक दृष्टिकोण रखें। रचनात्मक चिंतन की कला में महारत हासिल करें।

● स्वयं को 'जैसे हैं वैसे' स्वीकारें और सराहें।

याद रखें, यदि आप खुद को कम महत्त्व देंगे या कम करके आँकेंगे, तो यह आपके व्यवहार में प्रतिफलित होगा और बदले में दूसरे भी आपको कम करके ही आँकेंगे।

जेरी मिशिंटन के शब्दों में, 'खोए स्वाभिमान की पुनःप्राप्ति का मतलब है अपने बारे में अपनी धारणा बदलना।' उनकी मान्यता है कि 'अपनी जिंदगी पर अपने नियंत्रण, अपनी उपयुक्तता और अपने जन्मजात गुणों पर जोर देकर' अपना खोया हुआ स्वाभिमान लौटाया जा सकता है। लेखक हमें अपनी गलतियाँ बिना खुद को कोसे स्वीकार करने का संदेश देता है, क्योंकि जानबूझकर कोई गलती नहीं करता। हमें इस तरह खुद का हिमायती बनना चाहिए

कर्मचारियों के स्वाभिमान में वृद्धि

कॉरपोरेट-संदर्भ में कर्मचारियों के स्वाभिमान में वृद्धि के उपाय ऊँचे लाभांश दे सकते हैं। इससे बड़ी उपलब्धियाँ हासिल की जा सकती हैं, जो बदले में कर्मचारियों के स्वाभिमान में और वृद्धि करके उन्हें और बड़ी उपलब्धियाँ हासिल करने के लिए प्रेरित कर 'स्वस्ति-चक्र' निर्मित कर सकती हैं।

ऐसे अनेक उपाय हैं, जिन्हें कॉरपोरेट-संदर्भ में सामान्य रूप से कर्मचारियों का स्वाभिमान बढ़ाने के लिए आजमाया जा सकता है। उदाहरण के लिए, उत्कृष्ट

उपलब्धियाँ हासिल करनेवालों को उपयुक्त रूप से पुरस्कृत करके उनका स्वाभिमान बढ़ाया जा सकता है। इससे अन्य लोगों को भी कड़ी मेहनत करने की प्रेरणा मिलेगी। पर यहाँ यह ध्यान रखना होगा कि उत्कृष्ट उपलब्धियाँ हासिल करनेवालों के चयन का मानदंड पारदर्शी होना चाहिए।

अन्यथा कुछ लोग दूसरों को, विशेष कर उन्हें जो स्वयं को भी पुरस्कार का पात्र समझते हैं, हतोत्साहित कर सकते हैं। प्रशिक्षण, कैरियर-प्रगति आदि के रूप में प्रभावपूर्ण एचआरडी उपाय भी न केवल कार्य-दल को प्रोफेशनल मोर्चे पर भली भाँति लैस ही करते हैं, बल्कि उसका स्वाभिमान, आत्मविश्वास, मनोबल और गतिशीलता भी बढ़ाते हैं।

आपके विचारों पर निर्भर है सबकुछ

एक घुमंतू विक्रय-प्रतिनिधि की कार का टायर अँधेरी रात में एक सुनसान सड़क पर बैठ गया। तब उसे ध्यान आया कि उसके पास जैक नहीं है। तभी उसे एक फार्म-हाउस में प्रकाश दिखाई दिया। उसने फार्म-हाउस की तरफ कदम बढ़ाए तो उसके दिमाग में एक के बाद एक विचार आने लगे—अगर किसी ने दरवाजा नहीं खोला तो? अगर उसके पास भी जैक नहीं हुआ तो? अगर उसने जैक होते हुए भी मुझे देने से इनकार किया तो?...जैसे-जैसे उसके दिमाग में उलटे-सुलटे खयाल आते गए, वैसे-वैसे वह अधिकाधिक क्षुब्ध होता गया और अंततः जब फार्म-हाउस के मालिक ने दरवाजा खोला तो उसने उसे एक झापड़ रसीद किया और बोला, 'अपने पास ही रख अपना सड़ियल जैक।'

जैसे विचारों को आप प्रश्रय देंगे, वैसे ही काम आप करेंगे भी

इस किस्से पर आप शायद मुस्कुरा रहे होंगे, क्योंकि यह आत्म-पराभव को रेखांकित करनेवाली बड़ी ही आम-सी चुहल लिए हुए है, पर स्वयं आप भी कितनी ही बार अपने-आपसे कहा करते होंगे, 'मैं जो कुछ भी तय करता हूँ, वैसा कभी नहीं होता', 'मैं अब कोई योजना बनाऊँगा ही नहीं', 'मैं जो भी करता हूँ, वही चौपट हो जाता है', आदि। असल में, हमारे अंतस की आवाज ही हमारे जीवन का नियमन करती है।

अगर ये विचार नैराश्य और विनाश की रचना करने लगें, तो आप उसकी ओर बढ़ने भी लगते हैं क्योंकि नकारात्मक व निराशावादी शब्द सहयोग व प्रोत्साहन देने के बजाय आत्म-

विश्वास का हनन करते हैं।

सीधे-सादे शब्दों में कहें तो अच्छा या बेहतर अनुभव करने के लिए बेहतर सोचने की आवश्यकता होती है। कैसे, इस बारे में कुछ सुझाव प्रस्तुत हैं।

अपने विचारों को समायोजित कीजिए

स्मृति ने अपने चिकित्सक से छूटते ही कहा, 'डॉक्टर साहब, मैं जानती हूँ कि आप मेरी कोई मदद नहीं कर सकते। मैं एकदम से टूट चुकी हूँ। दफ्तर में काम करती हूँ तो गलतियाँ होती हैं मुझसे, और पक्की बात है कि मैं बर्खास्त कर दी जाऊँगी। कल ही मेरे बॉस ने मुझे बताया कि मेरा तबादला किया जा रहा है। वे तो इसे पदोन्नति बता रहे थे, लेकिन अगर मैं अच्छी तरह काम कर रही हूँ, तो मेरा तबादला क्यों किया जा रहा है?' अपने इस रुदन के बाद ही स्मृति की नकारात्मक दास्तां ने धीरे-धीरे अतीत का रुख किया। उसने दो वर्ष पहले ही व्यापार-प्रबंध की डिग्री प्राप्त की थी और वह अच्छा-खासा वेतन भी ले रही थी। यह किसी नाकाम व्यक्ति का बायोडाटा तो नहीं था।

इस पहली बैठक के अंत में स्मृति के चिकित्सक ने उससे अपने विचारों को लिख डालने के लिए कहा, विशेष कर रात में सोते समय उठनेवाले उन खयालों को, जिनके कारण उसे नींद न आती हो। अगली बार वह चिकित्सक के यहाँ आई तो उसने स्वीकार किया, 'एक दिन में ही मैंने 26 नकारात्मक विचारों की सूची बना डाली। कोई आश्चर्य नहीं कि मैं इसीलिए हमेशा पस्त और खिन्न रहती हूँ।'

अपने भय तथा अनिष्ट की आशंकाओं को डॉक्टर द्वारा पढ़कर सुनाए जाने पर स्मृति ने महसूस किया कि वह अनर्थ की सोच-सोचकर अपनी कितनी शक्ति बर्बाद करती रही है! अतः अगर आप उदासी का अनुभव कर रहे हों, तो इसका अर्थ यह भी हो सकता है कि आप स्वयं ही अपने-आप तक नकारात्मक संदेश पहुँचा रहे हों। ऐसे में अपने मस्तिष्क को मथनेवाले शब्दों को सुनें। उन्हें जोर-जोर से बोलें या लिख डालें। अभ्यास से अंतस में पैठने की यह प्रक्रिया स्वयमेव होने लगेगी।

विध्वंसक शब्दों और वाक्यों से छुटकारा पाएँ

दीपा के भीतर की आवाज सदा उससे कहती रहती कि वह 'केवल सचिव' है। आनंद को बार-बार खयाल आता कि वह 'मात्र विक्रय-प्रतिनिधि' है। इन 'केवल' व 'मात्र' शब्दों के सहारे दोनों अपने काम को हेय समझ रहे थे और जाहिर है, इस तरह वे अपने-आपको भी हीन मान रहे थे।

नकारात्मक शब्दों और वाक्यों को छाँटकर, उनसे छुटकारा पाकर आप बखूबी देख-परख सकते हैं कि आप अपने-आपको क्या हानि पहुँचाते रहे हैं। दीपा और आनंद के मामले में दोषी शब्द 'केवल' व 'मात्र' थे। एक बार ये शब्द छँटे नहीं कि

शेष शब्दों के प्रयोग में कोई दोष नहीं रह गया, 'मैं एक विक्रय-प्रतिनिधि हूँ', या कि 'मैं सचिव हूँ'। इसके बाद तो ऐसे सकारात्मक कार्य एवं आचरण के द्वार स्वयमेव खुल जाते हैं कि अब 'मैं उन्नति के पथ पर हूँ'।

उलटे विचारों को रोकें

नकारात्मक संदेश जैसे ही आने शुरू हों, तुरंत उन्हें यह एक शब्द का आदेश देकर उनकी नाल काट दें कि 'रुको!...मैं क्या करूँगा अगर...रुको!'

सिद्धांत रूप में तो यह रोकना एक सरल तकनीक है, लेकिन व्यवहार में यह उतना सरल नहीं जितना कि मालूम पड़ता है। प्रभावशाली रूप से इसे रोकने के लिए आपको सबल और अत्यंत दृढ़निश्चयी होने की आवश्यकता है। अतः 'रुको' का यह आदेश देते वक्त ऊँचे स्वर में बोलें और कल्पना करें कि आप भय की आंतरिक ध्वनि को अपनी बुलंद आवाज से डुबोते चले जा रहे हैं।

सकारात्मक सोच पर बल दें

कोई व्यक्ति अवसाद की अवस्था में होता है, तो उसे हर बात अवसादजन्य प्रतीत होती है। अतः जैसे ही आप उलटे विचारों को 'रुको' कहकर वश में कर लें, तुरंत उनकी जगह अच्छे विचारों को दे दें।

एक मित्र ने इस प्रक्रिया का इस प्रकार वर्णन किया, 'हर रात अपने मस्तिष्क में घुमड़ते विचारों के बवंडर के बीच मैं जगा रहता। मसलन, मैं अपने बच्चों के साथ बहुत कड़ाई से तो पेश नहीं आ रहा? मैं अपने किसी मुवक्किल के फोन का जवाब देना तो नहीं भूल गया?' आदि। अंततः जब मैं एकदम पस्त हो गया तो चिड़ियाघर में बेटी के साथ बिताए उस सुहाने दिन के बारे में सोचने लगा। मुझे याद आने लगा कि वह किस तरह से चिंपाजियों को देखकर खिलखिला रही थी। शीघ्र ही मेरा मस्तिष्क सुखद स्मृतियों से भर गया और मैं गहरी नींद में सो गया।'

अतः पहले से ही कोई न कोई सुमधुर विचारों की कल्पना लेकर तैयार रहें। पदोन्नतिवाले दिन की बाबत सोचें या फिर प्रकृति के मनोरम अंक में बिताए सुखद क्षणों की याद करें। इससे तनाव मिट जाएगा और आप सहज हो जाएँगे।

ध्यान बँटाइए

दिन ढलने जा रहा हो और आप एकदम पस्त हो गए हों, और ऐसे में कोई अचानक यह कह उठे, 'चलो, बाहर घूम आते हैं,' तो कैसा लगता है? आप एकदम से प्रमुदित हो जाते हैं। है न? कहना न होगा कि आपने अपने सोच की दिशा बदल दी और यदि आप यह सोचकर तनावग्रस्त हैं कि शुक्रवार तक आपको एक महत्त्वपूर्ण काम निबटाना है, तो शनिवार को आप अपने मित्रों के साथ आउटिंग पर भी तो निकलनेवाले हैं। ऐसे में 'शुक्रवार तक के काम के बोझ' को शनिवार के

आमोद-प्रमोद की तरफ मोड़ डालिए। इस तरह से ध्यान बँटाकर अपने-आपको और अपने इर्द-गिर्द के संसार को दूसरे ही ढंग से लेने लग जाएँगे।

अपनी आदत बना डालिए कि आप अपने श्रेष्ठतम पक्षों के बारे में ही सोचेंगे; और उसके बारे में, जो कि आप बनना चाहते हैं। विशेष रूप से उन कार्यों को याद कीजिए, जिनके लिए आपकी प्रशंसा की गई हो। यही तो वास्तव में आप हैं। इसी को अपने जीवन की संदर्भ-पुस्तिका बनाइए। इस तरह के प्रतिमान लेकर चलना किसी चुंबक की तरह काम करता है। अपने-आपको कल्पना में लक्ष्य की ओर बढ़ता हुआ देखिए और आप पाएँगे कि चुंबक का-सा आकर्षण आपको उसकी ओर खींचे लिए जा रहा है। वर्षों के अनुभव से मनोवैज्ञानिकों ने पाया है कि लोग जब भिन्न तरीके से सोचते हैं, तो वे अनुभव और व्यवहार भी भिन्न ही करते हैं? सारा खेल अपने विचारों पर नियंत्रण करने में ही निहित है। 'पैराडाइज लॉस्ट' में जॉन मिल्टन लिखते हैं, 'मस्तिष्क...स्वर्ग को नरक (और), नरक को स्वर्ग बना सकती है।'

अब फैसला आपके हाथ में है।

अपने व्यक्तित्व की खूबियाँ पहचानें

हमारी सफलता—व्यवसाय में, खेलों में, मित्रता में, प्रेम में, अथवा हम जो कुछ भी करते हैं, उसमें—हमारे स्व-मूल्यांकन द्वारा निर्धारित होती है। आत्मविश्वास से भरे व्यक्ति सफलता और प्रसन्नता को सहज ही अपनी ओर आकर्षित कर लेते हैं। इच्छित वस्तुएँ उन्हें लगातार मिलती रहती हैं, उनके निजी संबंध स्थायी रहते हैं, और उनकी अधिकतर योजनाएँ पूरी हो जाती हैं। अंग्रेजी कवि विलियम ब्लेक के शब्दों में कहा जाए तो वे 'प्रसन्नता को पंख लगाकर पा लेते हैं।'

नकारात्मक पहलुओं पर चिंता करना आत्मविश्वास के लिए घातक साबित होता है

इसके विपरीत कुछ लोग जैसे विफलताओं और परेशानियों को न्यौता-सा देते दिखते हैं। उनकी योजनाएँ गड़बड़ा जाती हैं, वे अपनी सफलता की संभावनाओं को जैसे खुद ही नष्ट कर लेते हैं। ऐसा लगता है, उनके लिए हर काम निराशा से भरा है। अनुभव बताते हैं कि उनकी समस्याएँ आत्मस्वीकृति के अभाव से उत्पन्न होती हैं और आत्मविश्वास जाग्रत होते ही खुद-ब-खुद सुलझती चली जाती हैं। मनोवैज्ञानिकों का कहना है कि कोई भी आत्मानुभूति को बदल सकता है। जरूरी नहीं कि आत्म-अवमानना करनेवाले व्यक्ति का जीवन निराशा और दुखों का घर बन ही जाए। जरूरत है तो बस नकारात्मक प्रवृत्तियों को छोड़कर सहज और स्वस्थ आत्मगौरव द्वारा अपने सपने साकार करने की। प्रस्तुत हैं कुछ सुझाव :

अपनी क्षमताओं को उभारें, सीमाओं को नहीं

बॉलीवुड की एक प्रसिद्ध अभिनेत्री शुरुआत में अपने नैन-नक्श को लेकर कुंठित रहती थी। उसे लगता था कि अपनी नाक की वजह से वह सुंदर नहीं दिखती। कुछ हद तक यह सच भी था। पर फिर उसने अपने अभिनय-कौशल पर ध्यान केंद्रित किया और धीरे-धीरे वह अपने समय की अनेक सुदर्शन अभिनेत्रियों को पीछे छोड़ गई। उसकी अभिनय-क्षमता के कायल दर्शकों ने उसे उसी नैन-नक्श के साथ खुले दिल से स्वीकार कर लिया। शबाना आजमी नाम की इस अभिनेत्री की सफलता का कारण यह था कि उसने अपनी कमियों के बजाय अपने व्यक्तित्व के सशक्त बिंदुओं पर ध्यान केंद्रित किया।

कुरेदने पर अनेक व्यक्ति बताते हैं कि वे दूसरों की अपेक्षा अधिक सुंदर या हाजिरजवाब नहीं हैं, इसलिए वे अपने को हीन महसूस करने लगते हैं। शायद कोई और तत्त्व हमारे आत्मविश्वास को इतना आघात नहीं पहुँचाता, जितना यह कि हम अपने आसपास के व्यक्तियों से अपनी तुलना करने लगते हैं और यदि हम पा जाते हैं कि कोई हमसे वास्तव में चतुर, सुंदर या हाजिरजवाब है, तो हमारे आत्मगौरव की भावना में और भी ज्यादा कमी आ जाती है।

मृत्युशैया पर पड़े रहस्यवादी यहूदी राबी जूस्या से जब पूछा गया कि आपके विचार में ईश्वर का साम्राज्य कैसा होगा, तो उसने उत्तर दिया, 'मैं नहीं जानता। लेकिन एक बात मैं जानता हूँ कि जब मैं वहाँ पहुँचूँगा तो मुझसे यह नहीं पूछा जाएगा कि आप मीसिस क्यों नहीं हैं, आप डेविड क्यों नहीं हैं? केवल यह पूछा जाएगा कि आप जूस्या क्यों नहीं हैं? आप अपने में पूर्ण क्यों नहीं हुए?'

अपने को उसी काम में लगाएँ, जिसे आप बेहतर कर सकते हैं

यह एक सामान्य तथ्य है कि बहुत-से प्रतिभासंपन्न व्यक्ति जीवन में नाकामयाब सिद्ध होते हैं। उनकी समस्या वास्तविक अभिरुचि को पहचान पाने की उतनी नहीं, जितनी उसमें दक्षता विकसित करने की होती है। नया-नया शल्य-चिकित्सक महीनों तक ऑपरेशन के बाद टाँके लगाना और तंग जगह में गाँठ लगाने का निरंतर अभ्यास करता है। इन कार्यों की पटुता ही शल्य-चिकित्सक की योग्यता का आधार है।

हममें से बहुत-से लोग किसी क्षेत्र-विशेष में रुचि रखते हैं, परंतु जब उसमें अड़चनें आती हैं और दिखाई पड़ता है कि अन्य लोग उनसे अधिक सफल हैं, तो वे हतोत्साहित होकर काम छोड़ बैठते हैं। परंतु इन नीरस और उबाऊ कामों को दोहराते जाना ही लक्ष्यप्राप्ति का अचूक साधन है। न्यू इंग्लैंड के धर्म-प्रचारक होरेश बुशनेल अकसर कहा करते थे, 'सितारों के नीचे कहीं न कहीं ईश्वर ने तुम्हारे लिए काम नियत कर रखा है, जिसे कोई दूसरा नहीं कर सकता।' बेशक, हममें से अनेक

लोग बार-बार प्रयत्न करने पर ही सफल हो पाते हैं। ऐसे में यह सोचकर निराश नहीं होना चाहिए कि अन्य व्यक्ति तो हमसे अधिक कुशल दिखते हैं। यह केवल प्रतिभा का नहीं, निरंतर प्रयत्नों का चमत्कार है।

अपने को सदैव सफल मानें और आत्मविश्वास बनाए रखें

यदि आप दूसरों के मस्तिष्क में झाँक सकते और सुन पाते कि अपने बारे में वे क्या कहते हैं, तो निश्चय ही आप पाते कि उनमें से बहुतों का मत अपने बारे में नकारात्मक है। 'मुझे हमेशा की तरह देर होगी', 'मैं क्या कह गया', 'वह संभवतः सोचती होगी कि मैं मूर्ख हूँ'—इस तरह के हजारों संदेश प्रतिदिन हमारे मस्तिष्क में कौंधते रहते हैं। आश्चर्य की बात नहीं कि इससे हमारे आत्मगौरव की हानि होती है।

आत्मविश्वास को उत्पन्न करने और बढ़ावा देने में एक मानसिक व्यायाम सहायक रहता है—मूर्त कल्पना का प्रयोग। सफल होने के लिए आपको अपने कल्पना-बिंबों में स्वयं को सफल देखना होगा। कल्पना कीजिए कि आप पूर्ण संतुलन और आत्मविश्वास के साथ एक कठिन चुनौती का सामना कर रहे हैं। खिलाड़ी अपनी कल्पना में एक शॉट को बार-बार मूर्त करते हैं। वे स्वयं को गोल्फ अथवा टेनिस का एक संतुलित शॉट मारते हुए देखते हैं। जब हम अपने मस्तिष्क में इस प्रकार की सार्थक कल्पनाएँ अंदर तक समा लेते हैं, तो वे स्वतः हमारे अवचेतन का एक हिस्सा बन जाती हैं और हम सफलताओं के प्रति अधिक आशावान बन जाते हैं।

दूसरों की महत्त्वाकांक्षाओं को अपने पर हावी न होने दें

लोग हमें किस रूप में देखना चाहते हैं, इसकी उपेक्षा करना ही स्वतंत्रता की दिशा में पहला कदम है। अमेरिकी ओपेरा-कलाकार राइज स्टीवेंस का व्यक्तित्व मंच पर तो आत्मविश्वास से युक्त और संतुलित रहता था, किंतु सामाजिक संबंधों में उनका यही आत्मविश्वास परिचितों के सामने छूमंतर हो जाता था। वे कहती हैं, 'मेरी परेशानी उस समय शुरू होती है, जब मैं स्टेजवाला ही आत्मविश्वास सामान्य मुलाकातों में भी प्रकट करती हूँ। जब कोई चतुर व्यक्ति परिहास करता है, तो मैं उस पर हावी होने का प्रयास करती हूँ और इसमें विफल सिद्ध होती हूँ। असल में मैं स्वयं को उस विषय का भी जानकार दिखाने की कोशिश करती हूँ, जिसके बारे में मुझे कुछ भी मालूम नहीं।'

स्टीवेंस ने इस प्रश्न का समाधान अपने-आपसे पूछा और जाना, 'मुझमें हाजिरजवाबी और उसके लिए अपेक्षित बुद्धि नहीं है। मैं जो हूँ, उसी को उभारकर सफल हो सकती थी। अब मैं पार्टियों में मेहमानों को प्रभावित करने की अपेक्षा उनसे ही प्रश्न करती और उन्हें सुनने की चेष्टा करती। जब मैं बोलती भी तो

आकर्षण का केंद्रबिंदु बनने की अपेक्षा सहयोग देने का ही प्रयत्न करती। एकाएक ही मुझे अपने सामाजिक संबंधों में अतिरिक्त स्नेह की अनुभूति होने लगी। लोग मेरे असली रूप को ज्यादा पसंद करने लगे।'

अगर हम अपनी मूल प्रवृत्तियों के प्रति ईमानदार हैं तो हममें से अधिकांश व्यक्ति यह पाएँगे कि हम सभी में कुछ विशिष्टता है। इस वैशिष्ट्य की खोज और अभिव्यक्ति ही हमारे इस संसार में जन्म लेने का एक कारण है। रूढ़ियों का तिरस्कार कर अपनी अलग पहचान बनाना ही स्वतंत्रता और आत्मविश्वास का पहला चरण है।

प्रोत्साहित संबंधों का ताना-बाना बुनिए

आत्मगौरव बढ़ाने के लिए लोग विभिन्न तकनीकों का इस्तेमाल करते हैं, पर वे ऐसे स्रोत भूल जाते हैं जिनसे उन्हें आसानी से सहायता मिल सकती है। वे हैं—उनके मित्र। आत्मविश्वास बढ़ाने का एक अचूक उपाय यह है कि आप अपनी जिंदगी में ज्यादा से ज्यादा प्यार बटोरें, जिससे आप किसी भी स्थिति का सामना करने में घबराएँ नहीं और आपको यह विश्वास बना रहे कि आप अकेले नहीं हैं। ऐसे संबंध बनाने का हर संभव उपाय करना चाहिए। कई लोगों की यह शिकायत रहती है कि उन्हें नए लोगों से मिलना पड़ता है। परंतु वास्तव में उनका हल वर्तमान मित्रता को अधिक अंतरंग बनाना है।

पारिवारिक संबंध भी सहारे और देखभाल के प्रमुख स्रोत हो सकते हैं। अलग होकर या दूर जाकर भी अपने कुटुंबियों से मेल-जोल बनाए रखना अत्यंत महत्त्वपूर्ण है। इससे आदमी अपनी जड़ों से जुड़ा रहता है। उसे अनुभव होता है कि वह कौन है, कहाँ से आया है और कहाँ जाना चाहता है। अपनी परंपराओं से जुड़ाव हमारे अस्तित्व को सुरक्षित बनाते हैं। जॉन डॉस पासोस के शब्दों में, 'पीढ़ियों की निरंतरता का अहसास वर्तमान के भय को कम कर एक आश्रय बन जाता है।'

अलबत्ता आत्मविश्वास भी प्रसन्नता की ही भाँति तरल होता है। इसके पीछे भागने पर यह मरु-मरीचिका बन जाता है। असल में तो यह मानवता की सेवा में संलग्न या प्रेम में निमग्न व्यक्तियों का अनुचर है। तब एक दिन अचानक ही हमें अहसास होता है कि हम आत्मविश्वास और प्रसन्नता से भरे हैं।

दूसरों का नजरिया भी समझें

सफलता हासिल करने के लिए आत्मपरीक्षण करते हुए स्वयं से यह भी पूछें, 'क्या मैं दूसरे व्यक्ति के दृष्टिकोण को सहानुभूतिपूर्वक समझने की कोशिश करता हूँ?' ईमानदारी से उत्तर देने की कोशिश करें, तो अकसर 'नहीं' में जवाब मिलेगा। जिंदगी की नाकामयाबियाँ, निराशाएँ, कटुताएँ, दुश्मनियाँ, कड़वाहट, ईर्ष्या, नफरत, संघर्ष और अशांति—सब हमारी अन्य लोगों के दृष्टिकोण को समझ पाने की अक्षमता से ही शुरू होती हैं।

दृष्टिकोण के बहाने

अपने विचारों पर कट्टरतापूर्ण अड़े रहना व्यक्ति को असहिष्णु बनाता है

अकसर हम अपनी ही मान्यता या विचारधारा से जोंक की तरह चिपके रहते हैं और अपने दृष्टिकोण को ही अपने व्यक्तित्व का अंग मान लेते हैं और पूरे जोर-शोर से परायी मान्यताओं के आक्रमणों के खिलाफ मोर्चा खोले रहते हैं। 'यह विचार मेरा है' से भी एक कदम आगे बढ़कर हम यह मान बैठते हैं कि 'यह विचार ही मैं हूँ।' दरअसल, हम अपने दृष्टिकोण के बहाने आत्मरति में लिप्त हो जाते हैं और अपनी तरह ही अपनी मान्यता को भी असुरक्षित या बेसहारा नहीं छोड़ सकते। कोई हमारी मान्यता को गलत बताए, तो हमारा चेहरा गुस्से से लाल हो जाता है और दिल तेजी से धड़कने लगता है।

अच्छा होता, यदि हम यह समझ पाते कि हमारी विचारधाराएँ और मान्यताएँ प्रायः हमारे पूर्वग्रह और दुराग्रह ही हैं, या वे परिस्थितियों के प्रति हमारी भावात्मक प्रतिक्रियाओं की उपज हैं। हमारी बहुत-सी मान्यताएँ बचपन के दिनों में माता-

पिता, शिक्षकों, पुस्तकों, फिल्मों और मित्रों के साथ-साथ रहते-रहते आकार ले चुकी होती हैं। ऐसा बहुत ही कम होता है कि हमने वैज्ञानिक चिंतन करके मान्यताएँ बनाई हों।

अड़ना हीनता का द्योतक

अपने विचारों पर कट्टरतापूर्वक अड़े रहना हीनता और असुरक्षा के बोध का नतीजा है और अपने विकास को रोके रखने का एक कारण है। अगर हम विरोधी विचारधारावाले आदमी की बात सुनते हुए बार-बार टीका-टोकी करने के लिए व्यग्र रहें, उसके तर्कों का उत्तर देते हुए गुस्से का इजहार करें, उसकी बात को ध्यान से सुनने के बजाय उसे काटने के तर्क सोचते रहें, तो समझ लीजिए कि हम एक असहिष्णु व्यक्ति हैं। निश्चित मानिए कि एक असहिष्णु व्यक्ति कभी प्रेम और शांति से नहीं रह सकता।

इस बहुरंगी दुनिया में तरह-तरह के दृष्टिकोण से सोचनेवाले अरबों लोग हैं और हमें इतनी कल्पनाशक्ति का विकास तो करना ही होगा कि हम दूसरों के सोचने-समझने के तरीके को भी समझ सकें। स्पष्ट रूप से गलत होने पर भी यदि हममें गलती स्वीकार करके अपनी मान्यता बदलने का साहस न हो तो समझ लीजिए कि हम आत्महीनता से बुरी तरह पीड़ित हैं और एक भयभीत संतरी की तरह डंडा बजाकर काल्पनिक शत्रुओं से लड़ रहे हैं।

अनुभवों से सीख

आप स्वयं से यह प्रश्न भी कर सकते हैं, 'क्या मैं अनुभवों से सीखकर अपने व्यवहार में परिवर्तन कर लेता हूँ?' बहुत से सख्तमिजाज लोग जीवन-भर एक ही तरह की गलतियाँ करते जाते हैं और परिणामस्वरूप मुसीबतें भी उठाते रहते हैं, पर वे बदलते नहीं। रोजाना के अनुभव उनके सामने से गुजरते जाते हैं और वे एक मंत्र की तरह क्रिया-प्रतिक्रिया करते रहते हैं।

एक समझदार आदमी अपने अनुभवों से तो सीखता ही है, दूसरों के साथ हो रही घटनाओं से भी सीख लेता है। वास्तव में स्वयं अनुभव करके सीखना बहुत ही तकलीफदेह साबित होता है, जबकि दूसरों के अनुभवों से सीख लेकर हम अपना समय भी बचा सकते हैं और श्रम भी। दूसरों की स्थिति में स्वयं को रखकर उसकी हालत को अनुभव करना व्यक्तित्व की परिपक्वता की निशानी है।

अनियंत्रित प्रतिक्रिया

आत्मपरीक्षण के लिए आप यह भी मालूम करें कि क्या किसी काम में बाधा पड़ने पर आप उफन पड़ते हैं या शांति से आगे का उपाय सोचते हैं?

बच्चों और वयस्कों की मानसिकता में यही अंतर होता है। बच्चा अपनी इच्छा-पूर्ति में बाधा पड़ते ही अनियंत्रित प्रतिक्रिया करता है, जबकि एक वयस्क ठंडे दिमाग

से कार्य-कारण पर विचार करता हुआ कोई उपयोगी रास्ता ढूँढ़ने की कोशिश करता है।

अगर बच्चे की तरह वयस्क की प्रतिक्रिया भी अनुशासित न हो, तो वह दो प्रकार से प्रतिक्रिया कर सकता है : एक को हम उफन पड़ना कह सकते हैं और दूसरी को रूठना। रूठनेवाला आदमी गुमसुम हो जाता है, बातचीत बंद कर देता है, अपने-आपमें सिमट जाता है और असहयोग द्वारा दूसरे व्यक्ति के काम में बाधा डालता है। दोनों ही बच्चों की सी प्रतिक्रियाएँ हैं।

सपनों की दुनिया में विचरण

पीछे मुड़कर देखिए, आपके अनियंत्रित व्यवहार ने कितने प्रियजनों को आपसे उदासीन कर दिया है और कितने ऐसे व्यवसाय आपके हाथ से छूट गए हैं, जिनमें आप अच्छा काम कर सकते थे। यह इस बात का भी सबूत है कि आप दुनिया की वास्तविकता को स्वीकार नहीं कर पाते और अपने स्वप्नलोक में ही विचरते रहते हैं, जहाँ आपकी इच्छाएँ ही सर्वोपरि हैं। मगर मुसीबत यह है कि यह संसार हमारी सुविधा के लिए नहीं बना है।

असफल होने का अहसास रखनेवालों को अपने अंदर टटोलकर देखना होगा कि क्या वे छोटी-छोटी नाकामयाबियों और पराजयों से निराश होकर काम बंद कर देते हैं? हम सभी के जीवन में हजारों बार ऐसे क्षण आते हैं, जब सबकुछ अंधकारमय हो जाता है और आगे बढ़ने के सभी रास्ते बंद दिखाई देते हैं। ऐसे ही क्षणों में जो लोग फौलादी इच्छाशक्ति के साथ आगे बढ़ते हैं और टूटकर बिखर नहीं जाते, वे ही सफल होते हैं।

किसी व्यवसाय में, व्यापार में, दांपत्य में, प्रेम-संबंधों में या नेतृत्व में बिना प्रबल निर्णयशक्ति और प्रचंड उत्साह के सफलता नहीं मिलती। ऐसी दृढ़ता निरंतर अभ्यास से विकसित होती है। यह कोई ऊपर से मिलनेवाली सौगात नहीं।

समय-समय पर होनेवाली गलतियों से निराश नहीं हो जाना चाहिए, क्योंकि गलतियाँ तो तरक्की के मार्ग में लगे दिशा-निर्देशों के पत्थर हैं। काम करनेवाले ही गलतियाँ करते हैं, निकम्मे नहीं।

जिम्मेदारियों से बचना

तरक्की के रास्ते में ठहरे हुए व्यक्ति को अपने बारे में यह भी पता कर लेना चाहिए कि क्या वह जिम्मेदारियों से बचता रहता है? आत्मविश्वास की कमी के कारण बहुत-से लोग किसी काम को अंजाम देने की जिम्मेदारी अपने ऊपर नहीं लेना चाहते, भले ही एक सहायक या सहयोगी के रूप में वे कितना भी परिश्रम कर लेने को तैयार हों। ऐसे लोग परदे के पीछे रहकर कार्य करने में ही कुशलता समझते हैं।

मेरे एक परिचित ने पिछले सात वर्षों में अपने चार बेटे-बेटियों की शादी की। हर शादी के एक हफ्ता पहले उन्हें बुखार हो जाया करता और वे बिस्तर पकड़

लेते। संबंधी और मित्रगण ही उनके घर पहुँचकर विवाह के सारे इंतजाम करते। आश्चर्य यह था कि विवाह-समारोह के समाप्त होते ही वे उठ बैठते और उनका बुखार भी मिट जाता। उनके व्यक्तित्व में झाँककर देखा, तो पाया कि वे अपने कार्यालय में भी हर प्रकार की जिम्मेदारी से बचते रहते थे।

प्रायः बचपन के दिनों में किसी असफलता की घटना के सभी कारण ठीक से न समझ पाने या दूसरों द्वारा हतोत्साहित कर दिए जाने के कारण व्यक्ति अपने-आपको दूसरों से कम सक्षम समझने लगता है। यह भ्रम जीवन-भर बना रहता है। इसी भ्रम से बार-बार विफलता मिलती है और बार-बार की विफलता से यह भ्रम पुष्ट होता चला जाता है।

इस दुश्चक्र को कहीं न कहीं से तोड़ना ही होता है और इसका सबसे आसान उपाय है, ऐसी छोटी-छोटी ज़िम्मेदारियों के काम हाथ में लेकर पूरे करना, जिनके सफल होने में आपको बहुत कम संदेह हो। हर सफलता आपके आत्मविश्वास को बल्लियों उछाल देगी और फिर बुलंद हौसले के साथ आप बड़े-बड़े काम हाथ में लेने लगेंगे।

चाँद तोड़ने की महत्त्वाकांक्षा

विफलताओं से निराश हुए व्यक्ति स्वयं से यह भी पूछें, 'क्या मैं असंभव को पाने की महत्त्वाकांक्षा पालता हूँ?' स्वभावतः बच्चे विश्वप्रसिद्ध क्रिकेट-खिलाड़ी, लोकप्रिय फिल्म-अभिनेता, महान राष्ट्र-नायक, अंतर्राष्ट्रीय ख्यातिप्राप्त कवि और न जाने क्या-क्या बनने के सपने देखते रहते हैं।

किशोरावस्था की कल्पनाओं में अकसर बच्चे अपनी भावी तस्वीर ऐसी बनाते हैं कि अखबारों के मुखपृष्ठों पर उनके नाम और टीवी के परदे पर उनके क्रियाकलाप सारा राष्ट्र देख रहा होता है। परिपक्व अवस्था आने पर ये दिवास्वप्न खुद-ब-खुद गायब हो जाते हैं।

जिन लोगों का व्यक्तित्व किशोरावस्था तक आकर ठहर गया है, वे जीवन-भर महान और विख्यात होने की कामना पालते रहते हैं और अपने लक्ष्य तक पहुँचने के लिए वे करते कुछ नहीं। ऐसे व्यवसायी टाटा या रॉक फेलर न बन पाने से निराशा के गड्ढे में डूबे रहते हैं।

इन सारे प्रश्नों पर सौ फीसदी खरा उतरनेवाला व्यक्ति दुनिया में कोई नहीं होगा। इसलिए अपनी कमजोरियाँ ढूँढ़कर परेशान न हों। सभी लोग कुछ निर्बलताओं और कुछ क्षमताओं के मिले-जुले रूप हैं।

मुसीबत तब होती है, जब हम अपनी निर्बलताओं के प्रति आँखें मूँदे हों और दूसरों को या परिस्थितियों को ही अपने दुःख-दर्दों के लिए दोषी मानते रहें। सफलता और प्रसन्नतापूर्ण जीवन की राह पर चलने की शुरुआत आत्मपरीक्षण से ही हो सकती है।

विफलता ही सफलता का मार्ग प्रशस्त करती है

कोई भी व्यक्ति यदि विजय-पताका फहराने की इच्छा रखता है, तो वह ऐसा कर सकता है। आधुनिक मनोवैज्ञानिकों का मानना है कि सभी लोगों में विकास कर पाने की, विजयी बनने की और एक वास्तविक, जीवंत व जागरूक बनने की क्षमता है।

अपने आपको कभी विफल महसूस ही न करें। विफलताओं से डरें नहीं। कुछेक विफलताओं के बिना आप सीख ही नहीं सकते। जिस किसी को भी सफलता के दर्शन हुए हैं, उसने उससे पूर्व विफलताओं का सामना करके बहुत-कुछ सीखा है। विकास की प्रक्रिया में विफल होने पर उसका दोष अपने व्यक्तित्व पर न लगाएँ। एक बार यदि आपने स्वयं को विफल मान लिया, तो आप अपने प्रति नकारात्मक दृष्टिकोण पाल लेंगे। ऐसा होने पर आप अपने-आपको सदैव विफल ही पाएँगे।

हाथ पर हाथ धरे निराशा के धागे बुनना पराजितों का लक्षण है

हार को खेल-भावना से लें

अपने लिए निर्धारित लक्ष्य की सिद्धि के मार्ग में जब आपके हाथ विफलता लगती है, तो आप व्यक्ति के तौर पर विफल नहीं होते। आपको अपने अनुभवों से सीखना चाहिए और निर्धारित लक्ष्य की ओर निरंतर अग्रसर रहना चाहिए। अपने पर 'विफल व्यक्ति' की मुहर लगा लेने से आपका विकास रुक जाएगा, क्योंकि पिछली विफलता आपको कचोटती रहेगी। इस विचार को त्याग दीजिए कि किसी एक लक्ष्य की सिद्धि में

मिलनेवाली विफलता आपके स्थायी रूप से विफल होने की परिचायक है। कोई भी कार्य तभी पूरा किया जा सकता है, जब आपका दृष्टिकोण विजयी भाव का हो। जब कभी भी आपकी हार हो, उस हार को एक खिलाड़ी की भावना से लें।

हर व्यक्ति के पास जन्म से ही जीवन-संघर्ष को जीत पाने की क्षमता है। सामर्थ्य सबका अपना-अपना है। प्रत्येक व्यक्ति सर्जक बन सकता है, विजेता बन सकता है। विजेता वह व्यक्ति नहीं, जो दूसरों को हराए। विजेता वह है, जो सच्चा, विश्वसनीय व संवेदनशील हो और व्यक्तिगत रूप में व समाज के एक सदस्य के रूप में भी प्रामाणिक रूप से प्रतिक्रिया करे। विफल वही है, जो अपनी प्रतिक्रिया को प्रामाणिक नहीं बना पाता। स्वयं को विजेता समझने का अभिप्राय है, खुद को ऐसी परिस्थितियों से बाहर निकालना, जिनके कारण आप अपने लक्ष्य तक पहुँचने में विफल हो रहे हैं। अतः अन्य लोगों के मुकाबले स्वयं को अलग निकालें और अपने-आपको सत्यनिष्ठ, स्वप्रतिभाशाली व्यक्ति बनाएँ।

जीतने के लिए किसी को हराना जरूरी नहीं

जीतने की प्रक्रिया भीतरी है। यह जीवन की प्रत्येक परिस्थिति में स्वयं को विजेता समझने की सोच है, क्योंकि व्यक्ति अपने भीतर से मिलनेवाले इशारों के अनुसार काम करता है। यदि आप बाहरी मापदंडों की अपेक्षा भीतरी मापदंड में विश्वास रखें, तो जीतने के लिए किसी को हराना जरूरी नहीं रह जाएगा।

यद्यपि सभी व्यक्तियों का जन्म जीतने के लिए ही होता है, लेकिन जन्म से सभी निस्सहाय होते हैं और अपने आसपास के वातावरण पर निर्भर रहते हैं। विजेता आत्मनिर्भरता से अपना मार्ग बहुत जल्द तय कर लेते हैं। विफल व्यक्ति ऐसा नहीं कर पाते। वे अपने जीवन के प्रति उत्तरदायी होना आवश्यक नहीं समझते।

विफल व्यक्ति अनुत्सुक, अप्रसन्न, लक्ष्यहीन, गतिहीन, अधमरे व जिंदा लाश जैसे होते हैं। वे वर्तमान में नहीं रहते। वे अतीत की यादों और भविष्य की आशाओं में ही अपना सारा वर्तमान गुजार देते हैं।

विफल व्यक्ति अपने-आपसे सहानुभूति दर्शाता रहता है। अपने असंतोषजनक जीवन का जिम्मेदार वह औरों को ठहराता है। स्वयं को माफ कर दूसरों को दोष देना अकसर उसके खेल का हिस्सा होता है। वह अपने लिए सोच नहीं पाता, देख नहीं पाता, सुन नहीं पाता, महसूस नहीं कर पाता, छू नहीं पाता, चख नहीं पाता। वह स्थिति से निपटने के लिए अपने पूरे सामर्थ्य को तत्काल एकत्र नहीं कर पाता। उसका ज्ञान-बोध अधूरा या गलत होता है। अपने व दूसरों के प्रति उसका दृष्टि-कोण अपवर्तक होता है। व्यावहारिक कठिनाइयों से प्रभावशाली ढंग से निपटने की उसकी योग्यता का क्षय हो चुका होता है।

विजेता स्वायत्त व्यवस्था से डरते नहीं, बल्कि उसका पोषण करते हैं, उसे

दीर्घकालीन बनाने की योग्यता रखते हैं। यह सर्वश्रेष्ठ विजेता का लक्षण है। मनुष्य निर्णायक प्राणी है। स्वतंत्र होने का अर्थ अपने भाग्य का निर्माण खुद करना और अपने कार्यों व भावनाओं का उत्तरदायित्व खुद संभालना है।

गिरते हैं शहसवार ही

विजेता कई बार मैदान-हार सकते हैं, जीवन संघर्ष में गिर सकते हैं, तथापि उनके भीतर आधारभूत आत्मविश्वास बना रहता है। गिरना भी उनके लिए ऊपर उठने की पहली सीढ़ी बन जाता है। आखिर, गिरते हैं शहसवार ही मैदाने-जंग में।

विजेता अपने सोच अथवा ज्ञान के अनुसार कार्य करने से हिचकते नहीं। वे सकारात्मक दृष्टिकोण के साथ सत्य की ओर बढ़ते हैं। वे दूसरों को सुनते हैं, उनके कथनों का विश्लेषण करते हैं, तत्पश्चात उपसंहार करते हैं। वे दूसरों की प्रशंसा करते हैं, सम्मान करते हैं, किंतु वे दूसरों से परिभाषित, परिचालित, परिसीमित या नष्ट नहीं होते, न ही उनसे भय खाते हैं।

विजेता निस्सहाय नहीं होते, न वे दूसरों पर दोष ही मढ़ते हैं। वे अपने जीवन के प्रति स्वयं उत्तरदायी होते हैं। वे अपने लिए दूसरों को झूठी प्रभुता नहीं देते। वे अपने प्रशंसक स्वयं होते हैं। उन्हें समय का पूरा बोध होता है। उनकी प्रतिक्रिया स्थिति के अनुसार होती है, भीतरी संदेशों यानी अंतःप्रेरणा के अनुसार होती है और बेहतर होने व लोगों के प्रति आदरसूचक होने के कारण महत्त्व रखती है। वे जानते हैं कि प्रत्येक वस्तु का मौसम होता है और हर कार्य का समय।

विजेता के लिए समय बहुमूल्य होता है। वे उसे व्यर्थ नहीं गँवाते, बल्कि भरपूर जीते हैं। वर्तमान में जीने का यह अर्थ कदापि नहीं कि विजेता मूर्खतावश अपने अतीत की उपेक्षा करते हैं या भविष्य की तैयारी नहीं करते; बल्कि वे अपने अतीत के बारे में जानते हैं, वर्तमान के प्रति जागरूक होते हैं और भविष्य पर नजर रखते हैं।

अपने बलाबल का भान

विजेता अपनी भावनाओं व सीमाओं के बारे में जानते हैं। वे उनसे डरते नहीं। वे अपने भीतर के विरोधाभासों और दुविधा के कारण रुकते नहीं। वे प्रशंसा का आदान-प्रदान कर सकते हैं। वे प्यार पाने व देने योग्य होते हैं। विजेता तत्काल निर्णय करने में सक्षम होते हैं। उन्हें पूर्वनिर्धारित या जड़ शैली में प्रतिक्रिया नहीं देनी होती, अपितु वे अपनी योजनाओं का स्थितियों के अनुसार दिशा-परिवर्तन कर सकते हैं। वे अपना काम आप करने के लिए उन्मुक्त होते हैं, किंतु वे ऐसा औरों की कीमत पर नहीं करते।

विजेता जीवन को जीने का, काम करने का, खेलने का, खाने का, औरों के साथ का, प्रकृति का मजा लेते हैं। वे अपने अभावों का मलाल न करके अपनी

उपलब्धियों की खुशी मनाते हैं। वे दूसरों से ईर्ष्या किए बिना उनकी उपलब्धियों की भी खुशी मनाते हैं। यद्यपि वे स्वयमेव स्वतंत्रतापूर्वक खुशी मनाते हैं तथापि वे उसे स्थगित भी कर सकते हैं। अपने भविष्य की खुशी में वृद्धि के लिए वे अपने वर्तमान को संयत व अनुशासित कर सकते हैं।

विजेता विश्व और उसमें रहनेवाले अन्य व्यक्तियों का पूरा ध्यान रखते हैं। वे समाज की सामान्य समस्याओं की उपेक्षा नहीं करते, बल्कि उन पर सहानुभूतिपूर्वक विचार करते हैं। वे जीवन की गुणवत्ता में सुधार के लिए प्रतिबद्ध होते हैं। वे विश्व को रहने की दृष्टि से बेहतर व उत्तम बनाने के लिए प्रयत्नशील रहते हैं।

जैसे हैं, वैसे ही दिखते हैं

विजेता वास्तव में भी वही होते हैं, जो वे दिखाई देते हैं। वे अपने निष्पादन का प्रदर्शन बहाने बनाकर या प्रत्यारोपण के माध्यम से नहीं करते। वे दूसरों को प्रसन्न करने, उकसाने अथवा लुभाने के लिए अपना झूठा प्रतिबिंब बनाने का प्रयास नहीं करते। वे अपना परीक्षण स्वयं कर सकते हैं। उन्हें मुखौटों के पीछे छिपने की आवश्यकता नहीं होती। वे झूठी श्रेष्ठभावना यानी 'सुपीरियरिटी कांप्लेक्स' का शिकार नहीं होते और न आत्मप्रवंचना के अप्राकृतिक प्रतिबिंब का सहारा ही लेते हैं।

आप भी स्वयं को विजेता-जैसा महसूस करें। काम करने के बारे में स्वयं निर्णय लें। जीवन में आनेवाली समस्याओं, चुनौतियों व जीवनानुभवों के प्रति अनुत्सुक, उदासीन या रुष्ट न हों। व्यर्थ में डरे नहीं। अपराध-बोध से ग्रस्त न हों। ऐसी भावनात्मक प्रतिक्रियाएँ अस्थिरता की ओर अग्रसर करती हैं। कठिन से कठिन समय व बेहद निराशाजनक परिस्थितियों में भी आप स्वयं को विजेता का-सा अनुभव कर सकते हैं। अपने जीवन और कार्यों के प्रति आपकी भावनात्मक प्रतिक्रियाएँ और प्रयास आप और आपकी शैली पर निर्भर करते हैं। समस्या के संबंध में कुछ न कुछ करते रहना ही एक विजेता की कार्यशैली है, जबकि हाथ पर हाथ धरकर निराशाजनक सोच के धागे बुनना पराजितों का लक्षण है।

छोटी-छोटी बातों का है बहुत बड़ा महत्त्व

जिस दिन मैं अपनी पहली नौकरी के लिए साक्षात्कार देने गया था, उस रोज बारिश हो रही थी। मैं मुंबई के उपनगर चेंबूर से वर्ली पहुँचा और वहाँ पहुँचने तक सिर से लेकर पाँव तक बुरी तरह भीग गया था। मेरे पास और कोई रास्ता न था। जब मुझे कार्मिक-निदेशक से मिलने अंदर भेजा गया तो ठंड व घबराहट, दोनों ही वजहों से मेरे हाथ काँप रहे थे। लेकिन निदेशक ने तुरंत मेरी असुविधा का अंदाजा लगा लिया। उसने मेरा भीगा हुआ रेनकोट लिया और उसे टाँग दिया। मुझसे पूछा कि मैं चाय लेना पसंद करूँगा या कॉफी। तुरंत मेरे लिए एक प्याला तैयार भी कर दिया और मुंबई के तूफानी मौसम व जलमग्न सड़कों के बारे में बात करने लगा। इस तरह से हम बड़े सहज भाव से अगले डेढ़ घंटे तक बातचीत में मशगूल हो गए। इस तरह के छोटे-छोटे शिष्टाचारों से यह प्रतिबिंबित हुआ कि वह एक आदर्श सज्जन पुरुष था। वास्तव में इन छोटी-छोटी बातों का जिंदगी में बड़ा महत्त्व होता है।

छोटी छोटी बातों के आधार पर ही किसी के वास्तविक गुणों का मूल्यांकन किया जा सकता है

धैर्य और संयम

मैंने अपने दोस्त, सेवानिवृत्त लेफ्टिनेंट जनरल ब्रज के साथ दिल्ली जिमखाना में रात के भोजन पर भेंट करने की बात तय कर ली थी। मैंने मुंबई से एक हफ्ते पहले ही उसे अपने आगमन की सूचना दे दी थी। लेकिन उस दिन मैं एक मीटिंग में फँस गया, जो रात आठ बजे समाप्त हुई। थकान से चूर मैं

अपने होटल लौट आया और भोजन के बारे में बिलकुल ही भूल गया। मुंबई लौटने के बाद मुझे इस बात का अहसास हुआ कि मैं समय देकर भी भोजन के लिए नहीं पहुँच पाया था। मैंने क्षमा माँगने के लिए ब्रज के नाम एक संदेश तैयार किया। लेकिन वह संदेश भेजने से पहले ही मुझे ब्रज का संदेश मिल गया। उसमें लिखा था कि उसने पूरे एक घंटे तक वहाँ इंतजार किया। उसे इस बात की हैरत थी कि अचानक क्या हो गया। उसने यह उम्मीद भी जताई कि सबकुछ ठीक होगा।

ब्रज ने असीम धैर्य का परिचय दिया था। उसने जल्दबाजी में किसी निष्कर्ष पर न पहुँचने की अपनी क्षमता भी दिखाई। साथ ही संपर्क का सूत्र कायम रखते हुए स्पष्टीकरण के लिए प्रतीक्षा भी की। मैं जिन लोगों को जानता हूँ, उनमें से ज्यादातर ने ऐसा न किया होता। वे खासे नाराज और गुस्सा हुए होते और मानसिक तौर पर इस बात के लिए तैयार हो गए होते कि आगे से वे मुझसे कोई सरोकार नहीं रखेंगे। ये छोटी-छोटी बातें ही तो अहमियत रखती हैं।

खाने-पीने का अंदाज

मणि ने मेरी परिचित एक ग्राहक-कंपनी में वाणिज्य-निदेशक के एक अत्यंत वरिष्ठ पद के लिए तीन साक्षात्कारों का दौर पूरा कर लिया था। वह अमेरिका से प्रबंध में पी-एच. डी. था और भारत लौटने से पहले 22 साल तक अमेरिका में कार्य कर चुका था। मुझे यह काफी आश्चर्यजनक लगा कि उसने अपनी पत्नी और बच्चे अमेरिका में ही छोड़, खुद भारत लौटकर नौकरी करने का फैसला किया था। लेकिन उसने कहा कि उसकी पत्नी अमेरिका में नौकरी कर रही है, जो वह छोड़ना नहीं चाहती थी। पर न जाने क्यों, मुझे यह बात निरंतर महसूस होती रही कि कहीं न कहीं कुछ गड़बड़ है और वह उसे जाहिर नहीं करना चाहता। साक्षात्कार देने के बाद वह दोपहर एक बजे होटल के मेरे कमरे में आया, क्योंकि उसे मेरे साथ भोजन करना था। उसकी निगाह मेज पर रखी जिन की बोतल की तरफ चली गई। मैंने उसकी निगाह पकड़ ली और पूछा कि क्या वह पीना चाहेगा? उसने कहा, हाँ। जब वह पी चुका तो मैं उठ खड़ा हुआ और बोला कि क्या हम भोजन के लिए चलें? वह तैयार था लेकिन, बोला कि क्या उससे पहले वह एक पैग और ले सकता है? मैंने कहा, हाँ और उसे बोतल थमा दी। उसने आधा गिलास जिन से भरा और बिना पानी मिलाए पी गया। तब मुझे इस बात का अहसास हुआ कि उसके साथ कोई समस्या थी और इसी वजह से वह अमेरिका से वापस लौटा था। छोटी-छोटी बातें यह सब भी तो जाहिर कर देती हैं।

कंजूसी

मुंबई में 'होर्स शू' रस्तराँ के 'दिल्ली दरबार' बन जाने से पहले मेरे मित्र के एक संभावित ग्राहक ने उसे वहाँ भोजन पर आमंत्रित किया था। ग्राहक का

ऑफिस रेस्तराँ के पास था और संभवतः वह वहाँ काफी आता-जाता था। जब वे एक टेबल पर बैठ गए तो मित्र ने यह महसूस किया कि आसपास के वेटर टेबल पर आने से कतरा रहे थे। आखिरकार, उनमें से एक आया। मित्र ने उसे दूसरे वेटरों से यह फुसफुसाते सुन लिया था कि यह कंजूस शिकायतें तो खूब करेगा और टिप बहुत थोड़ी देगा। जब उन लोगों का भोजन समाप्त हो गया और बिल का भुगतान किया गया, तो वेटर बाकी बचे पैसे ले आया जो बहुत थोड़ी-सी रेजगारी में थे। उसने इस बात पर जोर दिया कि मित्र का मेजबान वह रेजगारी वापस ले ले और उसके जोर देने का अंदाज ऐसा था, मानो वह यह कह रहा हो कि 'आप इसे रख लें, सर, मुझे लगता है कि इसकी जरूरत मुझसे ज्यादा आपको है।' एक साल बाद, मित्र ने पाया कि वह ग्राहक उसकी कंसल्टेंसी-फीस देने में भी आना-कानी कर रहा है। उसने चार महीने तक भुगतान नहीं किया और अंततः मित्र को काम रोकना पड़ा। रेस्तराँ की घटना से उसे सावधान हो जाना चाहिए था। इसी तरह छोटी-छोटी बातें काफी कुछ कह देती हैं।

चम्मच की चोरी

एक बार की बात है, हमने एक पाँच-सितारा होटल के महँगे रेस्तराँ में अपना भोजन समाप्त कर लिया था और हम वेटर के बिल लेकर आने का इंतजार कर रहे थे। तभी मैंने गौर किया कि मेरे मेजबान ने एक चम्मच उठाई और अपनी जेब में डाल ली। उसे यह पता चल गया कि मैंने उसे चोरी करते हुए देख लिया है। उसने बाद में मुझे सफाई दी कि होटलों की चम्मचें इकट्ठी करना उसका शौक है। उसने आगे कहा, 'आखिरकार ये इतनी ऊँची कीमतें वसूल करते हैं। कभी-कभार एकाध चम्मच का नुकसान भी वे सह ही सकते हैं।' ऐसी छोटी-छोटी बातें आदमी के चरित्र का खुलासा कर देती हैं।

सौहार्द

मेरा मित्र सोनी कोपेनहगन में एक डेनिश लड़की से विवाह करनेवाला था, जिससे उसकी मुलाकात कैंब्रिज में हुई थी। सोनी एक परमाणु भौतिकविज्ञानी था, बहुत समझदार लेकिन उतना ही भुलक्कड़ भी। जब वह कोपेनहेगन के लिए एसएएस की उड़ान के काउंटर पर चेक-इन कर रहा था, तब जाकर उसे इस बात की याद आई कि वह शादी के लिए अच्छे जूते तो खरीदना ही भूल गया। उसने काउंटर पर खड़ी युवती से पूछा कि क्या हवाई अड्डे पर कोई दुकान है? उसने अपनी स्थिति भी स्पष्ट की। लेकिन उस समय कुछ भी नहीं हो सकता था। जब वह कोपेनहेगल पहुँचा, तो सोनी की हैरत और खुशी का ठिकाना नहीं रहा जब उसे एक पार्सल दिया गया जिसमें एक जोड़ी काले जूते रखे थे। सौभाग्य से वे सही नाप के निकले और साथ में दुलहन के लिए एक बुके भी। उसके बाद से सोनी ने हमेशा

एसएएस से ही अपनी विमान-यात्राएँ कीं।

बेहतर सेवा

एक बार हैदराबाद से चेन्नई की अपनी उड़ान के लिए मैं काफी लेट हो चुका था। जब मैं तेजी से होटल से बाहर निकला तो मैं यह मानकर चल रहा था कि मेरा बैग पहले ही उस कार की डिक्की में रखा हुआ है, जो मुझे हवाई अड्डे लेकर जानेवाली थी। जब मैं हवाई अड्डे पहुँचा, तब जाकर मुझे इस बात का पता चला कि मेरा बैग तो होटल की बेल-डेस्क पर ही छूट गया था। लेकिन मुझे तो जाना ही था। मेरे मित्र ने चेन्नई के लिए सुबह की उड़ान से उस बैग को भेज देने का वादा किया।

इस तरह मैं केवल एक ब्रीफकेस लेकर चेन्नई के कोन्नेमारा होटल में रात नौ बजे पहुँचा। रिसेप्शनिस्ट को यह देखकर हैरानी हुई कि मेरे पास कोई सामान नहीं था। मैंने उसे सारी स्थिति बताई। उसने मुझसे सहानुभूति जताई। रजिस्ट्रेशन-फार्म भरने के बाद मैं दिए गए कमरे में पहुँचा। मेरे कमरे में पहुँचने के तुरंत बाद रूम-ब्वाय ने घंटी बजाई। वह शेविंग किट, टूथब्रश व पेस्ट, कंघा, रात के लिए कपड़े और यह निर्देश लेकर हाजिर था कि मैं जो कपड़े पहने हुए हूँ, उन्हें मुझसे लेकर सवेरे तक धुलवाकर पहुँचवा दिया जाए। मैंने इन सारी बातों के लिए नहीं कहा था, होटल ने अपनी तरफ से यह सब इंतजाम किया था। मैं उनके इस सद्व्यवहार से प्रभावित हुए बिना नहीं रह सका।

खिड़की से मिल जाता है कमरे का नजारा

प्रबंधकों के रूप में हममें से ज्यादातर को छोटी-छोटी बातों में निपुणता हासिल करने की जरूरत है। ऐसी कोई बात नहीं होती जो महत्त्वपूर्ण न हो या इतनी छोटी हो कि उसे नजरअंदाज कर दिया जाए। आप इन छोटी-छोटी बातों के आधार पर ही लोगों व कंपनियों का मूल्यांकन करेंगे और इसी आधार पर आपका भी मूल्यांकन दूसरों द्वारा किया जाएगा। आखिरकार, एक छोटी-सी अधखुली खिड़की में से झाँककर पूरे घर का मुआयना किया जा सकता है।

बेवजह कड़वा बोलने से बचना चाहिए

दुश्मन बनाने का सबसे तयशुदा तरीका है कि आप किसी से बिलकुल रूखे व अशिष्ट ढंग से कहें, 'तुम गलत हो!' यह तरीका बमुश्किल ही कभी बेकार जाता है। यह तरकीब इतनी भली भाँति स्थापित है कि हम इसे कभी जाँचने का भी प्रयास नहीं करते हैं।

लेकिन दुश्मन बनाने का एक और भी नफीस तरीका है, अगर उसे 'नफीस' कहा जा सकता हो तो। और वह है, बिना किसी सलीके के तथ्यों को पेश करने का तरीका। अधिकतर ये तथ्य परिस्थिति के हिसाब से पूरी तरह से गैर-प्रासंगिक होते हैं। लेकिन लोग छिपे हुए एजेंडे के तहत—दूसरों की छवि खराब करने या दूसरों पर अपना बड़प्पन जताने के लिए—इस तथ्यों को उठाते हैं या इन पर जोर देते हैं।

कड़वे बोल से आप शुभचिंतकों से महरूम हो अकेले पड़ सकते हैं

दूसरों की पीठ पर

आज के दौर में एक प्रबंधक को दूसरों की पीठ पर चढ़कर सफलता हासिल करने के प्रलोभन से खुद को रोकना चाहिए। उसे अपना लक्ष्य निर्धारित करने और अपनी जिंदगी का उद्देश्य तय करने में सक्षम होना चाहिए, ताकि वह अपनी सफलता को दूसरों के संदर्भ में आँकने के बजाय खुद के लिए निर्धारित लक्ष्यों की रोशनी में आँके। जब वह समस्त दुनिया व अपने सहयोगियों को ईर्ष्या के चश्मे से देखेगा, तो वह खुद को ज्यादा तनाव में रखेगा।

अनावश्यक तथ्य

मैं अनिल से पहली बार क्लब में मिला। वह मुझे बता रहा था कि उसने पुणे में एक मझोले आकार की कंपनी शुरू की है और अभी-अभी एक विदेशी गठजोड़ पर हस्ताक्षर भी किए हैं। जो उत्पाद वह बना रहा है, उसकी खास माँग है। वह काफी भाग्यवान था कि वह परिचालन के पहले बारह महीनों में अच्छा-खासा मुनाफा अर्जित करने में सफल रहा। मैं उसे बधाई दे रहा था और उसकी निरंतर सफलता की कामना कर रहा था। उसी समय उसका बड़ा भाई अरुण जो वहाँ अपने दोस्तों के साथ था और जिसे मैं पहले से बहुत अच्छी तरह से जानता था, अपनी बातचीत छोड़कर आया और बीच में दखल देते हुए बोला, 'क्या तुम्हें पता है डॉक्टर, इसने कितना अच्छा काम किया है? हालाँकि यह ओ स्तर की परीक्षा में फेल हो गया था, पर दूसरे प्रयास में ही उसे पास कर पाया।'

अनिल ने इससे कतराकर निकलने की कोशिश की और वार्तालाप को आगे बढ़ाने का प्रयास किया, लेकिन उसके भाई अरुण ने उसे इतनी आसानी से बच निकलने का अवसर नहीं दिया। उसने आगे कहा, 'अनिल हमेशा कक्षा में सातवाँ स्थान पाता था और घर में इस बात का किसी को पता नहीं था कि इसकी कक्षा में केवल सात ही लोग थे।' अनिल ने बेबसी से इस बात पर सहमति जताई कि वाकई ऐसा ही था। माहौल कुछ भारी-सा हो गया। अरुण ऐसा मुद्दा ले आया था, जो वार्तालाप का विषय ही नहीं था। उसने अनिल की खराब छवि पेश करने का प्रयास किया था। बेशक उसने तथ्य ही पेश किए लेकिन इनकी कोई जरूरत नहीं थी और न ही उन्हें पेश किए जाने में कोई सलीका था।

फूहड़ प्रतिक्रिया

मैं श्याम से एक विवाह-समारोह में मिला। मैं उससे अच्छी तरह से वाकिफ था, हालाँकि इधर हमारा मिलना अनियमित हो गया था। वह मुंबई के एक मझोले आकार की कंपनी में प्रबंध-निदेशक था। जब मेरी उसके साथ हलकी-फुलकी बात हो रही थी, तो उसी समय कैलाश वहाँ से गुजरा और उसने रुककर कहा, 'ओ! सुरेश जी, आप कैसे हैं?' और फिर उसने श्याम से कहा, 'हैलो श्याम, कैसे हो?' श्याम ने जवाब दिया कि वह ठीक है। तब कैलाश ने अपना तीर चलाया। उसने इतने तेज स्वर में, जिससे आसपास के तमाम लोग उसकी बात सुन सकें, कहा, 'आप जानते हैं, तीस साल पहले श्याम मेरे यहाँ टाइपिस्ट था। इसने उस समय से लेकर अब तक लंबा सफर तय किया है!' कैलाश बिना वजह ही ये सारी बातें कह रहा था। वह अपने लिए कुछ अहं-संतुष्टि का रास्ता तलाश रहा था और इसके लिए बेवजह, बिना किसी सलीके के, तथ्य पेश करने की कोशिश कर रहा था। उसी समारोह में थोड़ी ही देर बाद, जब मैं और श्याम बतिया रहे थे, गीता हमारे

पास अभिवादन करने आई। गीता उस कंपनी में काम करती थी, जहाँ श्याम और मैंने कुछ सालों तक काम किया था, लिहाजा हम दोनों गीता को भली भाँति जानते थे। गीता ने हमें अपने पति मोहन से मिलवाया। पता नहीं, श्याम के दिमाग में क्या आया, उसने गीता के साथ वही सलूक किया जो थोड़ी देर पहले कैलाश ने उसके साथ किया था। काफी तादाद में उपस्थित लोगों के बीच, जिनमें से अधिकतर लोग गीता व मोहन से पहली बार ही मिल रहे थे, श्याम ने गीता से पूछा, 'लेकिन क्या तुम्हारी मँगनी रोबिंदर के साथ नहीं हुई थी, जब तुम पेरीज में काम कर रही थीं?' गीता पीली पड़ गई। फिर उसने सँभलते हुए कहा कि निश्चित रूप से श्याम की याददाश्त बहुत अच्छी है और उसे याद रहा कि पंद्रह साल पहले क्या हुआ था। हाँ, उसकी मँगनी रोबिंदर के साथ हुई थी, लेकिन टूट गई थी। उसे और मोहन की शादी किए हुए दस साल बीत चुके हैं और उनके दो बच्चे हैं। मोहन ने सामाजिक रूप से अनुचित श्याम की हरकत को नजरंदाज करने का प्रयास किया। कहने की आवश्यकता नहीं कि इस तथ्य के बारे में श्याम की टिप्पणी पूरी तरह से गैरजरूरी और फूहड़ थी।

अनुचित टिप्पणी

अजीत ने जूहू-तट स्थित अपने घर पर अर्ध-औपचारिक रात्रिभोज का आयोजन किया था। यह दोस्तों व व्यापारिक सहयोगियों का सम्मिलित जमावड़ा था। भोज में कुछ विदेशी लोग भी आमंत्रित थे, शायद उन्हीं की वजह से भोज का आयोजन किया गया था। मेहमान छोटे-छोटे समूहों में बड़े-से कमरे में छिटके हुए थे। अजीत एक समूह के साथ खड़ा होकर शायद यह कह रहा था कि वह अगले रविवार को फ्रैंकफर्ट के लिए रवाना हो रहा है और एक माह के लिए बाहर रहेगा। दूसरे समूह में खड़ा एक मेहमान, जिसने इस बात को सुना होगा, वहीं से चिल्लाया, 'मैं समझता हूँ अजीत, आप छुट्टियों का खूब आनंद उठाएँगे और इसके लिए कंपनी से वसूलेंगे। आप-जैसे सफल उद्योगपति अधिकतर समय ऐसा ही करते हैं। कोई इस बात की परवाह नहीं करता कि यह पूरी तरह से गलत है।'

चारों तरफ अचकचाहट और चुप्पी छा गई। अंततः इस खामोशी को तोड़ने के लिए अजीत हँसा और हँसते हुए ही कहा, 'आप भी एक उद्योग खोलकर इसी तरह राज कर सकते हैं।'

यह भी ऐसा ही तथ्य था, जिसे बेवजह उछाला गया था।

परसिस व जहाँगीर पार्टी में दाखिल हुए ही थे और उन्हें अन्य मेहमानों से परिचित कराया जा रहा था। वे रवि से मिले, जो परसिस को स्कूल के दिनों से जानता था, क्योंकि वे दोनों एक ही स्कूल में पढ़ते थे। रवि ने कहा, 'जहाँगीर, मुझे इस बात की खुशी है कि परसिस का वजन काफी घट गया है। पिछली बार जब मैं तुम दोनों से दो साल पहले मिला था, तो परसिस 'अमेजन' जैसी भीमकाय लगने

लगी थी।' तथ्यगत रूप से सही होने के बावजूद यह पूरी तरह से गैर-सलीकेदार टिप्पणी थी। उसके बाद से रवि के प्रति परसिस का रुख ठंडा हो गया और जहाँगीर भी उससे फासला बनाए रखने लगा।

गलत धारणाएँ

अपनी मैनेजमेंट-कंसल्टेंसी कंपनी में झा और उसके सहयोगी कॉरपोरेट-प्रबंधकों के लिए अनेक प्रशिक्षण-कार्यशालाएँ आयोजित करवाते हैं। कुछ लोगों को इस बारे में गलत धारणा है कि वे लोग बस यही करते हैं। एक रात्रिभोज में मुझे और झा को देव मिला, जिसने कैंब्रिज से रसायनशास्त्र में डॉक्टरेट की डिग्री हासिल की थी और कई साल तक उत्पाद-प्रबंधक के रूप में काम करने के बाद अंततः एक छोटी-सी रसायन-कंपनी के प्रबंध-निदेशक के पद तक पहुँचा था। हमने इस बात को महसूस किया कि देव को अंदर ही अंदर इस बात की टीस है कि इतने साल तक विदेश में डॉक्टरेट की डिग्री हासिल करने के बाद इसका फायदा उसे जिंदगी में सफलता हासिल करने में नहीं मिला। इसलिए जब हम उससे मिले तो उसने कई बार झा से कहा, 'आप निश्चित रूप से अच्छी स्थिति में हैं। आप अपनी आय केवल अपने पैरों पर खड़े होकर और बतियाकर कमा लेते हैं!'

अब भला उन लोगों से क्या कहा जाए जो यह मान लेते हैं कि सारे ग्राहक इतने बेवकूफ होते हैं कि वे किसी को भी सिर्फ बतियाने के लिए भुगतान कर देंगे? देव की समस्या यह थी कि वह इस ईर्ष्या में जल रहा था कि दूसरे लोगों ने इससे ज्यादा हासिल कर लिया है और वह भी संभवतः कम शैक्षणिक योग्यता के बल पर। पुनः यह ऐसा एक तथ्य था जो आंशिक रूप से ही सही था और जिसे बिना वजह ही कहा गया।

एक प्रबंधक के लिए अच्छा यही है कि वह अपनी ही दौड़ पर ध्यान दे और लगातार दूसरों पर नजर न गड़ाए रहे। अच्छा है कि आप अपने लक्ष्य खुद निर्धारित करें और उनके मुताबिक ही सफलता का आकलन करें। बेवजह, बिना संदर्भ के और उस पर भी बिना सलीके के तथ्यों को उछालने से आप अपने ही इर्द-गिर्द दीवार बनाते जाएँगे और शुभचिंतकों से महरूम हो जाएँगे।

असली काबिलियत तो दबाव में धीरज रखने में है

पिछले एक सत्र के बास्केटबॉल टूर्नामेंट के एक मैच के अंतिम क्षणों में डानयेल मार्शल फाउल-लाइन की ओर बढ़ा। जीत सुनिश्चित करने के लिए उसे दो फ्री थ्रो में से एक को ही निशाने पर फेंकने की आवश्यकता थी। अभ्यास के दौरान मार्शल एक के बाद एक फ्री थ्रो सही निशाने पर फेंकता था। आज स्कोर बराबरी पर था और दर्शक देख रहे थे। उसने गहरी साँस ली, गति बनाने के लिए गेंद उछाली, रिम का अध्ययन किया और चूक गया, वह भी दो बार! उसकी टीम ओवरटाइम में जाकर जीती। खेलों के मुहावरे में वह 'घबरा गया' था, दबाव-तले 'दम तोड़ गया' था।

जब भी कोई महत्त्वपूर्ण अवसर या चुनौती सामने आए, भय व आशंकाओं को हावी न होने दें

दबाव-तले दम तोड़ना

दम तोड़ना केवल खेल-कूद तक ही सीमित नहीं है। हममें से अधिकांश लोग, जो मंच से परिचित हैं, दम घुटने के लक्षणों से परिचित हैं। रेत-सा खुश्क गला, पेट में ऐंठन, छाती में घुटन—और जरूरी नहीं कि यह स्थिति भीड़ के सामने ही हो। ऐसा तब भी होता है, जब हम बॉस से वेतनवृद्धि की बात करने जाते हैं या जब पहली बार अपने प्रेमी या प्रेमिका से मिलने की बात तय करते हैं।

'जब भी आपका किसी महत्त्वपूर्ण कार्य या निर्णय से सामना होता है और आप भौतिक रूप से इस प्रक्रिया को अपने ऊपर हावी होने देते हैं, तो उसी को दम घुटना कहते हैं,'

एक एरोबिक रिसर्च सेंटर के क्लीनिकल एप्लीकेशन के प्रमुख श्याम सिंह का कहना है। तब आकुलता बढ़ती है और दिमाग से साइरन बजाते हुए संकेत निकलने लगते हैं और अधिवृक्क-ग्रंथियों की ओर बढ़ने लगते हैं। जब अधिवृक्क-ग्रंथियों की टोंटी खुलती है, तो उनसे निकलनेवाला स्राव पूरी प्रक्रिया को चालू कर देता है। 'हृदय की गति तेजी से बढ़ने लगती है,' सिंह कहते हैं, 'लार का उत्पादन कम हो जाता है, रक्त-वाहिनियाँ सिकुड़ने लगती हैं, जिससे पेट की ओर रक्त-संचार घट जाता है। इसी बीच साँसें तेज और छिछली हो जाती हैं।' इन सब स्थितियों के चलते मार्शल के लिए फ्री थ्रो फेंकना तो दूर, चलते रह पाना ही बहुत बड़ी बात थी।

पार पाने के तरीके

अच्छे खिलाड़ियों की तरह कुछ लोगों के लिए यह एक व्यावसायिक जोखिम है। 'मुझे इस बात से हैरानी होती है कि बहुत-से अत्यंत सफल लोगों को भी अन्य लोगों की भाँति भय और चिंताओं का सामना करना पड़ता है,' एक टीवी समाचार-कार्यक्रम के मेजबान ब्रायट गमबेल का कहना है, 'अंतर लेकिन यह है कि उन्होंने इससे पार पाने का तरीका खोज रखा है।' गमबेल तथा अन्य विख्यात व्यक्ति ऐसे आतंकों पर काबू पाने के लिए निम्नलिखित सुझाव देते हैं :

पूरी तैयारी करें

गमबेल कहते हैं कि वे प्रसारण के समय कभी नहीं घबराते। इसका रहस्य उनका अत्यधिक तैयारी करना है। सूचनाएँ एकत्र करना इतना महत्त्व नहीं रखता, जितना तैयार होने का कृत्य और तैयारी में लगाए गए समय का एहसास। 'यदि आप अपने को आत्मविश्वासी सिद्ध करने के लिए किसी मनोवैज्ञानिक युक्ति का प्रयोग करने का प्रयास करें तो किसी न किसी स्तर पर आप यह जान जाएँगे कि यह एक भ्रम है,' गमबेल कहते हैं, 'परंतु तैयारी करने से जो आत्मविश्वास मिलता है, वह एक तथ्य होता है।'

रात को पूरी नींद लें

700 करोड़ डॉलर की कंपनी बरगर किंग में एक प्रमुख व विवादास्पद फेरबदल करने के लिए निदेशक-मंडल के सामने प्रस्ताव प्रस्तुत करने से पहले की रात कंपनी के मुख्य कार्यकारी अधिकारी जिम एडमसन ने अपनी रात-भर कार्य करने की इच्छा पर काबू किया। इसके विपरीत उन्होंने अच्छी तरह सोने पर ध्यान दिया, ठीक वैसे ही जैसे कोई एथलीट करता है। उन्होंने बैठक से पहले आधे घंटे तक अध्ययन किया, और बैठक में जाते समय उनके सभी मुद्दे नए सिरे से तैयार थे।

ढंग से खाएँ

ग्रेमी पुरस्कार विजेता रिकॉर्डिंग-कलाकार रोजेन कैश को न्यूयॉर्क के एक क्लब में एक ही रात में दो प्रदर्शन करने की बात याद है। देर रात के शो से पहले उनके पेट में अजीब-सी बेचैनी होने लगी। किसी तरह उन्होंने प्रदर्शन पूरा किया, तभी उन्हें याद आया कि उन्होंने दिन-भर खाना नहीं खाया था। 'रक्त में शर्करा की मात्रा कम हो गई थी,' उन्होंने बताया, 'अनेक मनोवैज्ञानिक समस्याओं की भौतिक व्याख्याएँ होती हैं।'

कार्य का विभाजन करें

'मेरे व्यवसाय में,' गमबेल कहते हैं, 'यदि आप एक दिन को दो घंटे का कार्यक्रम समझेंगे, तो घबरा जाएँगे। मैं तो इसे आधे घंटे के चार कार्यक्रम मानकर चलता हूँ, जिसमें से हरेक का आरंभ, मध्य और अंत होता है। यदि आप इस तरह से काम करें तो आपको काम से घबराहट नहीं होगी।'

सहज रहें

जेसन एलैन, डेनवर ब्रोंकोस नाम की फुटबॉल-टीम का फील्ड-गोल किक करनेवाला खिलाड़ी है। भले ही वह किसी मैच में थोड़ी-थोड़ी देर के लिए ही उतरे, परंतु जब भी वह मैदान में उतरता है, सबकी नजरें उसी पर जम जाती हैं। भीड़ को अपने मन से ओझल करने के लिए एलैन अपनी किक के एक ही पक्ष पर ध्यान केंद्रित कर लेता है। 'मैं तो बस यह सोचकर जाता हूँ कि सहज रहना है और सिर को नीचे रखना है,' वह कहता है, 'इससे मैं अन्य चीजों की चिंता से बचा रहता हूँ। यदि मैं यह समझ बैठूँ कि सारे खेल का फैसला मेरी ही किक पर निर्भर करता है, तो निश्चित है कि मैं चूक जाऊँगा।'

गहरी साँसें लें

गायिका अनुराधा पोड़वाल शुरू-शुरू में हर प्रदर्शन से पहले शारीरिक रूप से रुग्ण हो जाती थीं। 'याद रखने योग्य महत्त्वपूर्ण बातों में से एक यह है कि भय और प्रत्याशा के बीच का एकमात्र अंतर है—साँस लेना,' उनका कहना है, 'मैं जब मंच पर चढ़ती हूँ तो कल्पना करती हूँ कि मैं सिर से पैर तक साँस ले रही हूँ। इससे दबाव कम करने में सहायता मिलती है।'

स्वाग्रही बनें

'जब आपको लगे कि आप नीरस या कामचलाऊ होने लगे हैं, तो उस समय दृढ़ विचार महत्त्वपूर्ण अंतर पैदा करते हैं।' कार्य-प्रदर्शन-मनोविज्ञानी जिम लोएर का कहना है। ऐसे में अपने-आपको स्वाग्रही बनाकर जीवंत होने पर मजबूर करें।

अपने से बाहर निकलें और लोएर के मतानुसार अपनी शक्ति को 'सकारात्मक संघर्ष' में लगाकर अपने सामने आई चुनौती का मुकाबला करें।

अपमान से बचने के लिए आत्मालोचन करें

एक अग्रणी विज्ञापन-एग्जीक्यूटिव जेरी डेला फेमिना को याद है कि एक बार वह कुछ ग्राहकों के सामने अपने बनाए कुछ विज्ञापन-प्रारूप पेश कर रही थी। उन्हें प्रभावित करने के लिए उसने कह दिया कि हाल ही में उसने कुछ मुख्य विज्ञापन-पुरस्कार जीते हैं। बीच ही में उसे लगा कि उसकी आत्मप्रशंसा कुछ खास प्रभाव नहीं डाल रही है। अतः उसने वह वाक्य पूरा करने के साथ ही कहा, 'जो कि जीवन में अर्थहीन काम करते रहने का एक और उदाहरण है।' उन्हें यह बात रुचिकर लगी। सबक : अपने पर हँसकर आप कभी मुसीबत में नहीं पड़ेंगे।

अपना दृष्टिकोण सुधारें

कभी न कभी जीवन में कुछ चूक हो भी जाती है। ऐसा हो और हमारा सब-कुछ ध्वस्त होने लगे, तो गमबेल का सुझाव है कि उस समय आप बदतर की कल्पना करें। 'सामान्यतः आप उसे झेल जाएँगे,' वे कहते हैं।

लगता है, डानयेल मार्शल ने भी बदतर को झेलना सीख लिया है। पिछले वर्ष के अमेरिकी राष्ट्रीय बास्केटबॉल एसोसिएशन के खेलों में वह चौथे नंबर का खिलाड़ी रहा, जिसने उसके निशाने चूक जाने के पिछले दंश को भुला दिया। उसके अनुसार यही सबसे बड़ा सबक है : निशाना साधो या चूको, जीवन में गेंद फेंकने के और बहुत-से अवसर आएँगे।

दुख और पीड़ा जीवन को नया आयाम देते हैं

'दि इन लैंडर्स एनसाइक्लोपीडिया ए टु जेड' में एन लैंडर्स लिखते हैं : 'कोई मुझसे समूची मानव-जाति के लिए उपयोगी परामर्श माँगे तो मैं कहूँगा—मुसीबतों को जीवन का आवश्यक अंग समझो। संकट आए तो साहसपूर्वक उसका सामना करो और ललकारकर कहो—मैं तुमसे बढ़कर हूँ। तुम मुझे पराजित नहीं कर सकते। और तब सांत्वना-भरे ये शब्द अपने-आपसे कहो—संकट की यह घड़ी भी टल ही जाएगी।'

सबसे कठिन है खुद को माफ करना

संकटों से जूझकर ही नई ऊँचाइयों को छुआ जा सकता है

शायद जीवन की सबसे कठिन चुनौती है, कोई बुरा काम करके स्वयं को क्षमा कर देना। इसकी तुलना में दूसरों को माफ कर देना सरल है। एक पत्रिका में सलाहकार के रूप में कार्य करनेवाले एक मनोवैज्ञानिक को पाठकों से आत्मग्लानि से भरे असंख्य पत्र मिलते हैं, जो इस बात के प्रमाण हैं कि आत्मोत्पीड़न से ज्यादा कष्टदायक कोई दूसरी सजा नहीं है। कुछ उदाहरण देखिए :

'मैंने अपने प्रेमी को हद से आगे बढ़ जाने दिया। अब वह मेरी तरफ देखता तक नहीं। देखते ही कन्नी काट जाता है। मैं खुद से बड़ी शर्मिंदा हूँ। जी चाहता है, मर जाऊँ।'

'मैंने बरतन साफ करने का कपड़ा अपनी सास के मुँह पर दे मारा। वह मेरा हाथ बँटाने की कोशिश कर रही थीं, पर मुझे क्रोध आ गया। अब मैं स्वयं को कोसती हूँ।'

'आज मैं इतिहास के परचे में नकल करता पकड़ा गया। सारे बच्चों को इसका पता चल गया। मैं शर्म से जमीन में गड़ा जा रहा हूँ।'

बीति ताहि बिसार दे

उक्त मनोवैज्ञानिक ने हजारों बार अपने पाठकों को यही सलाह दी है, 'बीत गया सो बीत गया। बस, उसे भूल जाइए। आप अतीत को नहीं बदल सकते। यही सोचकर अपने को तसल्ली दें कि कभी बुराई से भी भलाई का प्रादुर्भाव होता है। गलती हो जाए तो आगे के लिए सबक लेकर उसे भुला डालिए।'

हाईस्कूल में अंग्रेजी की अध्यापिका ने मुझे यह सीख दी थी कि अतीत-क्रंदन व्यर्थ है। एक दिन बच्चे कक्षा में पहुँचे तो क्या देखते हैं कि अध्यापिका की मेज पर पत्थर की ट्रे में दूध की बोतल रखी है। उन्होंने कहा, 'आज मैं तुम्हें अंग्रेजी का नहीं, बल्कि जीवन का पाठ पढ़ाऊँगी।' और यह कहकर उन्होंने दूध की बोतल को ट्रे में लुढ़काकर तोड़ डाला। फिर बोलीं, 'आज का पाठ यहीं है—अर्थात् बीती ताहि बिसार के आगे की सुधि लेय।' फिर उन्होंने सब बच्चों को अपने पास बुलाकर काँच के टुकड़े और बिखरा दूध दिखाते हुए कहा, 'मैं चाहती हूँ कि तुम लोग इस दृश्य को हमेशा याद रखो। क्या तुममें से कोई भी इन टुकड़ों को जोड़कर फिर से बोतल बना सकता है? नहीं, तो क्या यह सोचते रहने से कोई फायदा है कि बोतल न टूटती तो अच्छा था? तुम चाहो तो जीवन-भर इस पर पछताते रह सकते हो, पर बोतल दोबारा कभी नहीं जुड़ेगी। तुम्हारे जीवन में जब भी कोई ऐसी घटना घटे, जिस पर तुम्हारा बस न चलता हो, तो इस टूटी दूध की बोतल को याद कर लेना, क्योंकि पश्चात्ताप जीवन का अभिशाप है।'

पछताना बेकार है

मैंने जीवन में अनेक बार अपने को उस चकनाचूर बोतल की याद दिलाई है। इससे मुझे स्वयं को संयत, धैर्यवान और स्वस्थ बनाए रखने में मदद मिलती है। हम जब कभी मानसिक उथल-पुथल का शिकार होते हैं, तो उसका प्रभाव हमारे शरीर पर पड़ता है। जो कुछ हो चुका है, उसे बदलने की चेष्टा करना या सुअवसर हाथ से निकल जाने पर पछताना एकदम व्यर्थ और मूर्खतापूर्ण है। साँप के निकल जाने पर लकीर पीटना अक्लमंदी नहीं है।

कई बार हमारे साथ जो घटता है, उस पर हमारा बस नहीं चलता। लेकिन उस घटना पर अपनी प्रतिक्रिया को तो हम नियंत्रित कर ही सकते हैं। अब सोचना यह है कि हम निस्सहाय होकर धराशायी हो जाएँ या फिर से हिम्मत बटोरकर संघर्ष के लिए उठ खड़े हों? दूसरे लोग हमें परेशान करते हैं, तो हमारी पूरी चेष्टा होनी चाहिए कि उनके व्यवहार से हमारी हिम्मत पस्त न हो जाए। हमें अदम्य साहस का परिचय देते हुए रोगमुक्त होना और रहना चाहिए, ताकि जीवन की डोर जल्द ही न

टूट जाए। अधिकतर डॉक्टरों का कहना है कि दुश्चिंता, उद्विग्नता और मानसिक तनाव रोगाणुओं से भी ज्यादा खतरनाक हैं, जो आदमी को अविलंब अस्वस्थ कर सकते हैं।

इसलिए जब कभी आप महसूस करें कि किसी ने आपके साथ बुराई की है, तो अपने को कड़वाहट या घृणा से मुक्त रखें। कड़वाहट और घृणा तेजाब की तरह हैं। तेजाब जिस पर डाला जाता है, उससे ज्यादा वह उस बरतन को नुकसान पहुँचाता है, जिसमें उसे रखा जाता है।

दुख कम करती है आस्था और रचनात्मकता

भले ही अपनी ओर से हम संघर्ष करते हुए बड़े अच्छे ढंग से जिंदगी बसर करते हों, फिर भी दुश्मनों के कारनामों से ज्यादा स्वयं जिंदगी हमें तोड़ डालती है। इसे दुर्भाग्य कहें या कोई और नाम दें, लेकिन कुछ मुसीबतें ऐसी होती हैं, जिनके सामने इनसान खुद को बेबस पाता है। उनसे कैसे निपटा जाए? मैं ऐसे कई लोगों को जानता हूँ, जिन पर मुसीबतों के पहाड़ टूटे हैं, पर ईश्वर में गहरी आस्था ने उन्हें बड़ा सहारा दिया है। इसी के साथ मैं यह भी मानता हूँ कि रचनात्मक कार्यों के जरिये भी दुख से पार पाया जा सकता है। इसमें कोई संदेह नहीं कि दुख-दर्द भुलाने में समय का महत्त्वपूर्ण योगदान है। किंतु समय का सूझबूझ और अक्लमंदी से इस्तेमाल किया जाए तो हम जल्दी ही स्वयं को परिस्थितियों के अनुकूल ढाल सकते हैं।

दुख आंशिक रूप से आत्मकथा का अभिव्यक्त रूप है। 'मेरे लिए वह सबकुछ था, मैं उसके बिना कैसे रहूँगी?' यह कहकर मातम मनानेवाली विधवा वास्तव में पति के लिए नहीं, अपने लिए रोती है। जो व्यक्ति लंबे समय तक दुख को ओढ़े रहता है, अंततः खुद को अपने मित्रों से अलग कर लेता है। हो सकता है, हमदर्दी के तौर पर हमारा हाथ थामने या आँसू पोंछने के लिए यह दुनिया कुछ घंटों या दिनों के वास्ते रुक जाए, किंतु आखिर में मित्र और रिश्तेदार भी मुँह मोड़ लेंगे, क्योंकि उनकी अपनी समस्याएँ हैं। जीवन की गाड़ी हमेशा चलती रहती है। जो साथ चलने को तैयार नहीं होते, वे चिंताओं पर आँसू बहाने के लिए अकेले रह जाते हैं।

दूसरों के काम आएँ

टूटे दिल का श्रेष्ठ इलाज है, कुछ न कुछ करते रहना। इसका मतलब यह हरगिज नहीं कि आप सामाजिक चक्करों में फँसे रहिए या यात्राएँ करते रहिए। काफी लोग इस तरह समस्याओं से भागने की चेष्टा करते हैं। किंतु उन्हें केवल इतनी ही सफलता मिलती है कि वे अपनी चिंताएँ भी अपने संग ले जाते हैं। कर्मशील रहने का सबसे बढ़िया तरीका दूसरों के काम आना है। हताश होकर

रोने-चिल्लाने में क्या रखा है? आप लाख मुसीबतों में घिरे हों, पर कोई आपसे भी ज्यादा अवसादग्रस्त हो सकता है। आप उसकी सहायता कर सकते हैं।

आम आदमी की वीरता, साहस और आस्था ने मुझे सबसे ज्यादा प्रभावित किया है। मेरे लेखन की सराहना करने के साथ-साथ कई बार पाठक अपने पत्रों में अपनी समस्या का जिक्र करते हुए अपनी निजी जिंदगी के बारे में भी लिख देते हैं। मैं उन साहसी लोगों को शाबाशी दिए बिना नहीं रह पाता, जो इस तरह की पंक्तियाँ लिखते हैं, 'विवाह के थोड़े दिन बाद ही मेरे पति की आँखें जाती रहीं, पर हमने बड़े मजे में जिंदगी बताई' या 'मैं कैंसर का दो बार ऑपरेशन करवा चुका हूँ। मुझे आशा है कि मैं अपने बेटे के दीक्षांत समारोह में अवश्य शामिल होऊँगा। मैं इसके लिए ईश्वर का कृतज्ञ हूँ।'

दुख हमको माँजता है

कोई नहीं जानता कि यह जीवन पीड़ादायक क्यों बन जाता है। शायद यह सच है कि प्रत्येक वस्तु का कुछ मूल्य होता है और कुछ अच्छा पाने के लिए किसी अन्य मूल्यवान वस्तु का त्याग करना पड़ता है। कवियों और दार्शनिकों का विचार है कि दुख और पीड़ा हमारे जीवन को नया आयाम देते हैं। जिन्हें दुख की गहरी अनुभूति हुई है, उन्होंने जीवन को भरपूर जिया है। ऐसे लोग ही जीवनरस का भरपूर पान करते हैं, जबकि दूसरे लोगों के हिस्से में तलछट ही आता है। दारुण व्यथा को झेले बिना संभवतः कोई भी व्यक्ति जीवन की ऊँचाइयों को नहीं छू सकता।

सफलता के लिए दूसरों का सहयोग जरूरी है

एक लेखक, जिनका मैं बहुत प्रशंसक हूँ और जिनसे मैंने बहुत सीखा है, वे हैं चार्ल्स वेंस। उन्होंने अपनी 'मैनेजर टुडे—एग्जीक्यूटिव टूमॉरो' नामक पुस्तक में दस सिद्धांत प्रतिपादित किए हैं, जिनमें से एक है—'जन्म से लेकर मृत्यु तक आप अकेले हैं'। एक हद तक आपके माता-पिता आपकी मदद करते हैं, इसके बाद आपकी जिंदगी के दूसरे चरणों में आपकी पत्नी या बच्चे आपकी मदद करते हैं, या अलग-अलग समय पर आपके बॉस, सहयोगी, मित्र व परिचित आपकी मदद करते हैं, लेकिन मूलतः हर किसी को अपने मामले खुद ही निपटाने पड़ते हैं। हमें खुद अपने पर ही निर्भर होना चाहिए। सैमुअल स्माइल्स की यह उक्ति हम सभी के लिए सही बैठती है कि 'भगवान भी उसी की मदद करता है, जो अपनी मदद खुद करता है'।

खुद पर विश्वास करने के साथ-साथ दूसरों पर भी विश्वास करना चाहिए

इसके बावजूद, यह बात भी सही है कि ऐसे काम भी बहुत कम हैं, जिन्हें हममें से कोई भी अकेला कर सकता है। हममें से अधिकतर को और विशेष कर कॉरपोरेट-एग्जीक्यूटिवों को दूसरों के जरिये काम करवाना पड़ता है। इसके लिए हमें दो गुण विकसित करने की जरूरत है—अच्छे विचार रखना और इनसान को पहचानकर उसकी क्षमताओं का बेहतरीन इस्तेमाल करना।

एल राइस व जैक ट्रॉट ने अपनी किताब 'हार्स सेंस' में इस विषय को काफी प्रभावी तरीके से प्रस्तुत किया हैं। राइस व

ट्रॉट ने मार्केटिंग-रणनीति पर पूर्व में भी काफी पुस्तकें लिखी हैं और सभी बहुत लोकप्रिय भी हुई हैं। लेकिन 'हॉर्स सेंस' में उन्होंने इस दिशा में काफी आगे बढ़ते हुए खुद की मार्केटिंग करने के बारे में बात की है।

हर सफलता के पीछे कोई दूसरा

राइस व ट्रॉट ने इस बात पर काफी जोर दिया है कि आपकी सफलता की कुंजी हमेशा कोई दूसरा होता है। यहाँ तक कि जब आपके पास कोई महान विचार या कोई शानदार उत्पाद होता है, तो भी आप दूसरे लोगों से ही इस बात की अपेक्षा करते हैं कि वे आपके विचार या उत्पाद के मूल्य को स्वीकार करें।

एक सेल्समैन कभी भी अकेले ही बिक्री पूरी नहीं कर लेता। बिना किसी के खरीदे यह क्रिया पूरी नहीं होती है। जो बात उत्पाद बेचने के लिए सही है, वही बात खुद को 'बेचने' (अपनी सेवाएँ बेचने से मतलब है) के मामले में भी लागू होती है। पहले किसी और को आपके अच्छे गुणों, आपकी क्षमताओं की पहचान करनी होगी और फिर नौकरी देकर या पदोन्नति देकर या व्यापारिक साझेदारी में प्रवेश देकर आपको 'खरीदना' होगा।

वे कहते हैं कि एक परंपरागत कैरियर में खरीद-बिक्री की यह प्रक्रिया कई बार घटित होती है। उनका सर्वेक्षण यह दर्शाता है कि एक औसत व्यक्ति को अपनी पहली बड़ी नौकरी से लेकर सेवानिवृत्ति तक खुद को सात बार बेचना पड़ता है। यह काफी मुश्किल व हताशा-भरी प्रक्रिया हो सकती है, क्योंकि कई बार समय बड़ा क्रूर हो सकता है। मान लीजिए, आपको अभी नौकरी से निकाला गया है। कैरियर के इस मुकाम पर आपको सबसे ज्यादा आत्मविश्वास की जरूरत होती है, जो इस समय आपके पास सबसे कम है। जब आपको खुद पर विश्वास न हो, तो आप खुद को कैसे बेच सकते हैं?

उपयोगी व्यक्ति की तलाश

यह सुझाव दिया गया है कि अपने को बेचने का सबसे आसान तरीका यह है कि आप ऐसे व्यक्ति के हाथों खुद को बेचें, जो आपके लिए कुछ कर सकता हो। वे अमेरिका के कॉरपोरेट-जीवन के कई उदाहरण पेश करते हैं। वे डैन क्वैल की नजीर भी पेश करते हैं और बताते हैं कि कैसे उसने जॉर्ज बुश के सहयोग से सफलता का रास्ता तय किया था। हमारे यहाँ ऐसे लाभदायक सहयोग के खुद अपने कई उदाहरण हैं—इंदिरा गांधी के साथ आर. के. धवन, राजीव गांधी के साथ जॉर्ज, एमजीआर के साथ जयललिता और भी न जाने कितने। उसी तरह से हर्षवर्धन थे, जो अपने सलाहकार रघुराज के सहयोग से सफलता के मुकाम तक पहुँचे। ऐसा अनगिनत लोग हैं। ऐसा इसलिए है, क्योंकि आप अकेले मंजिल हासिल नहीं कर सकते। ऐसे में ऐसे व्यक्ति का पल्लू पकड़ लेना—चाहे वह

सलाहकार हो, सहयोगी या जीवनसाथी हो, सफल लोगों के दायरे में शामिल होने का सबसे आसान तरीका है। लेकिन साथ ही, यह काफी पेचीदा रास्ता भी है, क्योंकि अगर आप पूरी तरह से दूसरे व्यक्ति पर निर्भर हो जाते हैं तो वह आपको किनारे कर सकता है। किसी भी कारोबार में एक साझीदार का साथ लेना एक मजबूत स्थिति के निर्माण में मददगार हो सकता है। एक की तुलना में दो लोग ज्यादा बेहतर ढंग से काम कर सकते हैं। इसके बावजूद, अगर आप अपने आसपास देखें तो आपको अकसर अकेले ही लोग नजर आएँगे।

हवा में नहीं उड़ने देता साझेदार

अकेला चलनेवाला व्यक्ति शुरुआत तो अच्छी करता है, क्योंकि उस समय उसके पास नौजवानी, उत्साह, ऊर्जा व ताजा सोच के फायदे होते हैं। किंतु जैसे-जैसे वह बूढ़ा होता जाता है, उसका अहं उसकी आय के साथ बढ़ता जाता है। जैसे ही अहं योग्यता पर हावी होता है, वह ज्यादा दिखावटी हो जाता है और मान बैठता है कि उसे सबकुछ आता है। वास्तविकता पर आधारित नजरिया गायब हो जाता है। यहीं पर एक सहयोगी आपको जमीन पर ही रखने में मददगार हो सकता है। यह साझेदार आपको इस मुकाम पर व्यावहारिक रवैया प्रदान कर सकता है, ताकि आपका अहं नियंत्रित रहे। आप मिल-जुलकर चीजों को देख-समझ सकते हैं, जो आपके लिए अकेले कर पाना संभव न होता।

व्यावसायिक साझेदारी के लंबे इतिहास में यह संयुक्त प्रभाव बार-बार साबित हो चुका है। उदाहरण के लिए, एप्पल के लिए जॉब्स व वोजमैक और माइक्रोसॉफ्ट के लिए गेट्स व एलन और यही कहानी हैवलैट एंड पेकॉर्ड की भी है, जिन्होंने 1938 में एक गैराज से अपनी यात्रा शुरू की थी। आज उनकी कंपनी 12 अरब डॉलर मूल्य की है, जिसके विश्व-भर में अनेक कार्यालय तथा 95,000 कर्मचारी हैं।

दूसरों की योग्यता की पहचान

ली ईयाकोका ने खुद बहुत कम काम किया। उनका महान गुण था दूसरे लोगों की योग्यता को पहचानने का। उन्होंने मुस्तांग यानी उस फोर्ड-मॉडल को पहचाना, जो सबसे अधिक बिकनेवाला मॉडल बनने की क्षमता रखता था। ईयाकोका ने मुस्तांग को खुद डिजाइन नहीं किया, न ही उसे तैयार किया। उन्होंने तो बस जो ओरेस, गेल हैल्डरमैन और डेविड एश द्वारा तैयार की गई डिजाइन के गुणों को पहचाना।

इसका परिणाम यह हुआ कि 'फॉर्ब्स' पत्रिका ने सितंबर, 1964 में रिपोर्ट छापी कि 'आज ऑटो-बाजार में सबसे सनसनीखेज कार फोर्ड की मुस्तांग है और इस व्यवसाय में सबसे चर्चित एग्जीक्यूटिव हैं ली ईयाकोका...'

प्रबंधन यानी दूसरों से काम लेना

आज एक सेल्स-मैनेजर, चाहे वह कितना ही अक्लमंद सेल्स-मैनेजर क्यों न हो, उन 5, 10 या 100 सेल्समैनों का काम खुद नहीं कर सकता जो उसके मातहत काम करते हैं। यहाँ तक कि, अगर वह दस सेल्समैनों में से हरेक के प्रदर्शन में 10 फीसदी का भी इजाफा करता है, तो भी यह उस स्थिति से काफी अच्छा ही रहेगा, जब वह केवल अपनी बिक्री-क्षमता में 30 फीसदी का इजाफा करता। सेल्स-मैनेजर या किसी भी अन्य मैनेजर को दूसरे लोगों के जरिये ही काम करवाना चाहिए।

इसमें शक नहीं कि एग्जीक्यूटिव को बुनियादी आधार बनाने के लिए अपने दिमाग, ज्ञान व क्षमता पर निर्भर करना चाहिए। अगर लोग उसे छोड़ जाएँ, तो उस समय उसे इस प्रतिकूल स्थिति से अकेले ही निपटने में सक्षम होना चाहिए। इंदिरा गांधी ने ऐसा ही किया था, जब वे राजनीतिक अस्थिरता में घिर गई थीं। ऐसा ही चार्ल्स गॉल ने भी किया था। उन्हें पता था कि उन्हें लोगों का नेतृत्व करना है और लोगों से काम करवाना है। जब वे अकेले रह गए, तो उन्होंने इसे पूरे आत्मविश्वास के साथ स्वीकार किया और नए सहयोगी बना लिए। आखिर, सफलता का मूल मंत्र केवल खुद में विश्वास करना नहीं, बल्कि बड़े पैमाने पर दूसरों में विश्वास करना भी है। और, कुछ लोगों द्वारा विश्वास तोड़ देने का मतलब यह नहीं होता कि दुनिया में सभी अविश्वसनीय हैं।

दुर्लभ होता है अच्छा श्रोता

आम तौर पर लोग कोई बात कितने गौर से सुनते हैं? एक देवी जी ने इसकी परीक्षा करनी चाही। मेहमानों को टोस्ट परोसते हुए वह बोलीं, 'देखिए, कुचले के ये टोस्ट कैसे बने हैं! मैंने खास तौर से आपके लिए बनाए हैं।' कुचला वास्तव में एक तरह का जहर होता है। इसके बावजूद कोई नहीं चौंका। हर मेहमान ने यही कहा, 'वाह, बहुत बढ़िया है। कैसे बनाती हैं आप, हमें भी बताइए!'

हम सब अपने-आपको श्रोता मानते हैं, पर तथ्य यह है कि ज्यादातर लोग प्रति मिनट 120 से 180 शब्द बोलते हैं, जबकि सोचने की रफ्तार इसके चार-पाँच गुना तेज होती है। इससे हमारा ध्यान भटकता रहता है और हम अकसर दूसरे की आधी बात ही पकड़ पाते हैं। लेकिन कामकाज के दौरान, घर पर और दोस्तों आदि के साथ अपने व्यवहार में गौर से सुनने और उस पर प्रतिक्रिया व्यक्त करने की हमारी क्षमता बहुत महत्त्व रखती है। इसके अभाव में कई बार भारी कीमत चुकानी पड़ जाती है।

अच्छा श्रोता दूसरों को उनके महत्त्व का अहसास कराने की बेमिसाल क्षमता रखता है

हम एकाग्रता के साथ सुनने की क्षमता कैसे बढ़ा सकते हैं, यह जानने के लिए मैंने कई ऐसे लोगों से बात की, जिनका पेशा ही है गौर से सुनना। मिसाल के तौर पर मनोवैज्ञानिक और सामाजिक कार्यकर्ता। उन्होंने जो बातें बताईं, वे प्रस्तुत हैं :

तन्मय होकर सुनें

आप संगीत सुन रहे हों तो उँगलियों या पाँवों से ताल देना ठीक है, लेकिन किसी की बातें सुनते समय ऐसा करना उचित

नहीं। दूसरे व्यक्ति के अहं को इससे बढ़कर आहत करनेवाली दूसरी चीज नहीं हो सकती। अगर वह व्यक्ति आपका बॉस या ग्राहक है, तो इससे आपको भारी नुकसान भी हो सकता है।

इसलिए ध्यान बँटानेवाली हर चीज पर काबू पाने की कोशिश कीजिए, चाहे वह एक कोने में भिनभिनाती मक्खी हो या फिर उसी दिन बाद में आपको कहीं जाना हो। आप सामनेवाले के चेहरे पर नजरें जमाकर, सिर को उत्साहजनक तरीके से हिला, हुंकारी भरकर अथवा हाथ की मुद्राओं द्वारा यह जता दें कि आप मनोयोग से सुन रहे हैं। यही नहीं, इससे आप दूसरे व्यक्ति को और बातें करने को प्रोत्साहन देते हैं। आराम से एकाग्र मुद्रा में बैठने से भी सामनेवाले को यह भान होता है कि आप उसकी बात ध्यानपूर्वक सुन रहे हैं—इसके लिए आपको किन्हीं शब्दों की जरूरत नहीं पड़ेगी।

दूसरे को ज्यादा मौका दीजिए

वार्तालाप की गेंद उछलकर आपके पहलू में आए, तो उसे पकड़कर बैठ मत जाइए। उसे वापस उछालकर दूसरी ओर पहुँचाइए, बातचीत का क्रम जारी रखिए।

शुरू से ही हमें सिखाया जाता है कि समाज में, सभा-समागम में प्रतिष्ठा पाने के लिए बातचीत द्वारा अपना सिक्का जमाना जरूरी है। हर बात करनेवाले को एक सुननेवाले की जरूरत होती है। सच मानो, अच्छा श्रोता किसी भी दावत में उतना ही प्रिय होता है और दुर्लभ भी—जितना रेगिस्तान में पानी का कोई सोता।

मैं एक महिला को जानता हूँ जो सुंदर या हाजिरजवाब न होते हुए भी मन को बाँध लेने की अद्भुत ताकत रखती हैं। दरअसल, वह आपकी बात सुनते समय अत्यंत एकाग्र व तन्मय हो जाती हैं। आपको यह लगने लगता है कि धरती पर आप ही सबसे दिलचस्प इनसान हैं। वास्तव में अच्छे श्रोता में एक जबरदस्त आकर्षण होता है। वह दूसरों को यह महसूस कराने की बेमिसाल क्षमता रखता है कि वे महत्त्वपूर्ण हैं।

जिज्ञासा दरशाते रहें

दूसरे व्यक्ति को खुलकर अपनी बात कहने देने और यह जताने के लिए कि आप उसकी बात सुन रहे हैं, बीच-बीच में स्वस्थ टीका-टिप्पणी या प्रश्न कर अपनी जिज्ञासा का प्रदर्शन करते रहें, भले ही इसमें आप 'अच्छा, ऐसा हुआ' या फिर 'तो आगे क्या हुआ' कहनेवाले होकर ही क्यों न रह जाएँ। चुप्पी साधे, बेमन से सिर हिलाते व्यक्ति के आगे अपनी गाते जाना अरण्यरोदन या भैंस के आगे बीन बजाने-जैसा है। ऐसे में आप अपने को कूढ़मग्ज महसूस करने लगेंगे। मन करेगा कि उठकर चल दें। दुनिया में इतने सबल, आत्मनिर्भर लोग गिने-चुने ही होंगे, जिन्हें किसी से अपनी व्यथा कहने की जरूरत कभी न पड़ती हो। अतः यहीं पर

सुनने का सही तरीका या सलीका जाननेवालों की जरूरत बढ़ जाती है।

असली मंतव्य तक पहुँचिए

बतियाते समय कई बातें चाहे-अनचाहे रह जाती हैं, अतएव सामनेवाले के मनोभावों, अकसर शब्दों में ढलकर सामने न आनेवाले उसके विचारों को ग्रहण करने की क्षमता विकसित कीजिए। बहुधा होता है कि हम अपने निकट से निकट व्यक्ति के भी आंतरिक भावों को नहीं समझ पाते। यह तो देखते हैं कि वह सतही तौर पर क्या कह रहा है, लेकिन वास्तव में वह क्या कहना चाहता है, हम उसे नहीं पकड़ पाते। मिसाल के तौर पर कोई गुस्से से खौलता हुआ बोला, 'क्या मतलब, पैसे खत्म? सारा घर पैसे उड़ाने में लगा है, जब देखो खर्च, खर्च, खर्च!' अब बहुत संभव है कि उसके गुस्से का घर की फिजूलखर्ची से कोई सरोकार न हो। शायद उसके गुस्से की जड़ यह हो कि दफ्तर में आज का दिन बड़ा बुरा बीता। ऐसे में सहज है कि व्यक्ति अपनी सारी खीज किसी भी तरह उतार लेना चाहता है।

अगर पत्नी गौर से सुनना-समझना जानती है, तो वह आलोचना के पीछे छिपी चोट और कुंठा को बखूबी पहचान लेगी। तब किसी शांत क्षण में उसके चंद सहानुभूतिपूर्ण शब्द जरूरी बन पड़ते हैं कि 'आज तो आप थके लगते हैं। बहुत काम करना पड़ा होगा?' उसके ये दो मीठे बोल न केवल कड़वाहट घोलते व्यक्ति के जख्मों पर मलहम का काम करेंगे, बल्कि उसे अपने मन का गुबार रचनात्मक ढंग से निकालने के लिए भी प्रेरित करेंगे। ऐसी स्थिति में जो प्रसंग घर में एक तीखे झगड़े का रूप ले सकता था, वही जीवन की सुरुचिपूर्ण साझेदारी में बदल जाएगा। स्वभावतः इससे विवाह के बंधन भी मजबूत होंगे।

बात सुनिए, काजी मत बनिए

हम अकसर सही और गलत के अपने मापदंड तय कर किसी भी बात पर मनमाना फैसला देने को उतारू रहते हैं। लेकिन पूरी तरह से सुनने के बजाय फैसला सुना देकर हम बातचीत के सारे रास्ते बंद कर देते हैं।

कैलिफोर्निया विश्वविद्यालय की मनोचिकित्सक डॉ. बारबरा शिप्ले का कहना है कि आप जिन लोगों की परवाह करते हैं, उन्हें यह बताना जरूरी होता है कि आप उनके किसी आचरण से सहमत भले न हों, पर फिर भी आप उनकी कद्र अवश्य करते हैं। गौर से किसी की बात सुनने भर से यह बात बन जाती है। कोई किशोर सुबह तीन बजे घर में कदम रखे, तो कोई माँ-बाप इस स्थिति में नहीं होते कि उसकी बात सुनें, गौर से बेटे का पक्ष भी सुनने के महत्त्व को गुन सकें। ऐसी स्थिति में गुस्से से फट पड़ना सहज होता है कि हम कुछ सुनना नहीं चाहते कि कहाँ क्या हुआ, क्या नहीं। पर यह प्रतिक्रिया न केवल संवाद, एक-दूसरे के कहने-सुनने का मार्ग बंद करती है, बल्कि इससे भी कहीं ज्यादा गंभीर बात यह है

कि इससे बच्चे में हीनता की भावना उभरती है।

अतः जैसे भी बन पड़े, बच्चे को यह महसूस कराइए कि उसके आचरण से आपको ठेस तो पहुँची है, पर आप खुद उसी को लेकर चिंतित थे। इतना भर कहने से बात बन जाएगी कि 'हम सब तुम्हारे लिए परेशान थे, एकदम घबरा गए थे।' लेकिन इसके बाद उसे भी अपनी बात कहने का मौका दीजिए। मनोचिकित्सक चेतावनी देते हैं कि जिन घरों में माँ-बाप अपने बच्चों की नहीं सुनते, वहाँ के बच्चों में आत्मसम्मान की भावना समाप्त हो जाती है और उसे फिर से पैदा करने के लिए अकसर वर्षों उपचार करना पड़ता है।

हम सभी अपनी सुनाने, सुने जाने के लिए लालायित रहते हैं। मनोचिकित्सकों के क्लीनिक ऐसे लोगों से भरे रहते हैं, जिन्हें अपनी बातें ध्यान से सुननेवालों की जरूरत होती है। अधिकांश मामले ऐसे होते हैं जहां संवाद इसलिए अवरुद्ध हो गया होता है कि सुननेवालों की जगह केवल सुनानेवाले मिले।

किसी की बात सलीके से सुनने का अर्थ यह जताना है कि हमें दूसरों की परवाह है। यह ऐसी निस्पृह सेवा है, जो हमें अपने स्वत्व की जकड़न से उबारकर मानवता के मैत्री व सौहार्दपूर्ण संबंधों की शीतल सरिता तक पहुँचाती है।

मर्जी के मुताबिक तय करें अपनी प्राथमिकताएँ

भरपूर जिंदगी जीने के लिए जरूरी है कि हम जीवन में आगे बढ़ते रहने और अपनी जिंदगी सँवारने की बराबर कोशिश करते रहें। हमें खुद पर पूरा भरोसा होना चाहिए, क्योंकि आगे बढ़ने में तरह-तरह की चुनौतियों का सामना करना पड़ता है। इसके लिए बड़ी हिम्मत और हौसले की जरूरत होती है।

एक नवयुवक अपनी प्रेमिका के साथ एक नदी के पुल पर खड़ा प्रकृति का नजारा देख रहा था। प्रेमिका ने अचानक अपने ऊपरी कपड़े उतारे और यह कहते हुए नदी में छलाँग लगा दी कि 'आओ, तैरने का मजा लें।' नवयुवक भी तुरंत पानी में कूद पड़ा। जब वह डूबने लगा, तो उसे ध्यान आया कि वह तो तैरना जानता ही नहीं था। वहाँ मौजूद मल्लाहों ने किसी तरह से उसे बचाया।

दूसरों की आशंकाओं के चलते अपने भरोसे को भ्रमित नहीं होने देना चाहिए

इसका मतलब यह हरगिज नहीं कि आपको भी इसी तरह की बहादुरी दिखाने की सलाह दी जा रही है। उलटे, यहाँ तो आपको यह बताने की कोशिश की जा रही है कि आप खुद को अच्छी तरह पहचानें, अपने बलाबल अर्थात् गुणों और कमजोरियों का अच्छी तरह से जायजा लें और उसी के अनुसार जिंदगी में जो कुछ हासिल करना चाहते हों, उसके लिए आगे कदम बढ़ाएँ।

यह इतना आसान काम भी नहीं है। हममें से बहुत कम लोग ठीक से यह बात जानते हैं कि वे वास्तव में चाहते क्या हैं। कुछ लोग अगर यह समझते भी हैं तो वे यह नहीं जानते कि

उसे हासिल कैसे किया जाए। हममें से कुछ ऐसे भी होते हैं, जो यह जानते हैं कि वे क्या नहीं करना या बनना चाहते। दरअसल हमें अपना लक्ष्य निर्धारित करना पड़ता है और उसी के मुताबिक तैयारी करनी पड़ती है। उसके बारे में विस्तृत जानकारी हासिल करनी पड़ती है, भरपूर परिश्रम करना पड़ता है, तब कहीं उसे प्राप्त करना संभव हो पाता है।

दोस्तों को महत्त्व दें

जिंदगी में सफल होना है तो अपने दोस्तों को पूरा महत्त्व दें। उन्हें कभी नजरअंदाज न करें। उन्हें फोन करते रहें। जरूरत पड़े तो पत्र भी लिखें। उनसे मिलने की कोशिश करें। दोस्त आपकी खुशी में भी शरीक रहते हैं और जब आप किसी मुश्किल में फँस जाते हैं, तो भी दोस्त ही आपके काम आते हैं। जीवन की बगिया में दोस्ती सबसे खूबसूरत फल होता है।

आप अब से किसी बात के लिए इनकार करना भी सीखें। जो आप अपनी मर्जी से करना चाहें, खूब शौक से और दिल खोलकर करें, लेकिन अगर किसी काम के लिए आपका दिल नहीं कर रहा या आप काफी थकावट महसूस कर रहे हैं, तो आप उस काम से साफ इनकार कर दें। आप अपनी आवश्यकताओं और इच्छाओं का भी ध्यान रखें। भावनाओं में बहकर कोई काम न करें। अगर कभी किसी की कोई बात आपको कुछ बुरी लग जाए, तो उसे टालते हुए जो कुछ करना चाहते हैं, करते रहें। किसी के जरा-सा कुछ कह देने से आप वह काम करना ही बंद न कर दें।

दिल की आवाज भी सुनें

आप अपने दिल की आवाज (विवेक) पर काम करना शुरू कर दें। खुद पर पूरा भरोसा रखें। जो काम आप ठीक समझते हैं, उसे जब और जैसे चाहें, प्रारंभ कर दें। आप हँसना चाहते हैं, किसी से मिलना चाहते हैं, किसी से विदा होना चाहते हैं या फिर खामोश रहना चाहते हैं—मतलब जैसा भी आपका दिल चाहे, उसकी आवाज को सुनते हुए वैसा ही करें। अपने विचारों को पूरा महत्त्व दें। अपनी मंजिल को पाने और अपने सपने साकार करने का भरसक प्रयत्न करें। भला यह कौन कह सकता है कि आपका सपना या आपकी योजना उतनी सार्थक नहीं, जितना कि उसका सपना या योजना सार्थक हैं? संभावित कठिनाइयों का मुकाबला करने की तैयारी रखें। अपनी बात, अपने विचार स्पष्ट रूप से और दृढ़ता के साथ रखने की आदत डालें। स्नेह-भाव, साहस और बुलंद हौसला रखें, फिर आपके लिए कुछ भी कर गुजरना मुश्किल न होगा।

आपको कोई काम शुरू करने के लिए फैसला लेने में दिक्कत महसूस होती हो, तो नीचे दिए जा रहे सुझाव काटकर अपने घर की दीवार पर चिपका लें और इन

पर एक बार रोज नजर डाल लिया करें। सिर्फ इन्हें पढ़ें ही नहीं, बल्कि इन पर अमल करना शुरू कर दें।

अपने लक्ष्य को प्राप्त करने के लिए आपको करना यह है कि :

● **दूसरों का खयाल करना सीखें :** इसका बेहतरीन तरीका यह है कि पहले आप अपना खयाल रखना शुरू करें।

● **अपने बल का ध्यान रखें :** शारीरिक रूप से आपका स्वस्थ रहना बहुत जरूरी है। इसके लिए व्यायाम अवश्य करें। बैडमिंटन, टेनिस वगैरह खेलने की कोशिश करें। हाजमा दुरुस्त रखना भी आवश्यक है। वसायुक्त चीजों का सेवन ज्यादा न करें।

● **अपने रवैये को बदलें :** हर बात में दूसरों की राय लेने के लिए परेशान न रहा करें। खुद फैसला लेने की आदत डालें। दूसरों से इजाजत लेने के चक्कर में भी न पड़ा करें। आप अपने को यह इजाजत स्वयं दें। जहाँ दिल चाहे, जाएँ और ऐसे लोगों को, जो यह कहते हों कि आपको अपनी मर्जी के मुताबिक काम करने का हक नहीं है, सख्ती से किनारे हटा दें।

● **अपने फैसले पर पूरी तरह विश्वास करें :** अगर कोई चीज आपको बतख की तरह नजर आती है, बतख की तरह बोलती और बतख की ही तरह चलती है, तो फिर यह बतख ही है। वह कुछ और नहीं हो सकती। बहुत-से लोग आपको कह सकते हैं कि यह मुर्गी या मैना है। वे आपसे कहेंगे कि वह बड़ी अजीब है, लेकिन आप जानते हैं कि इसमें अजीब होने की क्या बात है। लोग आपको तरह-तरह से भ्रमित करने की कोशिश कर सकते हैं, लेकिन आप अपनी आँख, कान और अनुभव पर विश्वास करें। पंचतंत्र की उस कहानी से सबक लें, जिसमें कुछ बदमाश एक पंडित की बकरी उसे यह जताकर हड़प लेते हैं कि वह कुत्ता है।

● **पछताना या खेद व्यक्त करना छोड़ दें :** अपनी जिंदगी खेद व्यक्त करने, माफी माँगने या सफाई देते रहने में ही न गुजार दें। आप जो उचित समझते हैं, करते रहें। आपको भी अपनी पसंद और मर्जी के मुताबिक जीने का उतना ही अधिकार है, जितना किसी और को। आपको भी अपनी आस्थाओं, अपने निर्णयों के संबंध में उतना ही हक है, जितना किसी दूसरे को अपनी आस्थाओं और निर्णयों के संबंध में हो सकता है।

● **लक्ष्य निर्धारित करें :** पहले आप जो चाहते हैं, उसके लिए छोटे-छोटे लक्ष्य निर्धारित करें। इसके साथ ही कोई बड़ा लक्ष्य भी सामने रखें। मैं क्या, कोई भी आपको यह नहीं बता सकता कि आप कौन-सा लक्ष्य निर्धारित करें। यह काम आपको स्वयं करना है। हाँ, लक्ष्य स्पष्ट और उपयुक्त बनाएँ।

● **चिंता करना छोड़ दें :** सिर्फ चिंता करने से कहीं बेहतर है कि आप वह काम करना शुरू कर दें। यही सबसे अच्छा तरीका है। इसे तुरंत अपना लें।

● **परिवर्तनों को स्वीकार करें :** कोई काम शुरू करने पर कुछ परेशानियाँ

सामने आ सकती हैं। कोई स्थिति समस्या भी पैदा कर सकती है। पर इससे घबराएँ नहीं, क्योंकि परिवर्तन प्रकृति का नियम है और गति ही जीवन है। हर परिवर्तन के साथ एक नई आशा, नई दृष्टि, नया क्षितिज और नए अवसर जुड़े होते हैं। परेशानियों की परवाह न करते हुए आगे बढ़ते रहने की कोशिश करते रहें। सदैव 'सुरक्षित दायरे' में ही बने रहने की कोशिश न करें, जिसमें न कोई आशा है, न परिवर्तन और न ही कोई मजा।

• **महीने में एक बार कोई रोमांचक (एडवेंचर) कार्य करें :** इसका यह मतलब हरगिज नहीं कि आप समुद्र में छलाँग ही लगा दें। बहरहाल, एडवेंचर या रोमांचक कार्य का दिल पर बड़ा अच्छा असर पड़ता है। इससे जीवन में गरमाहट बनी रहती है।

• **समय और अवसर हाथ से न जाने दें :** आप किसी काम या बात के लिए बैठे सोचते ही रह जाएँ तो इससे कोई फायदा नहीं, क्योंकि गुजरा हुआ दिन फिर कभी वापस नहीं आएगा। इसलिए, जो भी करना है, बस शुरू कर दीजिए। समय और अवसर यूँ ही गँवा मत दीजिए, क्योंकि यह मौका फिर मिलनेवाला नहीं।

अब कुछ शब्द प्रेम और मित्रता के संबंध में। अगर आप किसी व्यक्ति-विशेष से प्रेम करते हों, तो उसे एक सुंदर पौधे के समान समझें और इसका ध्यान रखें कि प्रेम-रूपी पौधे की सिंचाई रोज ही होनी चाहिए। यह भी ध्यान रखने की बात है कि जीवन की ही तरह प्रेम में भी बहुत ही छोटी-छोटी बातें, जैसे एक गुलाब का फूल भेंट करना या कुछ मीठे बोल बोलना, बहुत महत्त्व रखती हैं।

अगर आप उसे दिल से चाहते हैं, तो उसे अपने दिल में जगह दे दें। दिल में जगह और इज्जत इनसानी जरूरतों में महत्त्वपूर्ण स्थान रखती है। अगर आप अपने लिए खुद कोई योजना बनाते हैं और कुछ हासिल करने की कोशिश करते हैं तो आपका प्रेम-पात्र आपकी और भी इज्जत करेगा। कुछ योजनाएँ तो आप उसके साथ मिलकर बनाएँ, लेकिन कुछ स्वयं (अकेले) ही करने की भी कोशिश करें। कुछ देर की जुदाई मुहब्बत को और बढ़ा देती है। दो प्राणियों को (बशर्ते उनकी शादी इसी सप्ताह न हुई हो) हर समय साथ-साथ नहीं रहना चाहिए।

कृत्रिम व्यक्तित्व नहीं, स्थायी चरित्र बनाइए

व्यापार, व्यवसाय, परिवार अथवा किसी भी अन्य संस्था में हम अकसर ऐसे लोगों से मिलते हैं, जो बाहरी उपलब्धियों और भीतरी खालीपन के एकसाथ शिकार होते हैं। यह हमारी सभ्यता के इस चरण पर एक सार्थक टिप्पणी हो सकती है कि हममें से अनेक लोग इसी श्रेणी में आते हैं। शायद यही वजह है कि इधर आकर ऐसे 'उपयोगी' साहित्य की माँग निरंतर बढ़ती जा रही है, जिसका उद्देश्य एक संपूर्ण व्यक्तित्व का निर्माण करना होता है। हमारा यह सफल व्यक्तित्व एक सफल व्यवसायी, एक सफल-संतुष्ट सामाजिक प्राणी, एक प्रिय पिता और एक वांछनीय मित्र सभी कुछ हो सकने में समर्थ होता है और सो भी एकसाथ। कहने का अभिप्राय यह कि इस तरह हम एक पूर्णता की तलाश में रहते हैं, जिसके लिए हमें कुछ सुगम और व्यावहारिक रास्ते चाहिए होते हैं। उपर्युक्त सफलतादायी उपयोगी साहित्य हमें इन्हीं रास्तों का पता बताता है।

स्थायी सफलता के लिए कृत्रिम व्यक्तित्व के मुकाबले स्थायी चरित्र ज्यादा भरोसेमंद होता है

दो तरह का साहित्य

पिछले दो सौ सालों के दौरान रचित इस तरह के साहित्य पर एक नजर डालने से हमें दो तरह की श्रेणियाँ दिखाई पड़ती हैं। एक वह, जिसका जोर आपके बाहरी व्यक्तित्व पर होता है और दूसरा वह, जिसका लक्ष्य आपके आंतरिक चरित्र का शोध और उसका व्यावहारिक कार्यान्वयन होता है। व्यक्तित्व-केंद्रित साहित्य, जो पिछले पचास सालों की अवधि में ही सामने आया,

व्यक्ति के चरित्र की कुछ बाहरी चीजों के सचेत प्रबंधन का सहारा लेता है। यह आपको अपनी सामाजिक छवि के प्रति अतिरिक्त रूप से सजग रहने और दूसरों को फौरी तौर पर प्रभावित करने के लिए कुछ सिद्ध तकनीकों का अभ्यास कराता है। कहा जा सकता है कि यही इसकी सीमा भी है। चरित्र-केंद्रित साहित्य ठीक इसके विपरीत है, जो सांसारिक सफलता के लिए कुछ मूलभूत मानवीय मूल्यों को आधार मानता है। इसके अनुसार आपके चरित्र की एकरूपता, विनम्रता, वफादारी, साहस, न्याय, धैर्य, उद्यमिता और सादगी आदि गुण ही आपकी वास्तविक सफलता की आधारभूमि तैयार करते हैं। बेंजामिल फ्रेंकलिन की आत्मकथा को इस साहित्य की प्रतिनिधि पुस्तक कहा जा सकता है, जो वास्तव में इन्हीं मूल्यों को अपने चरित्र के साथ एकरूप कर लेने के प्रयास में रत एक आदमी की कहानी है। इस साहित्य का केंद्रीय संदेश यही है कि वास्तविक सफलता और टिकाऊ सुख उपलब्ध करने के लिए आपको इन आधारभूत मूल्यों को अपने चरित्र के साथ एकमेक करना सीखना होगा।

पर प्रथम विश्वयुद्ध के बाद सफलता की धारणा चरित्र से हटकर पूरी तरह व्यक्तित्व पर केंद्रित हो गई। चारित्रिक दृढ़ता की व्यवहारगत कौशल ने स्थानांतरित कर दिया और 'आपकी सफलता आपके नजरिए पर निर्भर है', 'मुस्कुराइए और संसार को जीत लीजिए' और 'आप जो विश्वास करेंगे, वही हासिल भी कर लेंगे' आदि सूक्तियाँ वातावरण में गूँजने लगीं। इन चतुर, चालाक और लगभग धोखेबाज सूक्तियों की आकस्मिक लोकप्रियता ने हमारे भावी सामाजिक और व्यक्तिगत दृष्टिकोण को दूर तक प्रभावित किया। कहने का अभिप्राय यह नहीं है कि इन व्यक्तित्व-केंद्रित विधियों का हमारे उद्देश्य के लिए कोई उपयोग नहीं हो सकता, बल्कि कई बार तो इनसे काफी सहायता मिलती है, लेकिन प्राथमिक महत्त्व इनको नहीं दिया जा सकता। व्यक्तित्व-विकास, संवाद-कुशलता, प्रभावी रणनीतियाँ और सकारात्मक चिंतन की विधियाँ फलदायक होती हैं लेकिन मूलभूत चारित्रिक गुणों के अभाव में इनसे आप स्थायी परिणाम हासिल नहीं कर सकते। आप शीघ्र ही अपने-आपको उस जगह खड़ा हुआ पाते हैं, जहाँ दूसरों को प्रभावित करने की आपकी तमाम कृत्रिम कोशिशें सिर्फ एक संबंधगत धोखाधड़ी में तबदील हो जाती हैं, अचानक आप पकड़ लिए जाते हैं और इस तरह आप कहीं के नहीं रह जाते।

कृत्रिम व्यक्तित्व के पार

एक समय आता है जब अपने तमाम व्यावहारिक कौशल, सामाजिक पटुता और काम निकालने की अपनी तमाम सिद्ध रणनीतियों के बावजूद कोई आपको बता रहा होता है कि 'आप जो मेरे कानों में चिल्ला रहे हैं, मुझे खेद है कि मैं उसे नहीं सुन पा रहा हूँ।' चरित्र और व्यक्तित्व के बीच के इस भेद को स्पष्ट करने के लिए हम विलियम जॉर्ज जॉर्डन के इन शब्दों को उद्धृत कर सकते हैं, 'हममें से

प्रत्येक व्यक्ति को प्रकृति की ओर से कुछ अच्छा या बुरा करने की ताकत प्रदान की गई है, जो आपके जीवन में अदृश्य और मौन रहते हुए अवचेतन ढंग से काम करती रहती है। यह आपके कृत्रिम व्यक्तित्व की तहों के उस पार से आपकी वास्तविकता को संप्रेषित करती रहती है।'

सफलता का चरित्र-केंद्रित विचार इस मूल धारणा पर आधारित है कि हमारी व्यक्तित्वगत प्रभावोत्पादकता को कुछ प्राकृतिक नियम नियंत्रित करते हैं। मानव-प्रकृति के लिए इन नियमों की भूमिका वही होती है, जो भौतिक जगत में पृथ्वी के लिए गुरुत्वाकर्षण के नियम की होती है। आप इन्हें न तो बदल सकते हैं, न तोड़ सकते हैं और न इनकी उपेक्षा करके बहुत दूर जा सकते हैं। मनुष्य के सामाजिक इतिहास के उतार-चढ़ावों का गहराई से अध्ययन करने से हम इनकी शक्ति को आसानी से समझ सकते हैं। सामाजिक संस्थाओं का इतिहास बताता है कि जिन समूहों या इकाइयों ने इन नियमों का उल्लंघन करने की कोशिश की, उन्होंने प्रकारांतर से अपने विनाश को दावत दी और जिन्होंने निष्ठा के साथ इनका अनुकरण किया, वे जातियाँ और समाज फले-फूले।

उदाहरण के लिए आप सौंदर्यबोध को ले सकते हैं। वास्तव में सामाजिक समानता और न्याय की पूरी अवधारणा के मूल स्रोत यही नियम हैं। इस नियम को अपनी पूरी समग्रता के साथ देखना हो, तो आपको बच्चों के व्यवहार को ध्यान से देखना चाहिए। कई बार सर्वथा विपरीत अनुभवों के बावजूद वे सौंदर्य को चीन्हने की अद्‌भुत क्षमता का प्रदर्शन करते हैं। दूसरा उदाहरण मानवीय गरिमा का है, जिसे लोकतंत्र के आधारभूत सिद्धांत के रूप में मान्यता दी जाती रही है। यह नियम मानता है कि सभी मनुष्यों का उद्‌गम एक ही है, इसलिए हम सब समान हैं और हममें से हर एक को प्रकृति की ओर से कुछ विशेषताएँ प्रदान की गई हैं, जिन्हें हम चाहें, तो भी अपने अस्तित्व से अलग नहीं कर सकते।

आदत न बनाएँ

लेकिन यह जरूरी है कि हम इन नियमों को आदत के रूप में न लें। आदतें परिस्थितिजन्य होती हैं, जबकि ये नियम, जिनका संबंध आपके अवचेतन से होता है, परिस्थिति-निरपेक्ष होते हैं। इन्हें आप मूल्यों के रूप में भी परिभाषित नहीं कर सकते। मूल्य दरअसल इन नियमों की विषयवस्तु के रूप में काम करते हैं और कई वार नियमों के बाहरी साँचे और हमारे भीतरी परिस्थिति-सापेक्ष मूल्यबोध के बीच संघर्ष भी देखने को मिलता है, जिसकी अभिव्यक्ति उस बेचैनी के रूप में होती है, जिसे हम आंतरिक असंतोष का नाम देते हैं।

यह असंतोष जब बाकायदा एक टीस का रूप धारण कर लेता है, तो हम व्यक्तित्व-केंद्रित नुस्खों की शरण लेते हैं और फलस्वरूप उस स्थिति को प्राप्त होते हैं, जिसका वर्णन एरिक फ्रॉम इस तरह करते हैं, 'आजकल हमें हर मोड़ पर एक

ऐसा व्यक्ति मिलता है, जो एक स्वचालित मशीन की तरह बर्ताव करता है। अपने बारे में उसे कुछ भी मालूम नहीं होता। अगर किसी से उसका परिचय होता है, तो वह है उसका अपने हाथों से अपने द्वारा गढ़ा गया एक कृत्रिम व्यक्तित्व। वह आपको प्रभावित करने के लिए देर तक फिजूल की बातें करता रहता है और इस तरह वास्तविक संवाद की संभावनाओं को नष्ट कर देता है। उसके होंठों पर हर समय एक 'सिंथेटिक' मुस्कान चिपकी रहती है और मुक्त हास्य के उसके सारे स्रोत सूख चुके होते हैं। सबसे आखिर में आप पाते हैं कि उसकी उदासी भी असली नहीं होती।'

विकास का अक्षयस्रोत है आत्मबल

इधर कुछ वर्षों से आत्म-विकास और व्यक्तित्व-विकास को लेकर प्रशैक्षणिक और आध्यात्मिक मंचों से बहुत-कुछ कहा गया है। ज्ञान बढ़ाने, निपुणता में वृद्धि करने और मनोवृत्ति में सकारात्मक बदलाव लाने के लिए अलग से मानसिक कसरतें की जा रही हैं। लेकिन हैरत की बात है कि इस दिशा में अब तक किए गए तमाम प्रयास वांछित परिणाम देने में प्रायः निष्फल ही रहे हैं; वरना क्या कारण है कि परिवार, संस्था, समाज, देश और यहाँ तक कि विश्व-स्तर पर भी विघटन और विनाश का ग्राफ ऊँचा ही उठता जा रहा है? इसलिए आज फिर आत्म-विश्लेषण करने, स्वयं को पहचानने-समझने और अपनी भूमिका को जानने की बेहद जरूरत है।

हमें दूसरों से ही नहीं, अपने आपसे भी आगे बढ़ना है

दरअसल, हम आजाद देश के नागरिक तो हैं, पर हमारी मानसिकता में अभी भी गुलामी का स्पंदन और आयातित संस्कृति का असर है। परिवार, संगठन, समाज और राष्ट्र के स्तर पर 'फूट डालो, मतलब निकालो', 'मुझे क्या?' और 'दुनिया जाए तेल लेने, ऐश तू कर' की टुच्ची नीतियाँ अभी भी प्रचलित हैं। संप्रेषण, अभिप्रेरण और आत्म-विकास जैसी व्यवहार-विज्ञान की अवधारणाएँ जब विलायती किताबों में छपकर हमारे यहाँ आती हैं, तो वे हमें नई, प्रासंगिक, उपयोगी व आकर्षक लगती हैं। इससे जाहिर है कि हम विदेशीपन की ओर ज्यादा झुके हुए हैं। क्या भारत में भारतीयों को देने के लिए कुछ भी नहीं है? भारत ने दूसरे देशों को जो कुछ दिया,

क्या वही विदेशी लेवल के साथ पुनः हमारे पास वापस नहीं आ रहा है? क्या हम आत्म-विश्लेषण किए बगैर उसे हूबहू स्वीकार नहीं कर रहे?

कमी आत्मज्ञान की

जाहिर है कि हममें कहीं न कहीं कमी है और वह कमी है आत्मज्ञान की या खुद को समझने-पहचानने की। उल्लेखनीय है कि आत्म-पहचान के बाद ही कर्तव्यबोध होता है और कर्तव्यबोध की कोख से आत्म-विकास जन्म लेता है। अर्जुन के पास सबकुछ था, सिवा आत्म-पहचान के। वह घर से लड़ाई के लिए तैयार होकर आया है, पर लड़ने के लिए तैयार नहीं है। कभी उसका ध्यान देह की तरफ जाता है, तो कभी धर्म की। श्रीकृष्ण ने अपने तरीके से उसे उसकी खुद की पहचान कराई। अर्जुन को आत्म-पहचान होती है, आत्म-पहचान से अपने कर्तव्य का बोध होता है, कर्तव्य का बोध होने से कर्तव्य करने की तत्परता आती है और फिर वह युद्ध लड़ता है। सवाल उठता है कि क्या हमें अपने परिवार, संस्था, समाज और देश के प्रति अपने कर्तव्य का बोध है? नहीं है, वरना क्या हममें उसे करने की तत्परता न आती और हम उसे ईमानदारी और निष्ठा से पूरा न करते?

इस सच से इनकार नहीं किया जा सकता कि 'गीता' व 'रामायण' में सामाजिक व संस्थागत सरोकारों और जिंदगी के ठोस सवालों के वाजिब उत्तरों के सूत्र यत्र-तत्र बिखरे पड़े हैं। संप्रेषण, अभिप्रेरण, आत्म-विकास, कर्मबोध आदि की अवधारणाएँ मूलतः 'गीता' और 'रामायण' के शाश्वत संदेश हैं। 'गीता' तो इस अर्थ में बाजी मार ले जाती है कि जहाँ अन्य सभी धार्मिक ग्रंथ मनुष्य को पूजा से जोड़ते हैं, 'गीता' उसे कर्म से जोड़ती है। फलतः 'गीता' व्यक्ति के जीवन में क्रांति ला सकती है। फिर भी, 'रामायण' में जामवंत के आत्मबल जगानेवाले सशक्त शब्दों को सुनकर हनुमान द्वारा समुद्र पार करके लंका पहुँचने का संकल्प भी संप्रेषण और अभिप्रेरण की अद्वितीय मिसाल है। 5 फीट लंबे और 100 पौंड वजन के महात्मा गांधी ने आत्मबल से ही अंग्रेजी सल्तनत को अंदर तक हिलाकर रख दिया था। जाहिर है, आदमी जितना चाहे, ऊँचा उठ सकता है, जितना चाहे, महान बन सकता है, बशर्ते वह अपने-आपको पहचाने। कहने की जरूरत नहीं कि आत्मशक्ति को जानने से दृष्टिकोण ही बदल जाता है। अतः सवाल आत्मशक्ति को पहचानने और उसका विकास करने का है।

जीवट के बल पर

आपने किसी चट्टान में से फूटती कोई कोंपल देखी होगी। चट्टान में घास की एक जड़ उगाने लायक भी खुराक नहीं होती, फिर भी अपनी जिजीविषा के बल पर कई बार ऐसी कोंपल एक भरा-पूरा वृक्ष बन जाती है, भले ही इसके लिए उसे चट्टान का सीना ही क्यों न फाड़ना पड़े। आदमी तो फिर आदमी है। अपने जीवट

के बल पर वह क्या कुछ नहीं कर सकता!

विकसित और अतिविकसित देशों के निष्कर्षों से पता चलता है कि वहाँ के लोगों ने अपने कार्य, संगठन और देश के प्रति प्यार, समर्पण, प्रतिबद्धता एवं भूमिका-सामर्थ्य के बल से अपने देश का नाम आसमान की बुलंदियों पर लिख दिया। राख के ढेर से उठकर प्रबंधन, गुणवत्ता आदि के क्षेत्र में दुनिया का सिरमौर बन जानेवाला जापान इसका एक जीवंत उदाहरण है। उल्लेखनीय है कि 6 अगस्त, 1954 को जापान के हिरोशिमा और नागासाकी शहरों पर गिरे दो बमों से दस लाख जापानी मारे गए थे। दस साल तक जापानियों ने बीस-बीस घंटे काम करके अपने देश को न केवल उठाकर खड़ा ही कर दिया, बल्कि उसे प्रतिस्पर्धा की दौड़ में भाग लेने के लिए तैयार भी किया। हमें न तो उन बमों के बारूद की बू आई, न ही हमने उनके ताप का अहसास किया। फिर भी, आकलन करके देख लीजिए कि जापान हर क्षेत्र में हमें कितना पीछे छोड़कर आगे निकल गया है!

नकारात्मक रवैया किसलिए ?

सवाल है कि हमें अपने कार्य, संगठन और देश के प्रति अपेक्षित प्यार क्यों नहीं है, और हम आत्मबोध, कर्तव्यबोध और आत्म-विकास के प्रति एक जिद्दी और नकारात्मक रवैया क्यों ओढ़े हुए हैं? इस संदर्भ में प्रबंधकीय बहसों, जिरहों और चर्चाओं के नतीजे बताते हैं कि हमारे यहाँ सेवा-सुरक्षा यानी जॉब-सिक्योरिटी का भाव लोकतांत्रिक प्रणालीवाले अन्य देशों के सेवा-सुरक्षा-भाव से कई मायनों में भिन्न है। हम तदर्थकालीन और परिवीक्षाधीन सेवा के दौरान तो कुछ हद तक जापानियों का-सा अहसास दिलाते हैं, लेकिन जैसे ही हमें सेवा स्थायी होने का पत्र मिलता है, हम परले दर्जे के भारतीय बन जाते हैं। नौकरी सुरक्षित है, दिल करेगा तो काम करेंगे, नहीं तो नहीं करेंगे। अमेरिका और आस्ट्रेलिया में सेवा-सुरक्षा नहीं है। वहाँ 'हायर एंड फायर' का सिद्धांत प्रचलित है। साम्यवादी देशों में 'सही काम या जेल' का उसूल लागू है। जापान में सेवा-सुरक्षा तो है, पर वहाँ के लोगों को अपने देश से बेहद प्यार है, जिसके कारण वे सेवा-सुरक्षा का दुरुपयोग नहीं करते। जरा सोचिए, हमारा स्थान कहाँ है?

आत्म-विकास की राह पर चलकर हम अपना खोया हुआ स्थान पुनः हासिल कर सकते हैं। आत्म-विकास के लिए प्राथमिक अनिवार्यताएँ हैं—दृढ़ इच्छाशक्ति, आस्था, उच्च एवं व्यापक सोच, गत्यात्मक जीवन-दर्शन, परिश्रम, अनुशासन, समय-प्रबंधन, उत्तरदायित्व, मानव-प्रेम आदि। अनुभव बताते हैं कि दृढ़ इच्छाशक्ति से मनुष्य का विकास होता है। आस्था या विश्वास का अपना अलग महत्त्व है। आत्मविश्वास जीवन को ठोस आधार प्रदान करता है। जिंदगी में कठिन से कठिन काम आत्मविश्वास के बल पर संभव हो जाते हैं। अगर आप समुद्र में गोता लगाने के लिए लहरों के बंद होने का इंतजार करेंगे तो कभी गोता नहीं लगा पाएँगे।

आपको लहरों के चलते ही गोता लगाना होगा, आत्मविश्वास के साथ, क्योंकि गोता लगाए बिना सफलता का मोती हाथ नहीं लगता। बकौल कबीर : 'जिन खोजा तिन पाइयाँ, गहरे पानी पैठ; मैं बौरा बूड़न डरा, रहा किनारे बैठ'।

कृष्ण भी बनना है, अर्जुन भी

जीवन में लक्ष्य ऊँचा रखनेवाले तरक्कीपसंद व्यक्ति आत्म-विकास को जरूरी समझते हैं। हमारे यहाँ 60 वर्ष का आदमी अपने-आपको बूढ़ा समझता है, जबकि विदेशों में 85 वर्ष का नौजवान काम करता है, यहाँ तक कि शादी भी करता है। जीवन के प्रति यथार्थवादी दृष्टिकोण, प्रबुद्ध आत्माभिव्यक्ति, सामाजिक व संगठनात्मक सरोकारों के प्रति निष्ठा, परहित आदि तत्व हमारे जीवन को गत्यात्मक बनाकर आत्म-विकास में मदद करते हैं। सादा, नियमित और अनुशासित जीवन सर्जनात्मकता को पैना करके आत्मविश्वास को बढ़ावा देता है। आत्मशिक्षण द्वारा भी हम आत्म-विकास कर सकते हैं। इसके लिए अच्छी एवं उपयोगी पुस्तकें पढ़कर ज्ञान अर्जित किया जा सकता है। ज्ञान से शक्ति आती है। शक्ति से विकास होता है। आत्म-विकास के लिए समय-प्रबंधन तो अनिवार्य है ही, साथ ही समय-विनाशकों से बचाव भी जरूरी है। हमें स्वयं को स्वयं ही ऊँचा उठाना है, दूसरों से ही नहीं, खुद से भी आगे बढ़ना है। अपना कृष्ण भी खुद ही बनना है और अर्जुन भी खुद ही बनना है। आत्म-विकास और उसके जरिये संगठन, समाज और राष्ट्र के विकास का यही एक राजमार्ग है।

नेतृत्व-कला

दृष्टिकोण रचनात्मक होना चाहिए

सफल और विफल लोगों की जीवनशैली के अध्ययन-विश्लेषण से जो मुख्य बात उभरकर सामने आती है, वह यह है कि सफल लोगों का नजरिया सकारात्मक और विफल लोगों का नकारात्मक होता है। गीता में कहा गया है कि आत्मैव ह्यात्मनो बंधु : आत्मैव रिपुरात्मनः। दुनिया में मूलतः कोई किसी का मित्र नहीं होता, न कोई किसी का शत्रु होता है। यह तो व्यक्ति स्वयं ही अपना मित्र या शत्रु होता है। जीवन के प्रति आपका नजरिया ही तय करता है कि आप अपने मित्र हैं या शत्रु। नजरिया सकारात्मक है, तो आप अपने व्यवहार से सबको अपना मित्र बना सकते हैं। कुछ लोगों को अपना मित्र न भी बना सकें, तो उन्हें अपना शत्रु बनने से तो रोक ही सकते हैं। और, मित्र तो मित्र होता ही है, जो मित्र नहीं पर शत्रु भी नहीं, वह भी प्रकारांतर से मित्र ही होता है। इस तरह सबको मित्र बनाकर हम अपनी राह आसान कर लेते हैं और इस प्रकार अपने मित्र साबित होते हैं। नकारात्मक नजरिया अपनाकर हम सबको जान-अनजाने अपना शत्रु बना लेते हैं, अपनी राह में काँटे बो लेते हैं, जिंदगी दूभर बना लेते हैं और इस प्रकार खुद अपने शत्रु बन बैठते हैं। अपनी नौकरी या कारोबार के प्रति आपका नजरिया ही वह जादुई छड़ी है, जो घड़ी-घड़ी चमत्कार दिखाया करती है।

हम वही बनते हैं जो अपने बारे में सोचते हैं

कोई व्यवसाय बुरा नहीं

बहुत-से डीलर कंपनी-विशेष से कारोबार करते हुए शिकायत करते नजर आते हैं। बेशक, बहुत अच्छे दिनों में उन्होंने उत्कृष्ट कार्य किया होता है, पर आज वे इसमें कठिनाई महसूस करते हैं। वे नहीं समझते कि आज के प्रतिस्पर्धात्मक माहौल में उनका नकारात्मक रवैया फलदायी नहीं हो सकता। दूसरी ओर, ऐसे भी डीलर हैं जो 'थिंक, थैंक एंड स्माइल' यानी 'सोचने, धन्यवाद देने और मुस्कुराहट बिखेरने' के सिद्धांत पर चलते हैं। उनका कार्यनिष्पादन अतीत में भी अच्छा रहा होता है, वर्तमान में भी अच्छा रहता है और भविष्य में भी अच्छा ही रहेगा, क्योंकि उनका दृष्टिकोण रचनात्मक है। औसत व्यवसायी सोचता है कि कुछ व्यवसाय दूसरे व्यवसायों से बेहतर होते हैं। पर सच्चाई यह है कि व्यवसाय कोई बुरा नहीं होता, कुछ लोग ही ऐसे होते हैं जो अपने व्यवसाय में पर्याप्त अवसर ढूँढ़ना नहीं जानते। नौकरियों का भविष्य नहीं होता, आदमियों का होता है।

आपकी नौकरी या व्यवसाय मिट्टी से ढके अनगढ़ हीरे-जैसा है। आपको न केवल उसे मिट्टी से निकालना है, बल्कि उसे तराशना और चमकाना भी है, रोज उसकी झाड़-पोंछ भी करनी है। यही सकारात्मक नजरिया काम आता है। बकौल कवि, 'अवसर का दरवाजा खुला है और आपको भीतर आने के लिए आमंत्रित कर रहा है। जिंदगी उसके केंद्र में है। अपने मन के क्षितिज को विस्तारित करें, 'नहीं' को 'हाँ' से बदलें। रोमांच का यह खुला दरवाजा आपको नई सफलताओं तक ले जाएगा। प्यार के, मित्रता और भाईचारे के इस खुले दरवाजे को निहारें। इस दरवाजे से होकर जानेवाले बेहतर दुनिया का निर्माण करते हैं। यह दरवाजा खुला पड़ा है और आप इसमें निःशुल्क प्रवेश कर सकते हैं, बशर्ते आप अवसर की कल्पना कर सकते हों।'

फूलों और काँटों का संयोग है जिंदगी

अंग्रेजी कवि फ्रेडरिक लैंगब्रिज (1849-1923) अपनी निम्नलिखित पंक्तियों द्वारा हमें चिंतन की अच्छी खुराक प्रदान करते हैं :

दो व्यक्ति झाँकते हैं, एक-सी सलाखों से,
एक देखे कीचड़, दूजा तारे अपनी आँखों से।

यही बात एक पर्शियन कवि ने और भी प्रभावशाली ढंग से इन शब्दों में कही है, 'मेरे-तुम्हारे बीच बस सुनने का फर्क है। तुम जहाँ दरवाजा बंद होता सुनते हो, मुझे वह खुलता सुनाई देता है।'

कोई गुलाब काँटों से रहित नहीं। पर जो गुलाबों की सुंदरता का विचार न करके काँटों के अस्तित्व पर चिंतित रहता है, वह तारों की तुलना में कीचड़ को प्राथमिकता देनेवाले के समान है। जीवन में स्थितियाँ हमेशा गुलाबों और काँटों,

कीचड़ और तारों का संयोग होती हैं और समझदार आदमी जानता है कि किसे कितना महत्त्व देना है। केवल काँटों और कीचड़ पर ध्यान देनेवाला आदमी दरवाजे का बंद होना ही सुन सकता है, खुलना कभी नहीं।

अधिकांश समस्याएँ मन की समस्याएँ होती हैं। वे अधिकांशतः नजरिया और सोच बदलने से_हल हो जाने योग्य होती हैं। जरूरत आदमी के मस्तिष्क में उचित समय पर सोच के सही तरीके बैठाने की है। तभी आदमी गुणी, रचनात्मक और सामाजिक प्राणी बन पाता है।

मूलभूत नियम

नजरिया सकारात्मक बनाने के मूलभूत नियम इस प्रकार हैं :

- अपने संपर्क में आनेवाले हर आदमी को पृथ्वी का सबसे महत्त्वपूर्ण व्यक्ति समझें।
- अगर आपका नजरिया सही नहीं है, तो और कुछ भी सही नहीं है और आपने शुरू करने से पहले ही 'बिक्री' खो दी है।
- मानव-मस्तिष्क एक समय पर मुख्यतः एक ही विचार धारण कर सकता है। चूँकि नकारात्मक होने में कोई लाभ नहीं, अतः रचनात्मक बनें। मन-मस्तिष्क में सकारात्मक विचार धारण करें।
- मनुष्यों की गहनतम लालसा अपने को महत्त्वपूर्ण महसूस करने, चाहे जाने, प्रशंसा पाने की होती है। दूसरों की प्रशंसा करें, आपकी भी प्रशंसा होगी।
- आप हर आदमी से कुछ न कुछ सीख सकते हैं।
- व्यक्तिगत समस्याओं के प्रसारण में समय बर्बाद न करें।
- अपने स्वास्थ्य के बारे में, जब तक कि वह अच्छा न हो, कोई बात न करें।

अपनी नौकरी, अपनी कंपनी, अपने क्षेत्र, अपने प्रतिस्पर्धियों आदि के बारे में जितना भी आप सीख सकें, सीखें। यह मुश्किल नहीं, पर अनिवार्य है। सफलता का कोई छोटा रास्ता या शॉर्ट-कट नहीं होता। एक बार अपनी नौकरी में आगे निकल जाने पर आपका दृष्टिकोण हमेशा सकारात्मक रहेगा, बशर्ते आप उपर्युक्त बातों पर ध्यान रखें। किसी मौके पर, जैसे कोई विफलता हाथ लगने या बॉस से झाड़ पड़ने पर, आपका दृष्टिकोण नकारात्मक हो सकता है। ऐसे में जरा रुकें और सोचें। शांत हो जाएँ। पढ़ें। चिंतन करें। सुबह-शाम लंबी सैर करें। डेल कारनेगी की 'हाउ टु स्टॉप वरिंग एंड स्टार्ट लिविंग' (जिसका हिंदी-रूपांतर भी 'चिंता छोड़ें, सुख से जीएँ' नाम से उपलब्ध है) और 'हाउ टु विन फ्रेंड्स एंड इनफ्लुएंस पीपुल' जैसी किताबें पढ़ें। याद रखें—आप अपने सिवा किसी को नहीं बदल सकते।

भागें नहीं, जागें

कुछ लोग सोचते हैं कि सिर्फ एक जगह से दूसरी जगह जाकर वे अपनी

स्थितियाँ बदल और सुधार सकते हैं। 'मैं इस नौकरी से ऊब चुका हूँ। यहाँ मेरी प्रतिभा का इस्तेमाल नहीं हो रहा। यहाँ मेरी कद्र नहीं। बेहतर है, नौकरी बदल लूँ।' ऐसे बयान अकसर भ्रांति की कोख से जन्म लेते हैं। कभी-कभी लोग ऐसी बातें नौकरी से नहीं, बल्कि अपने से ही ऊब जाने के कारण करते हैं। उनके लिए तब तक कुछ बदलनेवाला नहीं, जब तक वे अपना नजरिया नहीं बदलते। और नजरिया बदल जाए तो भागने की जरूरत ही नहीं रह जाती। फिर तो जहाँ हैं, वहीं खुशी है। इसलिए भागें नहीं, जागें।

शोध दर्शाते हैं कि आदमी अपनी मनोवृत्ति बदलकर अपनी जिंदगी बदल सकता है। महानियम संक्षेप में और सरल शब्दों में यह है कि आप नकारात्मक सोच रखेंगे तो नकारात्मक फल पाएँगे और सकारात्मक सोच रखेंगे तो सकारात्मक फल पाएँगे। आपने 'मूडमीटर' के बारे में सुना होगा। अमेरिकी लोग 'आकर्षक संभाषण' और 'सृजनात्मक बिक्री' जैसे उन्नत पाठ्यक्रमों में इसका प्रयोग करते हैं। यह एक आसान-सा यंत्र है, जिसके द्वारा कुछ सरल विधियों का पालन करते हुए अपना मूड (मनोवृत्ति) हर घंटे पर निर्धारित किया जा सकता है और उसे सुधारा जा सकता है। उल्लास, आह्लाद, हर्ष, प्रसन्नता और संतोष जैसी सकारात्मक अनुभूतियाँ सकारात्मक मनोवृत्ति निर्मित करती हैं, तो दुख, विषाद, घृणा और चिंता जैसी नकारात्मक अनुभूतियाँ नकारात्मक मनोवृत्ति बनाती हैं। हम वही बनते हैं, जो हम अपने बारे में सोचते हैं। दूसरों का दृष्टिकोण बदलने का प्रयास करने से पहले हमें अपने प्रति अच्छा दृष्टिकोण विकसित करना होगा, वरना जो चीज हमारे खुद के पास नहीं, उसे हम दूसरों को भला कैसे दे सकते हैं?

विचारों को नियमित व्यवस्था में ढालना जरूरी

व्यवसाय के लिए सर्वोत्तम टेक्नोलॉजी खरीदना संभव है। अच्छी प्रबंध-प्रणालियाँ और प्रक्रियाएँ अभिकल्पित और कार्यान्वित करना भी संभव है, पर संभव नहीं है तो लोगों की निष्ठा और प्रतिबद्धता खरीद पाना। क्योंकि प्रेम की तरह वे भी न तो खेतों में उत्पन्न होती हैं, न हाट-बाजार में बिकती हैं। उन्हें तो बहुत सावधानी से पालना-पोसना और विकसित करना होता है। कर्मचारियों का समुचित विकास कैसे किया जाए—यही मानव-संसाधन-प्रबंधन का दर्शन है।

मानव संसाधन विकास पर ध्यान न देने से व्यक्ति व संगठन की उन्नति नहीं होगी

मानव-संसाधन विकास, संगठनात्मक विकास और औद्योगिक संबंध संगठनों में मानव-संसाधन-प्रबंधन के तीन पहलू हैं। हरेक की अपनी अलग विशेषताएँ हैं। जहाँ कुछ संगठनों ने इनमें भेद किया है और तदनुसार विशिष्ट भूमिकाएँ और भूमिका-संयोजन (रोल-लिंकेज) विकसित किए हैं, वहीं अनेक प्रबंधकों के मन में सिद्धांतों के व्यावहारिक क्रियान्वयन में इन कार्यों की विशिष्ट भूमिकाओं के संबंध में भ्राँति व्याप्त हैं।

नई बोतल में पुरानी शराब

मानव-संसाधन विकास यानी एचआरडी शब्द को कार्यक्षेत्र का स्पष्ट सीमांकन किए बिना विभिन्न चीजों के अर्थ में प्रयुक्त किए जाने की प्रवृत्ति देखी जा सकती है और भूमिका ने उसे और भी ज्यादा गड्डमड्ड कर दिया है। यहाँ तक कि व्यावसायिक निकायों ने भी 'मानव-संसाधन विकास' शब्द को

प्रशिक्षण के लिए, ''मानव-संसाधन' को कार्मिकों के लिए और 'विकास' को प्रबंधन के बदले प्रयुक्त करके इस भ्राँति को और बढ़ाया है। सम्मेलनों, संगोष्ठियों और प्रशिक्षण-कार्यक्रमों में एचआरडी शब्द को प्रशिक्षण, निष्पादन-मूल्यांकन और कैरियर-आयोजना, औद्योगिक संबंध या श्रमशक्ति-आयोजना जैसे विभिन्न पहलुओं के लिए अंधाधुंध प्रयुक्त किया जाता है। कुछ संगठनों में कार्मिक विभागों में प्रशिक्षण प्रभागों या अनुभागों की भूमिकाओं, कार्यक्षेत्र या जिम्मेदारियों में कोई बदलाव आदि किए बिना ही उनका नाम बदलकर मानव-संसाधन विकास विभाग कर दिया गया है। इसलिए यदि बहुत-से लोग एचआरडी को नई बोतल में पुरानी शराब ही समझते हैं तो क्या आश्चर्य!

फिर भी अनेक संगठनों ने मानव-संसाधन पर सर्वाधिक महत्त्वपूर्ण संसाधन के रूप में ध्यान केंद्रित करने की आवश्यकता समझी है और उच्चस्तरीय उत्पादकता व कार्यक्षमता हासिल करने के लिए कदम उठाए हैं। ऐसे संगठनों ने मानव-संसाधन विकास विभागों को एचआरडी-कार्य, परिभाषित एचआरडी-भूमिकाओं और अन्य मुख्य कार्यों के साथ उनके संयोजनों के लिए रणनीतिक भूमिका के साथ संगठित किया है। एचआरडी-कर्मचारी मिशनरी-भावना के साथ काम करते हैं, वे संगठन के लक्ष्यों और संबद्ध एचआरडी-लक्ष्यों को दृष्टि से ओझल नहीं होने देते और उन्हें सिद्ध करने के लिए अभिनव पद्धतियाँ तलाशते हैं।

संश्लिष्ट एचआरडी

किंतु मानव-संसाधन कार्य (एचआर फंक्शन) और विशेष कर मानव-संसाधन विकास (एचआरडी) के बारे में ज्यादा स्पष्ट होने की जरूरत है। संगठन में मानव-संसाधन कार्य अपने में सबकुछ समेट लेनेवाला कार्य है। इसमें कर्मचारियों से संबंधित हर चीज शामिल होनी चाहिए—उनकी भर्ती, पदस्थापना (इंडेक्शन), अवधारणा (रिटेंशन), कल्याण, मूल्यांकन, उन्नति-प्रशिक्षण, कौशल-विकास, मनोवृत्ति-उन्मुखता, क्षतिपूर्ति, प्रेरणा, औद्योगिक संबंध, वियोजन (सैपरेशन) आदि। मानव-संसाधन विकास (एचआरडी) मानव-संसाधन कार्य (एचआर फंक्शन) का एक महत्त्वपूर्ण और संश्लिष्ट अंग है।

पहले संगठन लोगों को संगठनात्मक लक्ष्यों की पूर्ति के 'उपकरण' समझते थे और इसलिए वे यह मानते थे कि उन्हें 'प्रशासित' और/या 'प्रबंधित' करना जरूरी है, पर आज यह (एचआरडी) इसलिए महत्त्वपूर्ण है क्योंकि इसका लक्ष्य लोगों की क्षमता, उनकी उन्नति और विकास, उनकी भूमिका और कार्य व उनकी प्रेरणा है। यदि लोगों की उन्नति और विकास को संगठन की उन्नति से जोड़ दिया जाए तो इस संयोजन से ही एचआरडी संश्लिष्ट बन जाता है क्योंकि एक को दूसरे के बिना हासिल नहीं किया जा सकता। सौभाग्य से भारतीय उद्योग में एचआरडी के प्रति जागरूकता बढ़ती जा रही है। जैसाकि इस शब्द से ही जाहिर है, फोकस विकास

और नियंत्रण पर होना चाहिए। विकास क्रमशः समेकित दृष्टिकोण के रूप में होना चाहिए।

एचआरडी का अर्थ

व्यापक अर्थ में एचआरडी समस्त कर्मचारियों को एक ही परिवार के सदस्य समझना है। इसमें रचनात्मक अंतःक्रिया (इंटरएक्शन) के जरिये विश्वास निर्माण और साथ ही नियमित और खुला संपर्क अपेक्षित है। उसका मतलब न तो जिम्मेदारी से बचना है, न अनुशासन भंग करना।

अपने रचनात्मक आयाम में उसका अर्थ है किसी दी गई स्थिति में आचरण को नियंत्रित करनेवाले नियमों के अनुसार किसी के व्यवहार को विनियमित करने के लिए सजग प्रयास। यही अनुशासन है। और ज्यादा स्पष्ट शब्दों में कहा जाए तो 'अनुशासन' का अर्थ है आदमी का समाज के आदर्श या व्यवस्था या परिस्थिति-विशेष की माँग के अनुसार व्यवहार करना। व्यवस्था या स्थिति कैसी भी हो—किसी फैक्टरी या दफ्तर में काम करना हो या युद्ध में लड़ना—अनुशासन की मूल अपेक्षाएँ समान हैं अर्थात् आज्ञाकारिता और नियमों का पालन।

अनुशासन में सहयोग और समन्वित कार्रवाई भी सन्निहित है। अनुशासन का मतलब गुलाम की तरह मालिक की इच्छा के आगे सिर झुकाना नहीं है। वह तो आम भलाई के लिए ऐच्छिक आज्ञापालक और कुछ व्यक्तिगत स्वतंत्रता के त्याग का द्योतक है। इसका अर्थ अन्य लोगों के सहयोग से कुछ करने में 'संलग्नता' (इन्वॉल्वमेंट) भी है। उसका मतलब है एक सुसमन्वित कार्रवाई की दिशा में इच्छा को संबद्ध करना।

अनुशासन का लक्ष्य

अनुशासनिक कार्रवाई का नजरिया अब दंडात्मक कार्रवाई के स्थान पर अनुशासनहीनता के कारणों का पता लगाने में तबदील हो गया है। यदि किसी आदमी ने कोई कदाचार (मिसकंडक्ट) किया है, तो प्रबंधन को उस कदाचार के कारणों का विश्लेषण करना चाहिए और उन्हें दूर करना चाहिए। अनुशासन का लक्ष्य कर्मचारी को उद्योग में भौतिक अनुशासन, नैतिक अनुशासन और बौद्धिक अनुशासन सिद्ध करवाना है।

किसी क्षेत्र-विशेष में शारीरिक श्रम करनेवाले कामगार से अपने अंगों और मांसपेशियों को इस तरह प्रशिक्षित करने की अपेक्षा, जिससे कि वह एक निश्चित लक्ष्य हासिल करने के लिए उनका प्रयोग कर सके, भौतिक अनुशासन है।

जब तक व्यक्ति अपनी इंद्रियों पर नियंत्रण न कर ले और आसानी से उत्तेजित या प्रलोभित हो जाया करे, तब तक उसे अनुशासित व्यक्ति नहीं कहा जा सकता। अतः उसे अपने मन और इंद्रियों को इस तरह प्रशिक्षित करना जरूरी है कि वे

नैतिक अनुशासन के दायरे में आ जाएँ।

आदमी के विचारों और चिंतन को एक नियमित व्यवस्था में ढालना आवश्यक है, वरना वे व्यक्तिगत ही नहीं, समाज की भी बहुत क्षति कर सकते हैं। प्रजातंत्र विचारों और अभिव्यक्ति की स्वतंत्रता अवश्य देता है, पर सार्वजनिक व्यवस्था नैतिकता और शिष्टता और राष्ट्र की संप्रभुता के अजीन ही। अतः व्यक्ति के आचरण को विनियमित करने के लिए कतिपय प्रतिबंध जरूरी है ताकि उसे बौद्धिक अनुशासन में लाया जा सके।

अतः निष्कर्ष यह कि मानव-संसाधन कार्य में विकास और नियंत्रण शामिल हैं। उन पर ध्यान नहीं दिया जाएगा तो व्यक्ति और संगठन उन्नति नहीं कर पाएँगे।

सफलता की कुंजी हैं मानवीय पहलू

व्यावसायिक प्रक्रिया का पुनर्निर्माण यानी बिजनेस प्रोसेस री-इंजीनियरिंग (बीपीआर) हर संकल्पना, मान्यता, प्रयोजन और सिद्धांत के लिए चुनौती के समान है। नई तकनीकों और अभिनव युक्तियों की खोज के लिए एकमात्र विधि होने के कारण वह वांछित सहशक्ति हासिल करने के लिए मानवीय प्रतिभा को अनुकूलतम बनाकर ग्राहक-संतोष, बाजार-प्रभुत्व और वर्धित लाभप्रदता पर फोकस करती है।

किसी कार्योन्मुख कंपनी को अंतर्निहित व्यवस्था के साथ प्रक्रियोन्मुख कंपनी में रूपांतरित करने के लिए कर्मचारियों के कौशल, बौद्धिकता और समस्या हल करने की उनकी योग्यता, प्रक्रिया को समझने व सुधारने की उनकी क्षमता और टीम के खिलाड़ी व अंशदाता (कंट्रीब्यूटर) बनने की उनकी इच्छा के आधार पर उनकी पहचान करना और उन्हें पुरस्कृत व पदोन्नत किया जाना आवश्यक है। साथ ही, व्यावसायिक लक्ष्यों से कोई संबंध न रखनेवाली प्रणालियों और प्रक्रियाओं को बिना हील-हुज्जत के तिलांजलि दिया जाना भी अनिवार्य है।

कर्मचारियों के कौशल व योग्यता को परखकर उनका सही इस्तेमाल करना जरूरी

लोगों पर दाँव

किंतु बीपीआर की संकल्पना को संस्थागत बनाने की चाबी मानव संसाधन विभाग के हस्तक्षेपों के माध्यम से लगती है। अंततः हम संगठनात्मक उत्कर्ष के लिए रणनीतियों पर नहीं, लोगों पर दाँव लगाते हैं। पर इस पहलू को अकसर ताक पर

रख दिया जाता है और उसे पूँजी, टेक्नोलॉजी और संरचना के मुकाबले कम महत्त्व दिया जाता है। जबकि उदारीकृत बाजार-चालित अर्थव्यवस्था के तहत अब स्थिति बिलकुल बदल चुकी है जो क्रय-शक्ति-संपन्न विवेकशील ग्राहक को उच्च प्राथमिकता देती है।

मानवीय पहलू किसी भी व्यावसायिक उद्यम की सफलता के लिए सर्वाधिक महत्त्व हासिल कर चुका है। मानव-संसाधन अब उस अतिरिक्त बल पर आश्रित हो चुका है, जो कॉरपोरेट-लक्ष्यों को व्यावसायिक-सच्चाइयों में रूपांतरित करने के लिए नई दृष्टि, मिशन और दिशा सृजित करने हेतु जरूरी है। मानव-संसाधन पुनर्निर्माण प्रतिस्पर्धात्मक सफलता के लिए अनेक विशिष्ट रणनीतिक प्रक्रियाएँ पेश करता है, जैसे :

कारगर भर्ती और चयन : आज के गलत चयन कल की संगठनात्मक समस्याएँ होते हैं। अतः भर्ती और चयन करते समय वर्तमान और भावी भूमिकाओं के संदर्भ में जॉब-अपेक्षाएँ दृष्टिगत रखना जरूरी है। चुने गए उम्मीदवार में पद की अपेक्षाएँ पूरी करने की संभावना, योग्यता, मानसिकता और अनुकूलनीयता होनी चाहिए। फोकस सिर्फ जॉब-कौशलों पर ही नहीं, मानसिकता और व्यवहार पर भी होना चाहिए। एक सुरचित और सुसमन्वित प्रवेश-कार्यक्रम अत्यावश्यक है, क्योंकि वह नए पदधारियों को संगठन के माहौल, प्रचलित मानदंडों और उसके इतिहास से परिचित करा देता है।

भूमिका की स्पष्ट परिभाषा : नए पदधारी की भूमिका की स्पष्टता एक अन्य महत्त्वपूर्ण क्षेत्र है, जो कंपनी के भीतर परिचालित किया जाना अपेक्षित है ताकि दूसरे उनके पद की रूपरेखा जान सकें। प्रवेश के समय नए पदाधिकारियों को उनके मुख्य परिणाम-क्षेत्रों यानी की-रिजल्ट-एरियाज और कॉरपोरेट-छवि तथा कंपनी-बॉटमलाइन पर उसके प्रभाव की जानकारी देने का ध्यान रखा जाना चाहिए। भविष्य जॉब में नहीं, जॉबधारियों में निहित है। प्रबंधन कर्मचारी को एक पदनाम दे सकता है, किंतु अपने वरिष्ठों और टीम के सदस्यों से सम्मान खुद वही अर्जित कर सकता है।

गहन प्रशिक्षण : यह सुनिश्चित करने के लिए कि कर्मचारी एसेट्स बने रहें, कौशलों, मनोवृत्तियों और ज्ञानवर्धन से सीधा संबंध रखनेवाले संकेंद्रित और परिणामोन्मुख कार्यक्रम आयोजित किए जाने आवश्यक हैं। मानव ही वह अकेली परिसंपत्ति यानी एसेट है, जिसका मूल्यांकन (डेप्रीसिएशन) नहीं, बल्कि मूल्यवृद्धि (एप्रीसिएशन) होती है, बशर्ते मानव-संसाधन-हस्तक्षेपों के जरिये उस पर उचित ध्यान दिया जाए। कर्मचारी संगठन के छिपे खजाने होते हैं। अतः कार्मिक-उन्नति पर किया जानेवाला व्यय निवेश समझा जाना चाहिए।

निष्पादन-आश्रित जॉब-सुरक्षा : धनात्मक और ऋणात्मक प्रबलनों सहित एक प्रति-सक्रिय कार्यसंस्कृति विकसित करना आवश्यक है। यह ठोस और स्वस्थ प्रबंधन-

प्रथाओं का अनुसरण करके ही किया जा सकता है। जॉब-सुरक्षा हमेशा सफल निष्पादन पर आश्रित होनी चाहिए। इस मूल्य-पद्धति पर तब तक जोर दिया जाना जरूरी है, जब तक कि वह कार्य-व्यवहार का अंग न बन जाए। एक बार कोई आंदोलनकारी या नकारात्मक संस्कृति जड़ें जमा ले तो अपने नेता वह खुद पैदा कर लेती है।

सम्मिलित कार्य : सम्मिलित कार्य यानी टीम-वर्क में सहशक्ति तभी सफल हो सकती है, जब प्रबंधन व्यक्तिगत योगदानों को वैशिष्ट्य प्रदान करने के बजाय कंपनी के समस्त कर्मचारियों की सामूहिक पहलों को संस्थागत बनाने का दर्शन अपनाए। ऐसी नीतियों की इमारत सम्मिलित कार्य और सामूहिक प्रयासों की नींव पर ही निर्मित हो सकती है। उपलब्ध विशिष्ट हस्तक्षेप हैं : साझा नेतृत्व, योगदान की बराबरी, संप्रेषण और प्रक्रिया-बोध, कारगर तनाव-प्रबंधन, समान निष्पादन मानदंड और निर्धारित व्यवहार-विधियाँ, समूह को नए तथ्यों और सूचना के साथ नियमित रूप से उत्प्रेरित करना, इकट्ठे समय बिताना और खुली चर्चाओं व समस्या-समाधानकारी बैठकों को प्रोत्साहन, सर्वसम्मति से निर्णय लेने की प्रक्रिया लागू करना और मान्यता प्रदान करने के लिए रचनात्मक प्रतिसूचना की शक्ति का दोहन।

कर्मचारियों की संलग्नता : कर्मचारियों की संलग्नता (इन्वॉल्वमेंट) किसी भी व्यावसायिक उद्यम के लिए अपने अस्तित्व का औचित्य सिद्ध करने की मुख्य पूर्वापेक्षा है। कोई भी प्रणाली या रणनीति, टेक्नोलॉजी या प्रक्रिया मानवीय संलग्नता के बिना सफल नहीं हो सकती।

अधिकार-संपन्नता : रचनात्मक लोगों के प्रबंधन की एक प्रमुख अपेक्षा उन्हें स्वतंत्रता प्रदान करना है। यह निचले स्तरों तक कार्य सौंपने (डेलीगेशन) और अधिकार प्रदान करने (इंपावरमेंट) से ही संभव है। अधिकार-संपन्नता कोई लाइसेंस नहीं, बल्कि बढ़ी हुई जिम्मेदारी और दबाव है। न यह कोई अधित्याग ही है। यह तो वह ज्ञान और उत्प्रेरणा प्रदान करने जैसा है, जो कर्मचारियों में पहले ही मौजूद रहते हैं पर जिन्हें वे कभी पूर्णतः अभिव्यक्त नहीं कर पाते। यह उन्हें उनके बल का स्मरण कराने जैसा है। अधिकार-संपन्नता व्यक्ति को उसके अपने कार्यक्षेत्र में अधिकार सौंपने की विश्वास-आधारित प्रक्रिया है। संगठनात्मक प्रतियोगितात्मकता मात्र सूचना के बजाय संकेंद्रित और गत्यात्मक सूचना तक पैठ होने से आती है। सूचना की व्यापक हिस्सेदारी सम्मिलित कार्य, कर्मचारियों की सहभागिता, कार्य सौंपने, अधिकार-संपन्नता और पारदर्शिता पर निर्भर करती है।

सही आकार देना : उच्च तकनीकवाले आधुनिक व्यवसाय के संदर्भ में सही आकार देना समय की माँग है। प्रति-उपयोग यानी क्रॉस-यूटिलाइजेशन और प्रति-प्रशिक्षण यानी क्रॉस-ट्रेनिंग के जरिये छिपी हुई योग्यताओं का दोहन किया जा सकता है और ऊँची छलाँग लगाई जा सकती है। बहुकौशल, कार्य-मापदंड, कार्यावर्तन

यानी जॉब-रोटेशन, कार्य-विस्तार, कार्य-संवृद्धि, प्रशिक्षण और पुनः प्रशिक्षण उपलब्ध विशिष्ट रणनीतिक हस्तक्षेप हैं। पश्चिमी अर्थव्यवस्थाओं के विपरीत हम मुख्यतः सामाजिक और कानूनी बाधाओं के कारण एक नेमी (रूटीन) मामले की तरह डाउनसाइजिंग (आकार घटाना) तो नहीं कर सकते, अतः हमारे पास राइटसाइजिंग ही एकमात्र उपलब्ध मानवोचित विकल्प है।

कर्मचारी-स्वामित्व : कर्मचारी कंपनी में स्वामित्व की भावना तब महसूस करेंगे, जब कॉरपोरेट-मूल्य कर्मचारियों की आशाओं, आकांक्षाओं, चिंताओं और परवाह को प्रतिबिंबित करेंगे। योग्यता-आधारित उन्नतियाँ, पुरस्कार और मान्यता, व्यक्तिगत उन्नति पर केंद्रित प्रशिक्षण और विकास, सहभागिता और सहयोगपरक निर्णय-प्रक्रिया, सूचना का आदान-प्रदान, अधिकार-संपन्नता और कार्य सौंपना, कर्मचारियों की संलग्नता, सामाजिक सुरक्षा-योजनाओं, लाभ-विभाजन-योजनाओं, क्यूडब्ल्यूए-आधारित मनोरंजन और कल्याण योजनाओं जैसे हस्तक्षेप कर्मचारियों के दिल जीत सकेंगे और इस तरह उनमें संगठन के साथ संबंध की भावना और लगाव पैदा कर सकेंगे।

उपयुक्त टेक्नोलॉजी, पूँजी और प्रणालियों से संयोजित कार्मिक शक्ति अगर उपर्युक्त बीपीआर हस्तक्षेपों के जरिये चेनलाइज की जाए तो वह सफलता की सीढ़ी बन जाती है।

सोचने में ही छिपे हैं बेहतरी के सूत्र

एक कंपनी में प्रबंधक के पद के लिए बुलाए गए तीन उम्मीदवारों में से एक ने साक्षात्कार के लिए जाते समय रास्ते में पड़े एक कागज को अनदेखा कर दिया। दूसरे ने उसे उठाकर साक्षात्कारकर्ता को दे दिया। तीसरा जब साक्षात्कार के लिए गया, तब उसने भी रास्ते में एक कागज पड़ा पाया। इजाजत लेकर वह साक्षात्कारकर्ता के सामने पड़ी कुर्सी पर बैठा, मेज पर रखी घंटी बजाई और चपरासी के आने पर उसे वह कागज उठाकर साक्षात्कार लेनेवाले साहब को देने का निर्देश दिया। तीसरा उम्मीदवार प्रबंधक के पद पर चुन लिया गया।

दिमाग में अच्छे विचार तभी अंकुरित होंगे जब उसमें अच्छे विचारों के बीज बोए जाएँगे

काम लिपिक भी कर लेते हैं। बहुत से लिपिक बहुत अच्छा और ज्यादा काम भी कर लेते हैं। पर प्रबंधकम वह है, जो काम करवाता है। इसका अर्थ यह नहीं कि वह खुद कुछ काम नहीं करता। काम करवाना क्या कोई छोटा काम है?

संस्था का मस्तिष्क

असल में प्रबंधक संस्था-रूपी शरीर में मस्तिष्क की तरह होता है। संस्था को अंग्रेजी में 'बॉडी' और हिंदी में 'निकाय' भी कहते हैं, जिसका अर्थ शरीर भी होता है। शरीर में मस्तिष्क जैसे स्वयं काम नहीं करता, शेष अंगों से करवाता है, वैसे ही संस्था में प्रबंधक भी अपने अधीनस्थों से काम करवाता है। और वह काम वह अपने मस्तिष्क के माध्यम से, सोच-विचार के द्वारा सुनिश्चित करता है।

सोचने से नए-नए विचार आते हैं और अपने काम को बेहतर ढंग से करने के उपाय सूझते हैं। कहने की आवश्यकता नहीं कि हर काम हमेशा और अच्छे ढंग से किया जा सकता है। सोचने का काम किया जाता है मस्तिष्क द्वारा। अतः यदि हमें कार के साथ मिलनेवाले यूजर्स-मैनुअल की तरह, अपने घर-दफ्तर का काम बेहतर ढंग से करने के लिए एक मस्तिष्क-मैनुअल मिल जाए, तो कितना अच्छा हो!

अपने मस्तिष्क पर विशेष ध्यान दें। वह श्रेष्ठतम परिसंपत्ति है। हममें से अधिकांश अपने मस्तिष्क का केवल 10 प्रतिशत ही इस्तेमाल करते हैं। और यह ऐसा ही है, जैसे हम एक ऐसी कार चलाएँ जिसका एक ही पिस्टन काम कर रहा हो और जिसके टायरों में 30 प्रतिशत ज्यादा हवा भरी हो।

कर्मचारियों को काम दें

जरा सोचिए, कल आपने कितने काम किए थे? और जरा सच बताइए कि उनमें से कितने काम आपके सहायक कर सकते थे? शायद 30, 60 या 90 प्रतिशत तक। माना वे ज्यादा समय ले लेते और गलतियाँ भी करते, लेकिन अगर आप उन्हें ज्यादा अधिकार और जिम्मेदारी दें, तो क्या आपको नहीं लगता कि वे स्वयं को सुधार लेंगे? अनेक कार्यालयों में हम कर्मचारियों को खाली बैठे देखते हैं। अपने संगठन में ऐसे लोगों का पता लगाइए और उन कामों में से कुछ उन्हें सौंपिए, जिन्हें अब तक आप खुद करते आ रहे थे। इससे उनका खालीपन भरेगा और वे प्रसन्नता और गर्व का अनुभव करेंगे, बशर्ते आपका दृष्टिकोण रचनात्मक और प्रबंध-शैली प्रेरणाप्रद हो।

इससे और क्या होगा? यही कि आपको अपने मस्तिष्क का इस्तेमाल करने का पर्याप्त समय मिलेगा, जो आपको अपने लक्ष्यों तक ले जाएगा। आपका मस्तिष्क जितनी चाहे सूचना अपने भंडार में भर सकता है। वह कभी पूरी तरह नहीं भरता। मस्तिष्क एक टेपरिकॉर्डर की तरह है, आप उसे चालू रखेंगे तो वह रिकॉर्ड करता रहेगा। और जब भी आप कोई सूचना चाहेंगे, वह प्लेबैक भी करेगा।

मस्तिष्क-रूपी खेत

आपका मस्तिष्क एक विशाल, अंतहीन दीवार की तरह है, जिसमें बहुत-सी खूँटियाँ गड़ी हैं। हर खूँटी पर आप कोई अच्छा विचार टाँग सकते हैं, जिसे आप जरूरत पड़ने पर फिर उतार सकते हैं। आप अपनी शैली और काम के हिसाब से उन्हें सूचीबद्ध कर सकते हैं; या यों कहें कि आपका मस्तिष्क एक खेत की तरह है। इस खेत में आप जो कुछ बोएँगे, वही उग सकते हैं। जब तक आप उसमें अच्छे विचारों के बीज नहीं बोएँगे, तब तक आप अच्छे विचारों के अंकुरित होने की उम्मीद नहीं कर सकते। जो लोग अपना दिमाग खुला और 6 से 9 प्रतिशत तक खाली रखते हुए कार्य-विषयक पुस्तकें पढ़ते रहते हैं, वे नए-नए और बेहतर विचार

सोचते रहते हैं।

बल्कि खेत से भी बेहतर है मस्तिष्क, क्योंकि उसमें अंकुरण एक ही बार और 6 दिनों या 6 महीनों के भीतर ही नहीं, कितनी ही बार और 10 या 20 या 30 सालों के बाद भी हो सकता है। चित्त एकाग्र करने पर विचार अचानक ही मस्तिष्क-पटल पर कौंधने लगता है। अब यह आप पर है कि उस वैचारिक कौंध को मस्तिष्क से कागज पर, और वहाँ से यथासमय अपनी डायरी में स्थानांतरित कर लें। अपने दिमागी खेत पर फसल उगाने और काटने का यह सरलतम उपाय है।

भगवान यह खेत सबको देता है। हममें से कुछ इस खेत को एक अच्छे किसान की तरह प्यार और सावधानी से रखते-बरतते हैं, पर कुछ अपनी तात्कालिक जरूरतें पूरी करने की धुन में इससे उत्पादन हासिल करने के लिए शॉर्टकट अपनाते हैं।

हमारे खेत को चाहिए :

- जुताई—कड़ी मेहनत,
- खाद—भरपूर अध्ययन
- कीटनाशक—आत्मानुशासन,
- सिंचाई—प्रतिबद्धता
- बीज—अच्छे विचार-प्रवर्तक; विचार पाने के लिए अपने प्रतिपक्षियों से मिलिए, और
- वर्षा—भाग्य (ईश्वर आपका साथ दे)।

अब इस खेत के स्वामी-किसान होने के नाते तय कीजिए कि आप उसमें क्या बोना चाहते हैं, और फिर पौधे को उगता देखिए। 10 में से 5 बार आप अच्छे नतीजे पाएँगे, 3 बार आपको बहुत अच्छे नतीजे प्राप्त होंगे और 2 बार आपको खराब नतीजे मिल सकते हैं। पर वह खेल का हिस्सा है, उसे स्वीकार कीजिए।

आश्चर्यजनक तंत्र

1988 में 'प्लेन ट्रुथ' में आदमी के मस्तिष्क के बारे में छपे एक लेख में बताया गया था, 'मस्तिष्क एक आश्चर्यजनक तंत्र है। आधे छोटे-चकोतरे (ग्रेप फ्रूट) जितने आकारवाला यह मस्तिष्क 75 वर्ष की औसत आयु तक बिना थके 800 स्मृतियाँ प्रति सेकंड दर्ज कर सकता है। वह जो कुछ भी ग्रहण करता है, उसे सँजोकर रखता है और कुछ भी नहीं भूलता। भले ही हमें समस्त प्राप्त सूचनाएँ तत्काल याद न आ पाएँ, पर रहती वे सभी मस्तिष्क की स्थायी फाइल में हैं और कोशिश करने पर मिल जाती (याद आ जाती) हैं। अगर मस्तिष्क जितना शक्तिशाली कंप्यूटर बनाया जाए, तो वह (1,250 फीट ऊँची) एंपायर स्टेट बिल्डिंग जितने आकार का होगा और उसे चलाने के लिए एक अरब वाट विद्युत-पावर की जरूरत पड़ेगी। लागत भी उतनी ही भारी आएगी।'

यू. एस. न्यूज एंड वर्ल्ड रिपोर्ट के वरिष्ठ संपादक विलियम एफ. ऑलमैन द्वारा संपादित अमेरिकी पत्रिका 'स्पैन' के सितंबर, 1989 के अंक में प्रकाशित एक अन्य लेख में बताया गया कि मस्तिष्क-संबंधी जानकारी में हाल में हुई वृद्धि एक विस्फोट-जैसी रही है, जिससे एक पूरा नया विज्ञान—मस्तिष्क विज्ञान—ही अस्तित्व में आ गया है। वैज्ञानिकों द्वारा मस्तिष्क को दी गई 'विचारों का इंजन' संज्ञा को अपर्याप्त बताते हुए लेख में कहा गया है कि 'मस्तिष्क की 10 खरब तंत्रिका-कोशिकाओं द्वारा तत्काल विभेदीकरण की अपनी पूरी क्षमता के साथ एक लय में काम करना, ज्यादा से ज्यादा क्षमतावाली किसी भी संभावित मशीन को बहुत पीछे छोड़ देता है।

पर चूँकि यह मस्तिष्क हमें जन्म के समय एक मानक उपकरण की तरह मुफ्त में मिलता है, अतः हम इसका महत्त्व नहीं समझते। दुर्भाग्यवश हम उन्हीं चीजों की कद्र करते हैं, जिनकी हमें कीमत चुकानी पड़ती है। ऐसा न करें। मस्तिष्क का ज्यादा से ज्यादा इस्तेमाल करें। कुछ भी करने से पहले सोचें, विचारें ताकि बाद में पछताना न पड़े।

सहज बुद्धि विकसित करें

समस्या को अपनी दिनचर्या में प्रविष्ट कीजिए। अपने अवचेतन मन को चौबीसों घंटे काम करने दीजिए। ज्यादा से ज्यादा लोगों से मिलिए और बात कीजिए। वह अपने मस्तिष्क को 'गर्म' रखने की प्रक्रिया है और यकीन मानिए, सुप्त विचार यथासमय पॉपकॉर्न की तरह खिल उठेंगे। सहज बुद्धि (कॉमन सेंस) विकसित कीजिए और उसे दुनिया में अपने सर्वोत्तम मित्र की तरह प्रयुक्त कीजिए।

किसी आश्रम में शिक्षा ग्रहण कर रहे एक शिष्य ने गुरु से आग्रह किया कि वह काफी शिक्षा ग्रहण कर चुका है और अब संसार में लौटने का इच्छुक है। गुरु ने उसकी परीक्षा लेने के लिए अपनी मुट्ठी बंद की और पूछा कि उसमें क्या है? ढेरों गणनाएँ करने के बाद शिष्य ने कहा कि वह एक गोल चीज है, जिसके बीच में छेद है। शिष्य को शाबाशी देते हुए गुरु ने उससे उस चीज का नाम बताने को कहा। शिष्य ने कुछ और गणनाएँ कीं और कहा कि वह जरूर चक्की का पाट है। गुरु ने मुट्ठी खोली तो यह देखकर उसके आश्चर्य का ठिकाना न रहा कि वह एक अँगूठी थी। शिक्षा सहज बुद्धि, अनुभव और व्यावहारिक ज्ञान के बिना पूरी नहीं होती।

दादी माँ की कहानीवाले कौए का भी ध्यान रखना चाहिए, जिसने घड़े में कंकड़-पत्थर डालकर उसका जल-स्तर ऊँचा कर लिया था। कौए ने समस्या अपने दिमाग से सोच-विचार करके ही हल की थी। प्रसंगवश, अब कहानी 'थोड़ी' बदल गई है। कंकड़-पत्थर डालने के बाद कौए ने देखा कि पानी ऊपर तो आ गया है, पर वह गंदला है। अतः कौआ बिना पानी पिए उड़ गया। पास ही बैठा एक और

कौआ सबकुछ देख रहा था। वह उड़कर वहाँ आया, कुछ देर धैर्य से मिट्टी नीचे जमने का इंतजार किया और फिर साफ पानी से अपनी प्यास बुझाई।

सोचने से मिल जाता है हर समस्या का हल

कुछ वर्ष पूर्व टीवी पर दिखाई एक फिल्म में एक चूजे ने एक तार की जाली के उस पार अनाज के कुछ दाने पड़े देखे। उसने उन तक पहुँचने की कोशिश की, पर जाली बीच में आ जाती थी। उसने जाली पर चोंच से प्रहार कर उसे काटना चाहा, पर सफल नहीं हुआ। उड़कर जाली के पार जाना भी उसके बस का नहीं था। कुछ सोचकर वह जाली के साथ-साथ चलने लगा और शीघ्र ही उसने पाया कि जाली केवल 6 फीट लंबी थी। जैसे ही जाली खत्म हुई, वह लपककर उस ओर चला गया और अनाज के दाने खाने लगा।

सोचने से हर समस्या का हल निकल आता है। सोचिए, क्योंकि उसी में बेहतरी के सूत्र छिपे हैं। और ध्यान रखिए, सोचना आपके अधीनस्थों के लिए भी संभव है। उन्हें भी सोचने के बारे में सोचने के लिए प्रेरित करें।

कल्पना के बिना सीखना मुमकिन नहीं

नेतृत्व के प्रभाव का विस्तार करने की असली कुंजी है एक सीखनेवाली टीम निर्मित करना। सीखनेवाली टीम स्वयमेव सोचती है और हरेक निर्णय के लिए अपने नेता पर निर्भर नहीं करती। वह खुद निर्णय लेती है, खुद समस्याएँ सुलझाती है और खुद अपना प्रबंधन करती है। टीम नए विचारों के लिए दरवाजा खुला रखती है, बदलते माहौल के अनुरूप ढल जाती है और स्वयं में सुधार व नए परिवर्तन लाने के मौके तलाशती है।

सीखने का सर्वोत्तम अवसर वह होता है, जब लक्ष्य पूरे नहीं होते

सीखना प्रतिस्पर्धात्मक लाभ पाने का सर्वोत्तम उपाय उपलब्ध कराता है। तेजी से, ठीक-ठीक और पूर्णतः सीखने की अपनी योग्यता से टीम अपने प्रतियोगियों से कहीं जल्दी नए कौशल विकसित कर पाती है। सीखने से अनुकूलनशीलता यानी अडैप्टेबिलिटी बढ़ती है। अनुकूलनशील टीमें परिवर्तनों से निपटने के लिए आवश्यक चरित्र विकसित कर लेती हैं। सीखने से टीम की योग्यता और आत्मविश्वास बढ़ता है। आत्मविश्वास जोखिम उठाने के लिए जरूरी है, तो योग्यता पहली बार में ही सही तरह से काम करने के लिए अपेक्षित होती है। प्रभावशाली प्रबंधक अपने संगठन की संरचना बदलकर परंपरागत हाइरार्की को एक गतिशील सीखनेवाली टीम में रूपांतरित करके चमत्कार कर देते हैं। एक सीखनेवाली टीम विकसित करने के लिए आवश्यक घटक हैं—कल्पना, मूल्य और रचनात्मक कर्म।

विजय दिलाता है विजन

कल्पना यानी विजन उस लक्ष्य को वर्णित करता है, जिसे हासिल करने के लिए संगठन प्रयासरत होता है। उसके द्वारा यह सर्वथा स्पष्ट हो जाना चाहिए कि कंपनी क्या हासिल करने की कोशिश कर रही है।

निर्णय और कर्म को निर्देशित और प्रकाशित करते हुए विजन एक दीपस्तंभ का काम करता है। जब दो संगठन अत्यंत प्रतिस्पर्धात्मक स्थिति में हों, तो स्पष्टतम विजनवाले प्रतिस्पर्धी के जीतने की संभावनाएँ ज्यादा होती हैं। सशक्त नेतृत्व-प्रभाव पैदा करने के लिए विजन को प्रेरित करना आवश्यक है। कर्मचारियों द्वारा किए जानेवाले काम को एक प्रयोजन देना नेतृत्व की सबसे बड़ी चुनौतियों में से एक है। लोग यह जानना पसंद करते हैं कि वे खुद से बड़ी किसी चीज के अंग हैं और उसे आकार देने में उनका भी हाथ है। इससे लोगों को लक्ष्य, योजनाएँ, प्राथमिकताएँ, निर्णय, संसाधन-निर्धारण और ट्रेड ऑफ्स (विनिमय) बनाने और समझने की रूपरेखा मिलती है। सफल नेता सफल भविष्य के लिए एक स्पष्ट और विशिष्ट विजन पैदा करते हैं। अमेरिका के पूर्व राष्ट्रपति जॉन एफ. कैनेडी ने कहा था कि अमेरिका 60 का दशक समाप्त होने से पहले चाँद पर आदमी उतार देगा और उसे सुरक्षित वापस धरती पर ले आएगा। यह एक स्पष्ट और बाध्यकारी विजन था, जो पूरा हुआ।

विजन-स्टेटमेंट ग्राहक-संतोष, संगठनात्मक निष्पादन, उत्पाद/सेवा-गुणवत्ता, कर्मचारियों के साथ व्यवहार और सामाजिक दायित्व के प्रति संगठन के दृष्टिकोण को स्पष्ट कर देता है। कारगर होने के लिए विजन को ऐसा लक्ष्य प्रस्तावित करना चाहिए, जो हमेशा पहुँच से बाहर हो, पर इतना भी पहुँच से बाहर न हो कि उसके लिए प्रयास करना ही व्यर्थ हो। जिस कंपनी के पास समस्त कर्मचारियों द्वारा समझा गया एक मार्गदर्शक विजन नहीं होता, वहाँ अलग-अलग प्रबंधकों द्वारा अपने खुद के विचार निरूपित किए जाने की संभावना होती है, जो अकसर अस्वास्थ्यकर आंतरिक प्रतिद्वंद्विता 'वे और हम' मानसिकता, अविश्वास और न्यून उत्प्रेरणा की ओर ले जाते हैं। कर्मचारी अपने योगदान के लिए मूल्यांकित किए जाने के बजाय खुद को वेतन-पंजियों पर दर्ज संख्याएँ मात्र समझना शुरू कर देते हैं। एक विजन व्यक्त कर सकने की योग्यता रखनेवाले नेता में लोगों को गतिशील करने की शक्ति होती है। प्रयोजन की भावना से जुड़कर वह उन्हें एक सुदूर विजन के लिए ज्यादा प्रयास करने तक के लिए प्रेरित कर सकता है।

जब विजन-स्टेटमेंट तैयार हो जाए तो उसे बोर्ड-रूम से शॉप-फ्लोर तक हरेक आदमी को संप्रेषित कर देना चाहिए। विजन-रूपी जलप्रपात का हर स्तर पर बहकर जाना संपूर्ण संगठन द्वारा उसे अंगीकार किए जाने की प्रक्रिया शुरू कर देता है और हरेक को खबरदार कर देता है कि निकट भविष्य में हर विभाग में उल्लेखनीय

बदलाव आएँगे।

मूल्यों की नींव पर कार्यों का भवन

अच्छे नेता मूल्यों की परवाह करते हैं। धन-लोलुपता के इस जमाने में यह पुराने फैशन की बात लग सकती है, किंतु अनेक नेता सिद्धांतों को लाभ में बदल रहे हैं। आईबीएम के पूर्व अध्यक्ष थॉमस वाट्सन जूनियर 'व्यक्ति के प्रति सम्मान, ग्राहक की सेवा और हर काम में उत्कृष्टता' के आधारभूत मूल्यों का अनुसरण करनेवाली कंपनी के महत्त्व पर जोर देते हैं। किसलिए? इसलिए कि—वे जवाब देते हैं—अगर हम कर्मचारियों से अच्छा व्यवहार करते हैं और अपने ग्राहकों को संतुष्ट रखते हैं, तो यह हमें ज्यादा व्यक्तिगत प्रतिबद्धता और लाभ की ओर अग्रसर करता है। जिंदा रहने और सफलता हासिल करने के लिए किसी भी संगठन को ठोस मूल्यों की नींव पर ही अपनी नीतियों और कार्यों का भवन खड़ा करना चाहिए।

मूल्यों को तिलांजलि देकर पूरे किए जानेवाले विजन के परिणाम विनाशकारी हो सकते हैं। सही मूल्यों को सीधे विजन का समर्थन करना चाहिए, मौजूदा संगठन-संस्कृति का पूरक बनना चाहिए और टीम के सदस्यों द्वारा उन्हें सर्वाधिक महत्त्वपूर्ण समझा जाना चाहिए। मूल्य स्पष्ट रूप से परिभाषित किए जाने आवश्यक हैं, तभी वे अपना प्रभाव छोड़ेंगे। मूल्यों को परिभाषित करने का सबसे ज्यादा कारगर तरीका हर मूल्य के समर्थन में एक-दो वाक्य लिखना और फिर विशिष्ट उदाहरणों से यह स्पष्ट करना है कि हर मूल्य दिन-प्रतिदिन की परिस्थितियों में किस तरह से महत्त्वपूर्ण है। नेता के रूप में आप मूल्यों को बढ़ावा देने और उन्हें लोगों के मन में बैठाने के लिए क्या करते हैं, इससे यह तय होगा कि लोग उन्हें हृदयंगम करते हैं या जबानी जमाखर्च भर करते हैं। बैठकों में हर कर्मचारी से उत्पादकता, गुणवत्ता, टीम-वर्क, अभिनव परिवर्तन और पहल जैसे मूल्यों के अर्थ व महत्त्व पर चर्चा करें। इन मूल्यों को कर्मचारी-मूल्यांकन का एक अंग बनाएँ। मूल्यों का उदाहरण प्रस्तुत करनेवाले व्यवहार को मान्यता और पुरस्कार प्रदान करें।

कर्मचारी लक्ष्यों तक पहुँचने की चुनौतियों का प्रत्युत्तर देते हैं। सफलता की संभावना का विश्वास होने पर लोग चुनौतियों से उत्प्रेरित होते हैं। अपने प्रयासों के परिणाम देखकर वे उत्प्रेरित बने रहते हैं। नेता लक्ष्य निर्धारित करके व प्रगति की बार-बार समीक्षा करते रहकर उत्प्रेरणा पैदा कर सकते हैं और उसे बनाए रख सकते हैं। लक्ष्य स्पष्ट व विशिष्ट हों और सबके द्वारा समझ लिए जाएँ, तो उन्हें हासिल करने के साधन भी ज्यादा स्पष्ट हो जाते हैं। इस प्रकार स्पष्ट लक्ष्य ज्यादा आसानी से परिभाषित व समझी जानेवाली विधियों और प्रक्रियाओं की दिशा में ले जाते हैं। स्पष्ट लक्ष्योंवाले व्यक्ति अस्पष्ट लक्ष्योंवाले व्यक्तियों की तुलना में सीखनेवाली टीम बनने के प्रति ज्यादा प्रवृत्त होते हैं। स्पष्टता से प्रयोजन और प्रयोजन से नए दृष्टि-कोण आजमाना और नए कौशल अर्जित करना आता है, जो एक सीखनेवाली टीम

के रूप में विकसित होने के लिए अनिवार्य है।

कर्म में परिणति

नेता की भूमिका टीम के लक्ष्यों को विजन और कर्म से जोड़ने की होती है। टीमें उत्पाद या सेवा उपलब्ध कराने के लिए होती हैं। नेता जानते हैं कि प्रायः सभी उत्पादों व सेवाओं के लिए विशिष्ट रूप से परिभाषित लक्ष्य जरूरी हैं। विपणन-गुरु थियोडोर लेविट का कहना है, 'अगर आप टुकड़ों में नहीं सोचते, तो फिर आप सोचते ही नहीं।' आपके ग्राहक कौन हैं? आज सही मूल्य पर सही दिशा में सही उत्पाद के साथ सही ग्राहक तक पहुँचना ज्यादा महत्त्वपूर्ण समझा जा रहा है। सही पात्र ढूँढ़ने में सही परिणाम पाने की ज्यादा संभावना है। चतुर नेता मुख्य लक्ष्यों (की-टार्गेट्स) की भी पहचान करते हैं, जो पूरे होने पर ग्राहक-संतुष्टि, उत्पादन या सेवा की घटी हुई लागत, कार्यप्रवाह-दक्षता, समग्र गुणवत्ता, कर्मचारी-संतोष और शुद्ध लाभ की प्राप्ति में बहुत ज्यादा महत्त्व रखते हैं।

अनुकूल और प्रतिकूल, दोनों तरह के परिणाम टीम को मजबूती देते हैं। लक्ष्य-स्तरों तक पहुँचना कर्मचारियों के काम को वैधता प्रदान करता है और उनमें उपलब्धि की भावना जगाता है। प्रभावशाली नेता कर्मचारियों द्वारा अपने लक्ष्य पूरे कर लेने पर उनकी तारीफों के पुल बाँधते नहीं अघाते। वे सफलता को तयशुदा नहीं मानते। किंतु सीखने का सर्वोत्तम अवसर वह होता है, जब लक्ष्य पूरे नहीं हो पाते। समझदार नेता लक्ष्यों की पूर्ति न होने पर अपनी टीम पर दोषारोपण करने के बजाय उसे असफलता के कारण समझने और उनका हल ढूँढ़ने की चुनौती देते हैं। इस प्रकार वे विफलता को भी सफलता तक पहुँचने की सीढ़ी बना लेते हैं।

सुनना बोलने से दोगुना कठिन काम है

सार्वजनिक संभाषण (पब्लिक स्पीकिंग) की कला और शक्ति पर जहाँ सैकड़ों किताबें लिखी गई हैं, श्रवण-कला पर एक भी पुस्तक देखने में नहीं आती। अपने कैरियर में सफलता की सीढ़ियाँ फलाँगने को उत्सुक कार्यपालक भी अपने वक्तृत्व-कौशल को धारदार बनाने में ही अपने समय और धन का निवेश करते पाए जाते हैं। लोगों को सार्वजनिक संभाषण का प्रशिक्षण देनेवाला एक पूरा उद्योग ही विकसित हो गया है। प्रस्तुतीकरण का प्रभाव बढ़ाने के लिए आज विविध प्रकार के समुन्नत श्रव्य-दृश्य उपकरण उपलब्ध हैं।

नेतृत्व के पदों पर विराजमान जो लोग सुनते नहीं, वे विफल हो जाते हैं

संप्रेषण दुतरफा प्रक्रिया है

अपने विचारों को बेहतर ढंग से अभिव्यक्त करने और दूसरों के चिंतन और व्यवहार को प्रभावित करने की योग्यता प्रबंधकीय प्रभावोत्पादकता के लिए बेशक एक मुख्य जरूरत है। किंतु संप्रेषण इकतरफा प्रक्रिया नहीं है। अच्छा वक्ता होने मात्र से ही आदमी प्रभावशाली संप्रेषक नहीं बन जाता। उसके लिए अन्य अनेक गुण और कौशल अपेक्षित हैं, जिनमें से सुनना शायद सर्वाधिक महत्त्वपूर्ण है। एक प्रभावशाली प्रबंधक बनने के लिए अच्छा श्रोता होना आवश्यक है। अंतर्वैयक्तिक संप्रेषण और मानव-संबंधों की हर समस्या के मूल में अप्रभावी श्रवण होता है।

क्रिसलर कॉरपोरेशन के पूर्व अध्यक्ष और मुख्य कार्यपालक अधिकारी ली लाकोका अपनी आत्मकथा में लिखते हैं, 'मेरी

एकमात्र ख्वाहिश यह है कि काश, कोई ऐसा विद्यालय भी मेरे देखने में आए, जो लोगों को सिखाता हो कि सुनें कैसे? आखिर एक अच्छे प्रबंधक के लिए जितना बोलना आवश्यक है, उतना ही सुनना भी आवश्यक है...अगर आप अपने लिए कार्यरत लोगों को उत्प्रेरित करना चाहते हैं तो आपको भली भाँति सुनने की योग्यता रखनी होगी...प्रबंधक के रूप में मेरे लिए सर्वाधिक परितोष की बात है किसी ऐसे व्यक्ति को, जिस पर कि व्यवस्था ने महज औसत या मामूली होने का लेबल चिपका दिया हो, इस कारण से पूर्णता प्राप्त करते देखना, कि किसी ने उसकी समस्याएँ सुनीं और उनका समाधान करने में मदद की।'

अभ्यास अपेक्षित हैं

सुनना आसान काम नहीं। प्रभावी श्रोता बनने के लिए पर्याप्त प्रयास और अत्यधिक अभ्यास अपेक्षित है। दुर्भाग्य से श्रवण-कला—जो कि कारगर जीवन-यापन के लिए एक मूलभूत आवश्यकता है—घर, विद्यालय या महाविद्यालय में नहीं सिखाई जाती। यहाँ तक कि व्यवसाय-प्रबंधन विद्यालय भी अपने छात्रों को श्रवण-कौशल नहीं सिखाते, हालाँकि अच्छे श्रोता बने बिना वे प्रभावशाली प्रबंधक या नेता नहीं बन सकते।

हार्वर्ड बिजनेस स्कूल में बरसों तक मानव-संबंधों के प्रोफेसर रहे एफ. जे. रोथलिस बर्गर कहते हैं, 'संप्रेषण में सबसे बड़ी बाधा आदमी की बुद्धिमत्ता, समझदारी और कुशलता से सुनने की अयोग्यता है। आधुनिक विश्व में यह कमी व्यापक और भयावह है। हमारे विश्वविद्यालयों में और अन्यत्र भी इस बारे में कुछ नहीं किया जा रहा।

वक्ता कितना ही अच्छा क्यों न हो, जब तक श्रोता का मन नहीं लगेगा, तब तक कोई संप्रेषण घटित नहीं हो सकता। पर यदि श्रोता ध्यान से सुने तो वक्ता अच्छा न भी हो—जैसाकि आम तौर पर होता ही है—वह वक्ता का अभिप्राय समझ जाता है और तदनुसार प्रतिक्रिया और कार्रवाई कर सकता है। अतः प्रभावी श्रोता बनने के लिए दत्तचित्त हों और शोर, लाउड संगीत, वक्ता के शारीरिक रूप-रंग या बोलने के ढंग जैसे बाहरी कारकों से अन्यमनस्क या उद्विग्न न हों। न तो अनुचित हस्तक्षेप करें, न अपने मन को उचटने दें।

समय से पहले या अविचारित यानी प्रीमैच्योर फैसले न करना दूसरी महत्त्वपूर्ण अपेक्षा है। वक्ता कथ्य और भाव, दोनों से जो कुछ संप्रेषित करने की कोशिश कर रहा हो, उसका पूरा मतलब समझने के लिए समानुभूति के साथ सुनें। जब तक आप शब्दों और भावनाओं, दोनों से तार नहीं मिलाते, तब तक आप संदेश का अर्थ पूरी तरह नहीं समझ पाएँगे। अकसर शब्द उतना महत्त्व नहीं रखते, जितना उनके मूल में निहित भावनाएँ रखती हैं। भावना-तत्त्व प्रायः अशाब्दिक शारीरिक भाषा, जैसेकि आवाज, लहजा, चेहरे का भाव, अंगविक्षेप, मुद्रा आदि से व्यक्त होता है।

अतः एकाग्र और सावधान रहना बहुत महत्त्वपूर्ण है। जितना कानों से सुनें, उतना ही आँखों से भी सुनें।

तीसरी चीज है वक्ता को यह जताने के लिए अनुकूल फीडबैक देना कि जो कुछ वह कह रहा है, आप उसमें रुचि ले रहे हैं। समझदारी, सहानुभूति और कद्रदानी दर्शाइए। आपकी आँखें और शारीरिक भाषा आपकी रुचि जाहिर कर देंगी। इस तरह से सुनना अगले को प्रोत्साहित कर देता है और तालमेल बिठा देता है।

श्रोता-संगठन

प्रबंधन के प्रसंग में सुनना अधिकार-संपन्न बनाना यानी इंपावरिंग है। वह परवाह दिखाने और सम्मान व्यक्त करने का एक तरीका है। समझ के साथ सुनने में लोगों के भीतर छिपी व्यापक अप्रयुक्त संभावनाओं से उत्प्रेरित और उजागर करने की शक्ति है। आदमी खुद को सुने और समझे जाने की बहुत ज्यादा जरूरत महसूस करता है। और जब उस जरूरत को नकारा जाता है, तो वह क्रोधित, कुंठित और खंडित हो जाता है। अच्छा श्रवण उत्पादकता, रचनात्मकता, नवोन्मेष, टीमवर्क और उच्च मनोबल से घनिष्ठ संबंध रखता है। कंपनियाँ अपने कर्मचारियों और ग्राहकों को 'सुनने' का महत्त्व समझने लगी हैं। वे स्वयं को 'श्रोता' संगठनों के रूप में रूपांतरित कर रही हैं। सीखना केवल सुनने के जरिये ही संभव है। जिन प्रबंधकों से झगड़े निपटाना अपेक्षित होता है, वे विवादों और दुर्निवार गतिरोधों के समाधान में सक्रिय श्रवण की ताकत की जानकारी रखते हैं। समझौता-वार्ताओं यानी नेगोशिएशंस में सफलता के लिए एक मुख्य अपेक्षा सुनने की योग्यता है। अच्छा श्रोता हुए बिना कोई अच्छा वार्ताकार यानी नेगोशिएटर नहीं हो सकता।

सुनना बोलने से दोगुना कठिन काम है। शायद इसीलिए हमारे कान दो होते हैं और मुँह एक। इसलिए हमें बोलने से दुगुना ज्यादा सुनना चाहिए और साथ ही, कोई निर्णय करने से पहले दोनों तरफ से सुनना चाहिए। आज लोग अंतःप्रज्ञा यानी इंट्यूशन की पुनर्गवेषणा कर रहे हैं। एक गहरे स्तर पर हम ज्योति और शक्ति के एक अच्छे स्रोत से संबंध स्थापित कर सकते हैं बशर्ते हम उस सूक्ष्म ध्वनि को अपने भीतर मौन में सुनना सीख लें। वह हमें बता सकती है कि क्या सही है और क्या गलत। वह परम नैतिक मूल्यों के हेतु स्पष्ट कर सकती है और हमें स्पष्ट निर्देश दे सकती है कि क्या करना चाहिए।

पिछले वर्ष न्यूयॉर्क में आयोजित एक वरिष्ठ नेतृत्व-कॉरपोरेट रूपांतरण सम्मेलन में नेतृत्व पर प्रस्तुत एक वार्ता में कोर्निंग इनकॉरपोरेटेड के अध्यक्ष और मुख्य कार्यपालक अधिकारी जेम्स आर. ह्यूटन ने इसलिए ठीक ही कहा था कि 'इतिहास हमें बताता है कि नेतृत्व के पदों पर विराजमान जो लोग सुनते नहीं, विफल हो जाते हैं। अच्छा श्रोता होना सफलता की गारंटी न सही, पर न होना विफलता की गारंटी जरूर है।'

पहली छवि को ही अंतिम मानना ठीक नहीं

जब हम किसी सेल्स-एग्जीक्यूटिव या फिर उपभोक्ता-संपर्क से निर्णायक स्तर पर जुड़े किसी व्यक्ति को प्रशिक्षण देते हैं, तो हमारा काफी जोर पहली छवि को निर्मित करने पर होता है। सेल्स-एग्जीक्यूटिव को अच्छी तरह से बना-सँवरा, साफ-सुथरे कपड़े पहने हुए होना चाहिए। बार-बार यह बात दोहराई जाती है कि 'पहली छवि ही अंतिम छवि होती है' या इसे ज्यादा उपयुक्त ढंग से कहा जाए तो, पहली छवि स्थायी छवि होती है। ग्राहक या साक्षात्कार लेनेवाले व्यक्ति किसी सेल्समैन या साक्षात्कार देनेवाले व्यक्ति के कमरे में प्रवेश करते ही या उसके कुर्सी पर बैठते ही या उसके अभिवादन करने से पहले ही उसके बारे में एक छवि बना लेते हैं।

हम अपने नजरिये से देखते हैं

हमारे द्वारा निर्मित ये पहली छवियाँ काफी भ्रामक हो सकती हैं। हम जो लोगों की पहली छवि दर्ज करते हैं, उन पर हमारी खुद की पृष्ठभूमि, अनुभवों, शिक्षा व माहौल की छाप होती है। हम पर प्रकृति व परवरिश, दोनों का मिश्रित प्रभाव होता है। हम दूसरों के व्यक्तित्व को पढ़ते समय काफी-कुछ अपने व्यक्तित्व को प्रतिबिंबित करते हैं। लेकिन दूसरों के बारे में निष्कर्ष निकालते समय हम इस बात से पूरी तरह अनभिज्ञ होते हैं।

व्यक्तित्व की अच्छाइयाँ धीरे-धीरे उजागर होती हैं

कैलाश को मैं पिछले कई सालों से अपनी आयातित कार में

मुंबई के उस उपनगर की सड़क पर सैर करते देखता था, जहाँ मैं रहता हूँ। मुझे पता था कि वह किसी लाभदायक इंजीनियरिंग कारोबार में है और काफी अच्छा कामकाज कर रहा है। उसका खूबसूरत व सुसज्जित बंगला और सलीकेदार बगीचा उसकी आय को प्रतिबिंबित करता था। मैंने कैलाश के बारे में यह कल्पना की कि वह एक शुष्क, अकेला व घमंडी व्यक्ति है। उसने कभी भी बस-स्टैंड पर रुककर मेरे-जैसे कम हैसियतवाले लोगों से बातचीत करने की जहमत नहीं उठाई, जो सड़क के उस किनारे रहते हैं।

यह छवि तब तक बरकरार रही, जब एक दिन दिल्ली से मुंबई जानेवाली उड़ान चार घंटे लेट हो गई। कैलाश हवाई अड्डे पर था। वह मेरे पास आया और अभिवादन करने के बाद इंडियन एयरलाइंस के बारे में कुछ कंटीली टिप्पणियाँ करते हुए बोला कि यहाँ उड़ानों का लेट होना अपवाद के बजाय नियम बन गया है। हम लोगों में लंबी बातचीत हुई। उसने सुझाव दिया कि हम हवाई अड्डे पर इंतजार करने के बजाय ताज चलें और वहाँ अपना समय व्यतीत करें। जब हम मुंबई पहुँचे, तो उसने मुझे घर तक छोड़ दिया। उसके बाद, हालाँकि हम अकसर नहीं मिलते, लेकिन फिर भी हमारा कभी-कभार मिलना सौहार्दपूर्ण व मित्रतापूर्ण होता है। मैं कभी भी अपने-आपको कैलाश के बारे में इतने सालों तक खराब सोचने के लिए माफ नहीं कर पाया।

ऊपर से कठोर, भीतर से नर्म

मेरे एक मित्र विजय नारायण ने प्रशिक्षु के तौर पर अपना पहला काम एक बहुराष्ट्रीय कंपनी में शुरू किया था। इस कंपनी का प्रबंध-निदेशक 6.3 फीट लंबा, मजबूत काठीवाला एक अंग्रेज था, जो आशुलेखन के अंदाज में छोटे-छोटे वाक्य बोला करता था। उसका व्यक्तित्व बहुत शुष्क और विकट था। यहाँ तक कि उसके वरिष्ठ प्रबंधक भी उसकी उपस्थिति में घबराने लगते थे। वह तीस साल पहले के प्रबंध-निदेशकों का प्रतिरूप था, जो अपने को दूसरे लोगों के बराबर नहीं, बल्कि उनसे बहुत ऊपर मानते थे। अपनी दो साल की प्रशिक्षण-अवधि में विजय नारायण की उनसे एकमात्र मुलाकात तब हुई, जब उसे प्रशिक्षण-अवधि के बाद जूनियर एग्जीक्यूटिव के रूप में नियुक्त किया गया। वह उनके साथ पंद्रह मिनट तक रहा। अंत में उन्होंने उससे पूछा कि वह कंपनी के बारे में क्या सोचता है। उसने कहा कि वह यहाँ बहुत खुश है और उसके विचार में यह देश की सर्वोत्तम कंपनियों में से एक है। इस पर उसकी प्रतिक्रिया बहुत उग्र थी, 'क्या कहा, सर्वोत्तम में से एक? मि. विजय, यह सर्वोत्तम है।' और यहीं वह संक्षिप्त-सी मुलाकात समाप्त हो गई।

ऊपरी तौर पर कठोर व विकट लगनेवाला वह व्यक्ति अपना खासा समय (फालतू समय, विशेष कर शनिवार की दोपहर) मध्य मुंबई के एक अनाथालय में बिताया करता था, गरीबों के लिए उदारतापूर्वक दान देता था, ब्रीच कैंडी अस्पताल

के परिचालन में मदद करता था और उसने अस्पताल की फॉर्मेसी के पुनर्गठन में भी भूमिका निभाई थी। वह अपने दयालु हृदय को एक लौह आवरण में छुपाए रखता था।

सहानुभूतिपूर्ण व्यक्तित्व

मेरे एक अन्य मित्र रमेश के तीस साल पहले के बॉस अर्नेस्ट वुड्स, जो कंपनी का सेल्स-प्रबंधक था, के होंठों पर कभी-कभार ही हँसी आती थी, लेकिन उसकी आँखों में एक चमक रहती थी। वह सामान्य तौर पर एक कठोर व्यक्ति था, जो अपने काम के बारे में बहुत ही दृढ़ रहता था। देश की भौगोलिक स्थिति पर उसकी बहुत अच्छी पकड़ थी। वह अपने सभी 80 सेल्स-एग्जीक्यूटिवों के लिए नक्शे की मदद लिए बिना, यात्रा-योजना तैयार कर सकता था। उसे लोगों से परिणाम चाहिए होते थे और वह अपनी टीम के लोगों का पसीना निकाल देता था।

सारे सेल्स-एग्जीक्यूटिवों को, जहाँ भी वे दौरे पर जाते थे, वहाँ से एक आगमन-सूचना-कार्ड भेजना होता था। इस कार्ड से मुख्यालय को इस बात का पता रखने में मदद मिलती थी कि सेल्समैन कहाँ है, ताकि किसी भी आपात स्थिति में उससे संपर्क स्थापित किया जा सके। इससे मुख्यालय को इस बात की निगरानी रखने में भी मदद मिलती थी कि सेल्समैन के लिए दौरे का जो कार्यक्रम निर्धारित किया गया है, वह उसका पालन कर रहा है या नहीं। कभी-कभार उन डॉक्टरों के पास कंपनी की तरफ से धन्यवाद-पत्र भी भेजा जाता था, जिनके पास सेल्समैन जाते थे।

'एक दिन हमारे पास एक डॉक्टर के पुत्र का पत्र आया, जिसे कंपनी ने धन्यवाद-पत्र भेजा था,' रमेश ने बताया, 'उसने चिट्ठी में लिखा कि कंपनी द्वारा भेजे गए मेडिकल रिप्रेजेंटेटिव उसके पिता के पास 15 जून को गया था, जबकि उसके पिता का निधन 14 जून को ही हो गया था और इसलिए किसी भी सूरत में वह उनसे 15 जून को तो नहीं मिल सकता था। चूँकि वह कंपनी के साथ लंबा भावनात्मक जुड़ाव महसूस करता है, इसलिए उसने यह बताने का कष्ट उठाया कि कंपनी का सेल्समैन बेईमान है और गलत खबर देता है।

'मेरी तात्कालिक प्रतिक्रिया यह थी,' रमेश ने आगे बताया, 'उस सेल्समैन की सेवाएँ तुरंत समाप्त कर दी जानी चाहिए। प्रमाण अकाट्य था। मुझे उम्मीद थी कि श्री वुड्स राज को तुरंत नौकरी से निकाल देंगे। लेकिन उन्होंने केवल अपना सिर हिलाया और कहा कि कुछ गलतफहमी भी हो सकती है। उन्होंने मुझसे कहा, क्यों न मैं हुबली जाऊँ और डॉक्टर के बेटे से मिलूँ। मैं गया। वहाँ डॉक्टर के बेटे से थोड़ी देर बात करने के बाद मैंने उससे डिस्पेंसरी दिखाने का आग्रह किया। वहाँ एक कोने में कंपनी द्वारा प्रदत्त नवीनतम सामग्री व नमूने रखे हुए थे। सारे नए थे, उन पर धूल भी नहीं जमी थी।'

बकौल रमेश, 'इससे यह बात जाहिर थी कि सेल्समैन कुछ समय पहले ही डॉक्टर से मिला था, संभवतः उस दिन नहीं जिस दिन उसने रिपोर्ट में लिखा था। बाद में सेल्समैन ने इस बात को स्वीकार किया कि वह तीन दिन तक डॉक्टरों से मिला और रिपोर्ट लिखते समय इन मुलाकातों को पाँच दिन में बाँट दिया और इस तरह से दो दिन बचा लिए और उन दो दिनों में बेलगाम में अपनी महिला-मित्र से मिलने चला गया।

'सेल्समैन को मुंबई मुख्यालय में बुलाया गया,' रमेश ने बताया, 'उसे श्री वुड्स ने खासी डाँट पिलाई। उन्होंने उसे चेतावनी दी कि अगर ऐसा वाकया दोबारा हुआ तो उसे फिर मौका नहीं मिलेगा। डॉक्टर से मिलने के मामले में तो वह ईमानदार था, लेकिन इसकी सूचना देने के मामले में उसने बेईमानी की थी। श्री वुड्स ने उसे एक और मौका दिया, जबकि हर व्यक्ति को यह उम्मीद थी कि उसे लेखा विभाग में जाकर अपना हिसाब-किताब पूरा करके विदा होना पड़ेगा। श्री वुड्स ने अपने बाहरी कठोर व्यक्तित्व के बावजूद समझदारी व सहानुभूति का परिचय दिया।'

दस साल पहले, यानी इस घटना के बीस साल बाद संयोग से मेरी रमेश के यहाँ मिले उस सेल्समैन से मुलाकात हो गई। वह एक दूसरी कंपनी का प्रबंध-निदेशक हो गया था और अपने पेशे व उद्योग में उसकी साख थी। अगर श्री वुड्स ने बीस साल पहले उसे बरखास्त कर दिया होता, तब उसका कैरियर कुछ और ही होता। लेकिन वह जितने कठोर दिखते थे, उतने वास्तव में थे नहीं। खुदा का शुक्र है और राज की खुशकिस्मती।

आइसबर्ग सिद्धांत

क्या लोग वैसे ही होते हैं, जैसे वे दिखते हैं? क्या बाहरी अभिव्यक्ति छलावा होती है? क्या पहली छवि स्थायी छवि होती है? क्या आप साक्षात्कार के पहले कुछ ही मिनटों में फैसला कर लेते हैं? प्रबंधकों के रूप में हमें आइसबर्ग-सिद्धांत का पालन करना चाहिए, जिसके अनुसार पानी की सतह के ऊपर जितना दिखाई देता है, वह महज 1/16 फीसदी हिस्सा ही होता है। हमें गहराई से देखने, समझने और महसूस करने की जरूरत तो है ही, श्री वुड्स की तरह कठोर लेकिन समझदारी-भरा फैसला लेने की भी जरूरत है, क्योंकि सामान्य तौर पर लोग जैसे होते हैं, वैसे पहली मुलाकात में दिखते नहीं हैं।

नई चुनौतियाँ झेलने की कोई उम्र नहीं होती

व्यवसाय में परिवर्तन करना एक महत्त्वपूर्ण निर्णय होता है। यह निर्णय लेने से पहले इस बारे में निश्चिंत हो जाना चाहिए कि आप वास्तव में अपने नए धंधे के लिए उत्सुक और संघर्ष करने की स्थिति में हैं और यह महज आपकी अपने वर्तमान धंधे या नौकरी में आई अस्थायी निराशा पर तीखी और सीधी प्रतिक्रिया नहीं है। पहले इस प्रश्न पर विचार कीजिए कि आप एक बड़ी कंपनी के सहारे बिना अमुक काम आराम से कर सकते हैं या नहीं। क्या आप मामूली से आरंभिक लाभ के लिए प्रतिदिन अधिक समय तक काम करने के लिए तैयार हैं?

सवाल सिर्फ हर स्थिति का सामना करने की तैयारी, उत्साह व दृढ़ संकल्प का है

अपना मालिक स्वयं होना आकर्षक है, लेकिन उसमें संभव है, आपको अधिक काम और चिंता करनी पड़े। अरुण गड़कर एक प्रेस-रिपोर्टर रह चुके हैं, जिन्होंने बाद में कृषि से जीवन-यापन का निर्णय लिया। वे अब किसान हैं और पुणे में अंगूर भी उगाते हैं और अपने फार्म को जनता के देखने के लिए खोलते हैं। लगभग 20 हजार दर्शक प्रतिवर्ष उनके पशुधन, जैविक सब्जियों के खेत, अंगूरों के खेत और शराब-निर्माण कारखाने को देखने के लिए आते हैं। 'आपकी पाली कभी समाप्त नहीं होती और आपका कोई दूसरा विकल्प नहीं है,' वे चेतावनी देते हैं, 'मैं हर रोज सुबह से लेकर देर रात तक काम करता हूँ। मुझे यह जीवन पसंद है, पर ऐसा निश्चय हरेक के लिए अनुकूल नहीं होता।'

आर्थिक स्थिति का जायजा

अपनी आर्थिक स्थिति को परखिए। अगर व्यवसाय बदलने पर आरंभ में आय में कमी होती है, जैसा अनेक मामलों में होता है, तो सोचकर निश्चित कीजिए कि आय की इस कमी से आप पर क्या असर पड़ेगा। एक छात्रवृत्ति 19 वर्ष के लड़के के लिए पर्याप्त हो सकती है, लेकिन किसी बड़ी आयु के आदमी की तो इसके कारण जीवन-शैली ही बदल जाएगी। जब तक आप अपने नए धंधे में जम नहीं जाते, तब तक आपके पास उतना धन नहीं आएगा कि आप जीवन की वही शैली अपना सकें, जो आपने इससे पहले अपना रखी थी।

एक टेलीविजन-कंपनी के प्रेस-अधिकारी के रूप में गंगाधर को अच्छा वेतन और लोगों की आवभगत के लिए व्यय-राशि आदि मिलती थी। पर अनेक चिंताएँ थीं, जिनमें नौकरी की सुरक्षा का अभाव प्रमुख थी। उसने निर्णय किया, 'मेरा व्यवसाय अच्छा है, पर अब मैं 41 वर्ष का हूँ और परिवर्तन चाहता हूँ।' फलतः उसने रंगसाजी और गृहसज्जा का व्यवसाय शुरू किया, जिसमें उसे बहुत आनंद आता था। उसने अपने मित्रों से अपने काम का प्रचार करने को कहा और परचे भी बँटवाए।

'जो स्वयं अपना काम आरंभ करना चाहते हैं, उन्हें मेरी सलाह है कि आप अपने काम के लिए जितने धन की आवश्यकता समझते हैं, वास्तव में आपको उससे दोगुने धन की आवश्यकता पड़ेगी। आपको उस समय तक यह अहसास नहीं होता कि व्यवसाय में बने रहने के लिए कितना पैसा खर्च करना पड़ता है, जब तक कि आप अपना पैसा खर्च नहीं करते। मुझे बार-बार धन के लिए बैंक जाना पड़ा और मैं अब भी अपनी पहली नौकरी की अपेक्षा कम आय पा रहा हूँ। लेकिन जब मैं अपने काम के बाद घर लौटता हूँ तो अपने-आपको अधिक खुश अनुभव करता हूँ। मेरी कमर चार इंच पतली हो गई है और उम्मीद है, अब मैं अधिक लंबी उम्र तक जीवित रहूँगा।'

सही काम का चुनाव

ऐसा काम चुनिए, जिसमें आपके परिपक्व अनुभव की आवश्यकता हो। अभी भी मालिकों के मन में अधिक उम्र के लोगों के प्रति कुछ रूढ़िवादी विचार बने हुए हैं। इंस्टिट्यूट ऑफ पर्सनल मैनेजमेंट ने हाल ही में आयु के प्रति भेदभाव के विचार को हतोत्साहित करने के लिए यह वक्तव्य जारी किया था : 'व्यक्ति की उम्र के आधार पर लिए गए निर्णय बहुत ही कम संख्या में न्यायोचित होते हैं और अकसर घटिया किस्म के होते हैं, जिससे मानव-संसाधनों का कारगर उपयोग नहीं हो पाता।'

बहरहाल कुछ नियोजक अब अधिक उम्र के लोगों को नौकरी देने के विचार

को अधिकाधिक महत्त्व दे रहे हैं। इंस्टीट्यूट ऑफ डायरेक्टर्स के मुख्य कार्यपालक गोर्डन लीक का कहना है--अब पहले की अपेक्षा अनुभव को अधिक महत्त्व दिया जाने लगा है। एक नियोजक अब यह महसूस करता है कि तीस से चालीस की उम्र के व्यक्ति को इक्कीस वर्ष की आयुवाले युवक से अधिक अनुभव और ज्ञान होता है।

राष्ट्रीय मुक्त विश्वविद्यालय ने एक मार्गदर्शिका प्रसारित कर अधिक आयु के लोगों को यह जानकारी दी है कि उनके लिए कितने और कौन-कौन से व्यवसायों के प्रशिक्षण उपलब्ध हैं। शिक्षण, स्वास्थ्य की देखभाल, सामाजिक कार्य, कार्यालय और खुदरा-व्यापार-प्रबंधन वे पेशे हैं, जिन्हें आयु की चिंता न करते हुए ज्यादातर लोग स्वीकार कर लेते हैं। लेकिन विज्ञापन और पत्रकारिता के क्षेत्र में उम्र के मध्यकाल में परिवर्तन कुछ कठिन है।

बदलता नजरिया

कुछ व्यावसायिक निकाय अधिक आयु के लोगों के लिए इन विषयों में प्रवेश के नियम आसान बना रहे हैं। लॉ सोसायटी की शिक्षा के प्रधान निकोलस सैंडर्स का कहना है, 'हम तीस, चालीस या अधिक आयु के लोगों का उद्योग-धंधों के प्रशिक्षण में प्रवेश के लिए स्वागत करते हैं। हम अधिक आयु के लोगों के लिए, जिनके अपने परिवारों के प्रति दायित्व हैं, अंशकालिक प्रशिक्षण की भी व्यवस्था करते हैं।'

समाज कार्य प्रशिक्षण परिषद कॉलेजों को उत्साहित करती है कि वे अधिक आयु के लोगों को शिक्षण या नर्सिंग अथवा सामाजिक कार्य में प्रशिक्षण देने की व्यवस्था करें और उन्हें डिप्लोमा दें। परिषद के निदेशक जगबीर सिंह कहते हैं, 'हमारे धंधे में परिपक्व निर्णय और जीवन का अनुभव अपने-आपमें एक महत्त्वपूर्ण संपत्ति है।'

कुछ धंधों में तो परिपक्वता का अपना सकारात्मक लाभ है। लाइसेंस-प्राप्त खुदरा व्यवसायी जब बड़े पब में 100 या अधिक लोगों को निर्देशित करने के लिए पब-मैनेजर भर्ती करते हैं, तो युवा और अनुभवहीन व्यक्तियों को भर्ती करने की नहीं सोचते। 'हम आम तौर पर उन लोगों को पसंद नहीं करते, जिनका लाइसेंसिंग ट्रेड में पूर्व अनुभव नहीं है,' व्हाइट ब्रेड के खुदरा-व्यवसाय-प्रशिक्षक और भर्ती-प्रबंधक क्रिस जैफरीज का कहना है, 'अन्यथा हमें उन्हें प्रशिक्षित करने पर समय और धन खर्च करना पड़ेगा।'

जीवनसाथी से परामर्श

अपने जोड़ीदार के साथ चलिए। यह आवश्यक है कि आप यह सुनिश्चित करें कि आपका जोड़ीदार नए उद्यम की संभावित वित्तीय असुरक्षाओं का सामना करने

के लिए तैयार हो। बर्कलेज एश्योरेंस कंपनी 40 वर्ष से अधिक आयु के प्रतिनिधियों की भर्ती करना पसंद करती है क्योंकि उन्हें लोगों के साथ पेश आने का ज्यादा अनुभव होता है। यह कंपनी आवेदनकर्ता के साथ उसके पति या पत्नी का भी हमेशा इंटरव्यू लेती है। 'कुछ प्रारंभिक आर्थिक सहयोग के बाद इन प्रतिनिधियों को निश्चित आय का आश्वासन नहीं दिया जाता,' कंपनी के मार्केटिंग मैनेजर निगेल जैरोम का कहना है, 'पति-पत्नी को अपने भीतर यह विश्वास पैदा करना होता है कि उसका जीवनसाथी कमीशन से इतना पैसा कमा लेगा कि उनका जीवन आराम से चल सके।'

राकेश मेहता एक जाना-माना शेयर दलाल था और साल में लाखों रुपए कमा लेता था। 45 वर्ष की आयु में परिस्थितियाँ कुछ ऐसी बदलीं कि वह बेकार हो गया। तीन वर्ष पूर्व वर्कलेज एश्योरेंस में नौकरी आरंभ करने के लिए पहले वह नौ महीने तक काम की तलाश में घूमता रहा था। अब वह ग्रुप-मैनेजर है। और पहले के वेतन से कहीं अधिक कमा लेता है। उसकी पत्नी मिलिंडा का कहना है, 'हमने इस बारे में खुलकर बात की थी और मैं समझती हूँ कि मुझे अपने पति के सामर्थ्य पर भरोसा था कि वह अवश्य पहले से अधिक कमा लेंगे। इसके अलावा, अपने बच्चों के पालन-पोषण के लिए कुछ समय घर पर रहने के बाद मैं भी काम करने लगी थी और हम जानते थे कि यह अतिरिक्त आय हमारे आड़े समय में काम आएगी। मुझे विश्वास था कि हम मिलकर इन कठिनाइयों पर विजय प्राप्त कर लेंगे।'

विशेषज्ञों की मान्यता है कि हमें नए अवसरों के प्रति अपना दिमाग खुला रखना चाहिए। बेकरी-अध्यक्ष से वकील बने रॉबर्ट लास्ट का कहना सही है कि नया करने के लिए आप कभी ज्यादा बूढ़े नहीं होते। अगर नई चुनौतियों को झेलने और किसी भी परिस्थिति का सामना करने की तैयारी, उत्साह और दृढ़ संकल्प हो तो आप कभी भी कुछ भी कर सकते हैं।

अधिकार मिलने भर से जिम्मेदारी नहीं आ जाती

जीवन के हर क्षेत्र में सहूलियतें भी हैं और जिम्मेदारियाँ भी। यह आम सिद्धांत है कि जितनी ज्यादा सुविधाएँ होंगी, जिम्मेदारियाँ भी उतनी ही बड़ी होंगी। यह बात अभिभावकों, डॉक्टर, वकील व एकाउंटेंट आदि पेशों से जुड़े लोगों और वे लोग, जो मालिक हैं और वे, जो कर्मचारी हैं—सभी के लिए सही है। महात्मा गांधी ने 50 साल पहले, देश के अमीर तबके से आह्वान किया था कि वे अपनी संपत्ति के ट्रस्टी बनकर रहें और यह मानकर चलें कि वह उन्हें देखभाल के लिए सौंपी गई है और उनका इस्तेमाल वे साझे हित में करें। वे देश के लाखों-करोड़ों लोगों से ज्यादा सुविधा-संपन्न हैं और जैसाकि प्राचीन सिद्धांतों में लिखा है, जिनको ज्यादा मिला है, उनसे ज्यादा की अपेक्षा भी की जाएगी।

शीर्ष पद पर बैठे अधिकारी भी अकसर निहायत गैरजिम्मेदाराना व्यवहार करते हैं

कितने जिम्मेदार प्रबंधक हैं हम

हममें से अधिकतर प्रबंधक खुद को जिम्मेदारी के क्षेत्र के अनुरूप कितना ढाल पाते हैं? क्या कंपनियों के प्रबंधक वाकई इस बात का दावा कर सकते हैं कि उनके कर्मचारियों, शेयरधारकों व ग्राहकों द्वारा उन्हें 'जिम्मेदार प्रबंधक' के रूप में देखा जाता है?

कुछ लोग निश्चित रूप से इसका मूल्यांकन करते हैं। कुछ लोग शायद इसका हिसाब लगाने की चेष्टा तक नहीं करते। अधिकतर लोग असमंजस की दुनिया में जीते रहते हैं।

मुंबई में एक इंजीनियरिंग कंपनी ने, जो एक बड़े व्यावसायिक

समूह का अंग थी और जिसका एक कार्यालय शहर के एक संपन्न इलाके में था, एक नौजवान युवती को मुख्य कार्यकारी अधिकारी की वरिष्ठ सेक्रेटरी के पद पर नियुक्त किया। यह पहला मौका था, जब कंपनी में किसी महिला की नियुक्ति की गई थी। कार्यालय में पहले दिन उस महिला को पता चला कि वहाँ महिलाओं के लिए कोई शौचालय नहीं है। उसने अपने बॉस से इसके बारे में बात की। उसने जवाब में कहा कि वह पुरुषों के शौचालय का इस्तेमाल कर ले। जाहिर-सी बात है, शीला को यह सुझाव अव्यावहारिक लगा। बॉस का कहना था कि केवल एक महिला-कर्मचारी के लिए अलग से महिला-शौचालय का प्रबंध करने का कोई औचित्य नहीं है। इसके चलते वह दिन में कई बार सड़क-पार नेहरू तारामंडल जाती—वहाँ के शौचालय का इस्तेमाल करने के लिए। कुछ महीनों के बाद, उसे यह व्यवस्था असुविधाजनक लगने लगी। उसने अपने लिए दूसरी नौकरी खोज ली और वहाँ से इस्तीफा दे दिया। क्या शीला के बॉस ने जिम्मेदारी का भाव प्रदर्शित किया या उसने कंधे उचकाकर, समस्या से अपने हाथ झटक लिए?

वादा तेरा वादा

राजन एक प्रतिभाशाली वित्तीय विशेषज्ञ था और उसने गाजा कॉरपोरेशन के लिए चार साल तक काम किया था। उसे जाननेवाला हर व्यक्ति उसके काम, उसकी वैचारिक स्पष्टता और उसकी नवोन्मेषता से खासा प्रभावित था। चार साल बाद अचानक राजन को इस बात का अहसास हुआ कि वह बहुत आगे नहीं बढ़ पाया है। वह उसी स्तर पर था, जहाँ से उसने शुरुआत की थी, हालाँकि हर साल एक छोटी-सी वेतनवृद्धि देते वक्त उसका बॉस उससे यह कहने से नहीं चूकता था कि 'हम वाकई तुम्हारे काम की सराहना करते हैं। मुझे यकीन है कि तुम कंपनी के साथ लंबा सफर तय करोगे।'

पाँचवें साल में राजन ने गाजा कॉरपोरेशन को छोड़ने और अन्यत्र कहीं काम करने का फैसला कर लिया जहाँ उसे अपने मौजूदा वेतन-परिलाभों पर 33 फीसदी का इजाफा मिल रहा था, लेकिन उसके बॉस ने उसे जाने नहीं दिया। उसने कहा कि वह इस बात को सुनिश्चित करेगा कि राजन को अगले तीन महीनों में यहाँ भी उतना ही पैसा मिले, जितना उसे दूसरी जगह पेश किया जा रहा है। उसने राजन का स्थानांतरण मलयेशिया में कार्यरत विदेशी सब्सिडियरियों में से किसी एक में करवाने का भी वादा किया। लेकिन वादे के दो साल बाद भी राजन के लिए कुछ नहीं बदला। स्वाभाविक तौर पर राजन और उसके बॉस के संबंध खट्टे हो गए। कभी कभी बॉस राजन से यह जरूर कहता कि उसने राजन के बारे में शीर्ष प्रबंधन के सामने हर संभव कोशिश की थी, लेकिन 'वे' सुनने को तैयार ही नहीं हुए।

क्या बॉस ने पूरी जिम्मेदारी से काम किया? या फिर वह ऐसे हवाई वादे करने का आदी था, जिन्हें वह पूरा नहीं कर सकता था? लिहाजा अब वह 'ऊपर के

लोगों' को दोष देकर अपनी जिम्मेदारी को झटकना चाहता था।

पल्ला झाड़ने की प्रवृत्ति

अपने दफ्तर में हमने लिवि से एक इंकजेट प्रिंटर खरीदा, जो एक विश्व-विख्यात ब्रांड के लिए आयात-एजेंट थे। उस समय उन प्रिंटरों को बेचने का काम एक बिक्री-एजेंट—सोरिस के हाथों में था। सोरिस से आए सेल्समैन ने हमारे दफ्तर में संपर्क किया। वह काफी आश्वस्तिदायक प्रतीत हुआ। उसने बताया कि बेट्टिट ब्रांड के प्रिंटर पर एक पेज की छपाई की लागत 10 पैसे बैठेगी, जबकि किसी भी अन्य प्रिंटर के मामले में यह लागत 80 पैसे बैठती है। इसीलिए उसने अपने प्रिंटर की 42,000 रुपए की ऊँची कीमत को भी जायज ठहराया, क्योंकि उस पर बाद में आनेवाला खर्च बहुत कम था। हमने सारी तुलनाएँ कीं। इस खरीदारी में दम नजर आता था। हालाँकि प्रति पेज लागत में इस विशाल अंतर को लेकर हम थोड़े हैरान भी थे, इसलिए हमने प्रस्ताव और प्रिंटर की विशिष्टताओं का विवरण लिखित में देने का आग्रह सोरिस से किया। उन्होंने इसे मान लिया और फिर हमने तुरंत नई मशीन खरीद ली।

हमें इस बात का पता लगाने में बमुश्किल दो महीने लगे कि जो दावे लिखित में किए गए थे, वे पूरी तरह झूठे थे। हमने उस सेल्स-इंजीनियर को फोन किया, जिसका कार्ड हमारे पास था। उसने कहा कि वह हमारी कोई मदद नहीं कर सकता, क्योंकि सोरिस अब बिक्री-एजेंट नहीं रह गई थी। हमने फिर लिवि से संपर्क किया। उन्होंने पाँच बार संपर्क किए जाने के बाद मुलाकात का वक्त दिया, वह भी तब जब हमने कंज्यूमर गाइडेंस सोसाइटी ऑफ इंडिया के मार्फत एक नोटिस उन्हें भेजा। उन्होंने मौखिक रूप से कई प्रस्ताव रखे, जिनमें मशीन को बदलना भी शामिल था। इस मौखिक समझौते को बाद में लिखित रूप से पुष्ट किया जाना था। लेकिन लिखित समझौता कभी नहीं आया। हमने छः महीने तक इंतजार किया, लेकिन कुछ नहीं हुआ।

फिर मैंने लिवि के मुख्य कार्यकारी अधिकारी को फोन किया और सारी स्थिति स्पष्ट की। उसने कहा, 'हाँ, मुझे आपका पत्र मिला था। मैंने वह पत्र अपने मार्केटिंग के लोगों के पास भेज दिया था, यह देखने के लिए कि क्या वे मशीन के निर्माता वेट्टिट से नई मशीन दिलाने में आपकी कोई मदद कर सकते हैं। देखिए न! अब हम भारत में वेट्टिट का प्रतिनिधित्व नहीं करते। हमने कुछ सौ मशीनें बेचीं, उसके बाद एजेंसी समाप्त कर दी गई। वेट्टिट ने भारत में अपनी खुद की सब्सि-डियरी कंपनी को बेचने का फैसला कर लिया। आप उन्हें क्यों नहीं लिखते?'

फँस गया मुर्गा

फिर मैंने फोन के दूसरे सिरे पर लिवि के सीईओ की हँसी सुनी। उससे ऐसा प्रतीत हो रहा था, मानो वे कह रहे हों कि एक और मूर्ख शिकंजे में फँस गया है।

उसने उपहास उड़ानेवाले स्वर में कहा, 'आप जानते हैं डॉक्टर, हमारा पीछा करने या हमें धमकाने से आपको कुछ हासिल नहीं होगा। हमारा अब वेट्टि से कुछ लेना-देना नहीं है। हमारे लिए वह अध्याय बंद हो चुका है। आपके लिए यह एक मरे हुए घोड़े को चाबुक लगाने के समान है।'

क्या कॉरपोरेट-प्रबंधक इतने गैर-जिम्मेदार हो सकते हैं? पहले तो सेल्स-इंजीनियर ने मशीन बेचते समय दावे किए। कंपनी ने अपने लेटरहेड पर उन दावों की पुष्टि की। फिर बिक्री करनेवाली एजेंसी ने प्रिंटर की कोई जिम्मेदारी वहन करने से इनकार कर दिया क्योंकि अब वह उक्त प्रिंटर नहीं बेचती। आयात करनेवाली कंपनी ने भी उसकी कोई जिम्मेदारी नहीं ली क्योंकि वे अब उस प्रिंटर का आयात नहीं करते। इससे भी बुरी बात यह कि सीईओ मुझ पर हँसता है और मानो मेरी तरफ इशारा करके यह कहता है, 'अरे मूर्ख! तुम इससे बेहतर पाने के हकदार भी नहीं थे, क्योंकि तुमने हम पर विश्वास करने की मूर्खता दिखाई है।'

और एक वह था

दूसरी तरफ, लिस्बन हवाई अड्डे पर टीडब्ल्यूए का काउंटर-स्टाफ था। उन्होंने मेरे चेक-इन करने पर जो बोर्डिंग-कार्ड मुझे दिया, उस पर लिखा हुआ था : श्रीमती मैथिलदा कांत। कार्ड देखकर मैंने कहा, 'क्षमा करें, मैं न तो मैथिलदा और न ही श्रीमती हूँ, जैसाकि आप देख ही सकते हैं।'

'ओफ्फो,' काउंटर पर खड़े व्यक्ति ने कहा, 'मुझे माफ करें, मुझसे घालमेल हो गया।'

'क्या आपके कहने का आशय यह है कि इस उड़ान पर कोई और भी कांत यात्रा कर रहे हैं?' मैंने पूछा।

उसने कंप्यूटर के कुछ बटन दबाते हुए मुझसे कहा, 'पाँच अन्य कांट मौजूद हैं।'

मैं हैरान था। मैंने उसे बताया कि मुंबई की टेलीफोन-डायरेक्टरी के दो विशाल खंडों में मैं एकमात्र कांत दर्ज हूँ। उसने मुझसे आधे घंटे बाद फिर आने को कहा, ताकि तब तक नया बोर्डिंग-कार्ड तैयार किया जा सके। उसने मुझे भरोसा दिलाया कि सीट को लेकर कोई चिंता न करें। मैं जब वापस लौटा, तो उसने मुझे पहले दर्जे का बोर्डिंग-पास देते हुए कहा, 'यह रहा मि. कांट। कम से कम पहले दर्जे में तो आप अकेले कांट होंगे। अलविदा और शुभयात्रा।'

टीडब्ल्यूए के काउंटर-क्लर्क ने एक छोटी-सी गलती को एक अच्छे बिक्री-उपाय के रूप में इस्तेमाल किया। उसने न केवल अपनी गलती सुधारी, बल्कि उससे भी आगे बढ़कर ग्राहक के आहत मन को शांत करने की कोशिश की। उसने किसी अत्याधुनिक उपकरण बेचनेवाली कंपनी के शीर्ष अधिकारी से ज्यादा जिम्मेदारी का भाव प्रदर्शित किया, और वह भी तब, जबकि उसके पास उससे कहीं कम अधिकार थे।

प्रेरणा व प्रोत्साहन का स्वरूप होनी चाहिए जवाबदेही

प्रबंधन मानवीय क्रिया-कलापों के प्रति एक परिणामोन्मुखी नजरिया है। किसी संगठन में अधिकांश महत्त्वपूर्ण स्थितियों में परिणाम एक व्यक्ति द्वारा नहीं, बल्कि अनेक लोगों के समन्वित प्रयासों से हासिल किए जाते हैं। अतः एक विशिष्ट प्रबंधन-स्थिति में एक वरिष्ठ (सुपीरियर) होता है, जो अधीनस्थों को अपने द्वारा निर्दिष्ट परिणाम प्राप्त करने की जिम्मेदारी सौंपता है। उधर अधीनस्थ इन परिणामों के लिए अपने वरिष्ठ के प्रति जवाबदेह कहे जाते हैं। यदि स्थिति इतनी सीधी और स्पष्ट है, तो फिर भला इस तरह की बातें क्यों सुनने को मिलती हैं कि 'सरकारी कर्मचारी इसलिए अक्षम हैं क्योंकि उनकी जवाबदेही नहीं है' या 'इस देश के नेता इसलिए भ्रष्ट हैं क्योंकि उनकी कोई जवाबदेही नहीं है' या 'भारत में शिक्षा का स्तर इसलिए खराब है क्योंकि शिक्षकों की कोई जवाबदेही नहीं है', आदि।

जबरन लादी गई जवाबदेही असहनीय और अल्पजीवी होती है

एक अनुबंध है जवाबदेही

जवाबदेही अनिवार्यतः एक उत्तरदायित्व-अनुबंध है। अनुबंध कई कारणों से भंग हो सकता है, जिनमें से कुछ हैं :

- अनुबंध की अस्पष्टता,
- अनुबंध का एकतरफा स्वरूप,
- निष्पादन की असमर्थता,
- स्वार्थ या अवसरवादिता,
- प्रक्रियाओं की जटिलता,

- अनुबंध की अव्यावहारिकता,
- अनुबंध की अनैच्छिकता,
- प्रेरणा और समर्थन का अभाव,
- अनुबंध की अवैधता, और
- अशक्त प्रवर्तन (इन्फोर्समेंट)।

आइए, देखें कि ये प्रबंधकीय स्थितियों में जवाबदेही को किस तरह प्रभावित करते हैं।

मान लीजिए कि प्राप्त किए जानेवाले परिणाम या उनके लिए व्यक्ति की जिम्मेदारी का स्वरूप और सीमा अस्पष्ट है, या बॉस और अधीनस्थ द्वारा उन्हें अलग-अलग रूप में समझा जाता है। जाहिर है कि ऐसे मामलों में अधीनस्थ बॉस को संतुष्ट नहीं कर पाएगा। बॉस अधीनस्थ को उसकी विफलता के लिए जिम्मेदार ठहराएगा, जबकि अधीनस्थ को लगेगा कि उस पर बिना किसी गलती के, या अपनी नजर में वांछित परिणाम पाने के बावजूद, दोषारोपण किया जा रहा है।

सरकार में इस स्थिति के दो मजेदार पहलू दिखाई देते हैं। एक में मंत्री सार्वजनिक रूप से तो अधिकारियों से नियमों का कड़ाई और निष्पक्षता से पालन करने की अपेक्षा करता है, पर व्यवहार में अपने लोगों की तरफदारी की उम्मीद रखता है। दूसरे में मंत्री सरकार के लिए लक्ष्य तो बड़े ऊँचे घोषित कर देता है (जैसे भूमि-सीमा निर्धारण, बंधुआ मजदूरों की मुक्ति आदि), पर व्यवहार में अधिकारियों से अपेक्षा करता है कि उन्हें जरा भी लागू न किया जाए।

अपेक्षाएँ लेखबद्ध करें

अनुबंध की अस्पष्टता का एक हल (यह मानते हुए कि दोनों पक्ष ईमानदार और सच्चे हैं) यह है कि आपसी अपेक्षाओं को लिपिबद्ध कर लिया जाए और यदि कभी कोई संदेह पैदा हो तो उसे दूर करने के लिए लगातार एक-दूसरे से बातचीत करते रहा जाए। निजी उपक्रमों द्वारा सरकार के साथ किए जानेवाले समझौते का ज्ञापन (एमओयू) इस नजरिये का एक उदाहरण है।

विभाजक सिरे (कटिंग ऍज) पर रहनेवाले (अर्थात् ग्राहकों को सीधे डील करनेवाले) कर्मचारी अपने अधिकारियों के प्रति ग्राहकों को संतुष्ट करने के लिए जवाबदेह होते हैं। दूसरे शब्दों में, ग्राहक भी एक अर्थ में अनुबंध का एक पक्ष होते हैं। लेकिन बॉस के विपरीत ग्राहक में, हो सकता है, प्रतितुलन-शक्ति यानी काउंटरवेलिंग पावर न हो, खास कर जब कर्मचारियों के पास सांविधिक प्राधिकार हों, जैसाकि कुछ सरकारी विभागों में होता है। यदि कर्मचारी भ्रष्ट या निष्ठाहीन हो, तो ग्राहक को लग सकता है कि अनुबंध एकतरफा और गैरबराबरी वाला है। इसी प्रकार, यदि अधीनस्थ पर जबरदस्त दंड की धमकी के तहत अनुचित या पर्याप्त साधनों से रहित लक्ष्य थोप दिया जाए (जैसाकि तानाशाही या आपातकाल में हो

सकता है), तो उसे लग सकता है कि अनुबंध एकतरफा और अनुचित है। ऐसे में कोई बाह्य खंडन न होने पर भी, मनोवैज्ञानिक स्तर पर अनुबंध पहले ही टूट चुका होता है और अंततः उसका अपर्याप्त या अप्राप्त परिणामों के रूप में प्रकट होना अश्वयंभावी होता है। ऐसी स्थितियों में ग्राहक या अधीनस्थ को वांछित परिणाम (जिनमें कभी प्रक्रियाएँ भी शामिल हो सकती हैं) निर्दिष्ट करते समय अपनी बात कहने का अधिकार दिया जाना जरूरी है। उपभोक्ताओं को, अलग-अलग या सामूहिक रूप से कुछ प्रतितुलन-अधिकार भी दिया जाना चाहिए। यह परामर्शात्मक भी हो सकता है (जैसे परामर्शदाता समितियों में) और प्रतिरोधात्मक भी (जैसे उपभोक्ता-अदालतों में)। एकाधिकार और सांविधिक प्राधिकार रखनेवाले सरकारी विभागों के मामले में उपभोक्ताओं को ऐसा बराबरी का अधिकार देना बहुत जरूरी है।

दुर्लभ संयोग

एक या दोनों पक्षों में अनुबंध के अपने हिस्से को निष्पादित करने की असमर्थता होने पर भी जवाबदेही खंडित होगी। किसी प्रबंधकीय स्थिति में यह बॉस के साथ भी हो सकता है और अधीनस्थ के साथ भी। बॉस में अधीनस्थ से संप्रेषण (कम्यूनिकेट) करने, उसका मार्गदर्शन करने या उसकी सहायता करने की स्वायत्तता या क्षमता का अभाव हो सकता है। ऐसे ही, अधीनस्थ में कारगर निष्पादन के लिए अपेक्षित कौशल, ज्ञान और अभिरुचि की कमी हो सकती है। सिद्धांततः इस स्थिति को सुधारा जा सकता है, बशर्ते अक्षमता को पहचान और स्वीकार लिया जाए और उसे दूर करने के प्रयास किए जाएँ। लेकिन सरकारी संगठनों जैसी संस्थाओं में, जहाँ कि बॉस आज यहाँ, तो कल वहाँ उड़ते रहनेवाले (स्थानांतरित होते रहनेवाले) मौसमी पक्षी जैसे होते हैं तो अक्षम अधीनस्थ या तो बदले ही नहीं जा सकते या उसमें समय लगता है। सक्षम बॉस-अधीनस्थ-संयोग घटित होना असंभव नहीं तो दुर्लभ जरूर है।

कर्मचारी को प्राधिकार और संसाधन अपनी जवाबदेही निभाने के लिए उपलब्ध कराए जाते हैं। कभी-कभी इनका, प्रकट में जवाबदेही को प्रभावित न करते हुए, अवैध और स्वार्थपूर्ण लाभों के लिए दुरुपयोग किया जा सकता है। इसी के चलते पंजीकरण और वाणिज्यिक कर जैसे भ्रष्टाचारोन्मुखी विभाग अकसर कार्य निपटाने और राजस्व-वसूली की दृष्टि से बेहतर परिणाम प्रदर्शित करते दिखते हैं। यहाँ उपभोक्ताओं को, सिद्धांत रूप में, उच्चाधिकारियों या भ्रष्टाचार-निरोधक विभाग के समक्ष अपील करने का प्रतितुलन-अधिकार प्राप्त है, किंतु व्यवहार में देरी और परेशानी इतनी महँगी पड़ती है कि वे सुविधा-शुल्क चुकाकर काम करवाने की वरीयता देते हैं। सच पूछिए तो जवाबदेही में मूर्त कार्य ही नहीं, ईमानदारी, शिष्टाचार आदि गुण भी शामिल होने चाहिए। प्रतियोगिता और उपभोक्ता की पसंद के अभाव में जवाबदेही के वे पहलू ऊपर से लागू करने कठिन हैं और अंतर्निहित वैयक्तिक मूल्यों तथा

उनकी समर्थक सशक्त संगठनात्मक परंपरा व संस्कृति से ही उत्पन्न हो सकते हैं।

बहरहाल, भ्रष्टाचार की उच्च संभावनाओं वाली स्थितियों में प्रस्तावित उपाय हैं—प्रतियोगिता और उपभोक्ता के लिए विकल्प का तत्त्व लागू करना, नियमों और प्रक्रियाओं को सरल बनाना तथा उनके ऊपर से रहस्य का आवरण हटाना, स्वचालित और कंप्यूटरीकृत सेवाएँ प्रदान करना, और अंतिम उपाय के रूप में निजीकरण।

बीपीआर-अवधारणा

प्रक्रियाओं की जटिलता परिणामों की प्राप्ति के मार्ग में अड़चनें खड़ी करके जवाबदेही को कमजोर करती हैं। नवीनतम बहुचर्चित अवधारणा—व्यावसायिक प्रक्रिया की पुनर्रचना यानी बिजनेस प्रोसेस री-इंजीनियरिंग—सूक्ष्मता से इस पहलू पर विचार करती है। किसी निजी संगठन की तुलना में सरकारी विभागों में यह कुछ मुश्किल हो सकती है, जिन्हें कार्यक्षमता और गति के अलावा वैधता, उपयुक्तता, निष्पक्षता और पारदर्शिता भी सुनिश्चित करनी होती है। अतः सरकारी विभागों में प्रक्रियाओं का एक सीमा के बाद सरलीकरण नहीं किया जा सकता। इसके बावजूद सरकार में मौजूदा प्रक्रियाओं की पुनर्सरचना और कतिपय मौजूदा गतिविधियों के त्याग की दिशा में काफी कुछ किया जा सकता है।

यदि वांछित परिणाम अव्यावहारिक या वस्तुतः अप्राप्य हों तो जवाबदेही मृत पैदा हुए शिशु की तरह होती है। यदि वित्त मंत्री को सब्सिडियाँ घटाए, कर्मचारियों की छँटनी किए या कर बढ़ाए बिना संतुलित बजट पेश करना हो तो संसद में उसकी घोषणा कर देने के बावजूद उसका ऐसे परिणाम के प्रति सच्ची जवाबदेही महसूस कर पाना संभव नहीं। परिणाम कपोल कल्पनाओं की पैदाइश नहीं होने चाहिए।

किसी पर जबरन लादी गई जवाबदेही असह्य और फलतः अल्पजीवी होती है। प्राकृतिक विपदा या युद्ध जैसी असाधारण स्थितियों में लोग जोर-जबरदस्ती और बाध्यताएँ सहन कर लेते हैं और उनकी जवाबदेही स्वीकार लेते हैं, पर जाहिर है कि उन्हें मानक तरीके नहीं माना जा सकता।

प्रबंधन का पावन थाल

अधीनस्थ को जवाबदेही एक प्रेरणा और प्रोत्साहनकारी मिशन के अंग के रूप में तथा आत्मसंतोष पाने व अपनी क्षमता दिखाने या अपनी छवि निखारने के अवसर के तौर पर सौंपना उसे जवाबदेही स्वीकार करने और निभाने के लिए तैयार करने का सर्वोत्तम और सर्वाधिक कारगर उपाय है। यह अत्यधिक कुशल व्यावसायिकों से डील करते समय, खास तौर से प्रासंगिक और महत्त्वपूर्ण साबित होता है और सफलतापूर्वक कर लिया जाए तो बाह्य पर्यवेक्षण और प्रवर्तन की जरूरत नहीं रहती। यह वस्तुतः प्रबंधन का वह पावन 'ग्रेल' (अंतिम भोजन के समय ईसा मसीह द्वारा व्यवहृत थाली) है, जिसकी हर संगठन को तलाश है।

औद्योगिक संबंध

कामगारों की अगली पंक्ति की उपेक्षा न करें

जैसे युद्ध का सारा दारोमदार सेना की अगली टुकड़ी यानी हरावल पर रहता है वैसे ही किसी कंपनी के कारोबार में सारा दारोमदार अगली पंक्ति के कामगारों यानी फ्रंटलाइन वर्कर्स पर रहता है, जो कि रोजाना वास्तव में ग्राहकों का सामना करते हैं। वे उच्च प्रबंधन के उत्कृष्ट इरादों के बावजूद सारा खेल बना या बिगाड़ सकते हैं।

प्रबंधन के उत्कृष्ट इरादों के बावजूद वे सारा खेल बना या बिगाड़ सकते हैं

वर्तमान सूचना-युग वस्तु-उत्पादन-क्षेत्र की धीमी प्रगति और सेवा-क्षेत्र की तीव्रतर प्रगति का साक्षी बना है। अब हम वस्तु से सेवाभिमुखता की ओर बदलाव पाते हैं। और ऐसे समय में, जबकि सेवा पहले से ज्यादा महत्त्व रखती है, कंपनियों को अगली पंक्ति के, वास्तव में सेवा प्रदान करनेवाले लोगों—सेल्समैन, वेटर्स, ट्रेवल एजेंट, बैंक-कर्मचारी, डिलीवरीमैन, ड्राइवर आदि—का महत्त्व समझना चाहिए। सेवकों की यह हरावल-सेना हमारी औद्योगिक अर्थव्यवस्था में श्रम-शक्ति का तेजी से बढ़ता किंतु अत्यल्प प्रशसित हिस्सा है।

आसानी से नहीं मिलते अच्छे कामगार

अपने मूल्यचालित ग्राहकों को आह्लादित करने के लिए बाध्य कंपनियों में ऐसे लोगों को नियुक्त, प्रशिक्षित और रोके रखने की होड़ मची है, जो असाधारण सेवाएँ प्रदान करने का कमाल कर सकें। पर ऐसे लोगों को पाना आसान नहीं। होटलों जैसे आतिथ्य-उद्योगों की सफलता के लिए ग्राहकों के सीधे

संपर्क में रहनेवाले स्टाफ का प्रतिबद्ध और उत्साही होना महत्त्वपूर्ण है। लगता है कि अगले दशक में, विशेष कर आतिथ्य-उद्योगों, भोजन-सेवाओं, फुटकर बिक्रियों, ट्रक-ड्राइविंग, चाइल्ड-केयर, चौकीदारी आदि संपूर्ण नेट जॉब-ग्रोथ में सेवाएँ उत्तरदायी होंगी। इनमें से ज्यादातर व्यवसायों में पद भरने के लिए नियोक्ताओं को उच्चस्तरीय शिक्षा, अनुभव या तकनीकी विशेषज्ञता रखनेवाले कर्मचारियों की आवश्यकता नहीं। समतल होते पदानुक्रमों और उन्नत अपेक्षाओंवाले आधुनिक युग में उन्हें जरूरत है तो लचीले और चतुर, दृढ़ और उद्यमशील, प्रतियोगी और रचनात्मक लोगों की, यानी ऐसे कौशलों से युक्त लोगों की, जिनकी माँग आम तौर पर केवल प्रबंधकीय कार्मिकों के लिए की जाती है। पुनःपरिभाषित अगली पंक्ति के जॉब ऐसे कामगारों की माँग करते हैं, जो मैत्रीपूर्ण लचीले और तनाव में स्थिर बने रहनेवाले हों।

बेशक, हम तीव्र विकास के युग में हैं। अपने अगली पंक्ति के कामगारों के साथ सही दिशा में न बढ़नेवाली कंपनियाँ आगामी समय में व्यवसाय में नहीं रहेंगी। होटल-उद्योग में खास तौर से ज्यादा कर्मचारी ज्यादा अतिथियों के संपर्क में ज्यादा समय रखे जाने जरूरी हैं। अब अधिकांश सेवा-संगठनों द्वारा कर्मचारियों के ग्राहकों के साथ भावनात्मक रूप से जुड़ने के महत्त्व पर फिर से बल दिया जाना आवश्यक है।

विदेशियों का रवैया और भारतीयों का

पिछले कुछ वर्षों में तेजी से बढ़ती कनाडियन फर्म कैडेल यूनीफॉर्म सर्विसेज ने ऐसे डिलीवरी-ट्रक-ड्राइवर भर्ती करके और उन्हें प्रचुर मात्रा में पुरस्कृत करके उन्नति की है, जो उद्यमियों की तरह व्यवहार करते हैं। उन्हें 'ग्राहक-सेवा-प्रतिनिधि' कहा जा सकता है। वे अतिलघु उद्यमी हैं जो अपने रूट खुद डिजाइन करते हैं, अपने खुद के खाते प्रबंधित करते हैं और एक बड़ी सीमा तक खुद अपने वेतन और मुआवजों का आकार तय करते हैं। इसी तरह अमेरिका की चौथी सबसे बड़ी ट्रेवल-एजेंसी रोजेनब्लथ इंटरनेशनल लोगों को उनकी 'अच्छाई' के आधार पर निस्संकोच भर्ती करती है और ग्राहक को दूसरे स्थान पर (पहले स्थान पर कर्मचारी को) रखने की नीति का सफलतापूर्वक पालन कर रही है।

पर दुर्भाग्य से ज्यादातर भारतीय सेवा-संगठन अपने अगली पंक्ति के कामगारों को बेवकूफ और काहिल समझते हैं। इतना ही नहीं, ज्यादातर सेवा-कंपनियाँ उन्हें उपयोगी समझने के बजाय त्याज्य समझती हैं, जिन्हें कभी भी बदला जा सकता है। इस कर्मचारी-मंथन की लागत बहुत ज्यादा बैठती है।

इसके लिए एक तो आवेदकों की मनोवैज्ञानिक संरचना की जानकारी पाना जरूरी है, ताकि काम के साथ उनकी उमंगों का मिलान किया जा सके। दूसरे,

नियोक्ता को सेवा-कार्यों की भावनात्मक संतुष्टि को उजागर और रेखांकित करना चाहिए। तीसरे, कंपनी को अनुकूलन यानी ओरिएंटेशन को अर्थपूर्ण और आनंददायक बनाना होगा। श्रेष्ठता हृदयंगम कराने का यह पहला और सर्वोच्च उपाय है। चौथे, काम को पुनर्निरूपित यानी रीडिजाइन करना अत्यंत आवश्यक है, ताकि श्रेष्ठ सेवा नियोक्ताओं और ग्रहकों, दोनों को संतुष्ट कर सके। मुआवजा यानी कंपनसेशन ग्रहक की संतुष्टि से संबद्ध होना चाहिए।

वक्त का तकाजा

इसमें शक नहीं कि नियुक्ति के बाद जल्दी छोड़कर न जानेवाले कर्मचारियों का चयन नियोक्ताओं की सबसे बड़ी चिंता है। ऐसे में, वक्त का तकाजा है कि भारतीय नियोक्ता रोजगार-अनुभव के उपेक्षित क्षेत्र—अनुकूलन—के प्रति एक सर्वथा नया दृष्टिकोण अपनाएँ। अगली पंक्ति के कामगारों के प्रबंधन में शिरोमणि कंपनियाँ जानती हैं कि उत्कृष्ट सेवा एक लेनदेन मात्र नहीं, बल्कि इससे बढ़कर है। वह एक अनुभव है—कर्मचारी के साथ-साथ ग्राहक को भी संतुष्ट करनेवाला अनुभव। कंपनियों को ज्ञानात्मक योग्यता के बजाय व्यक्तित्व खोजना चाहिए। एक आधुनिक कॉरपोरेशन की आदर्शोक्ति यानी मोटो यह होना चाहिए, 'हम कौशल सिखा सकते हैं। हमें ऐसे लोग चाहिए, जो उत्साही हों, जिन्हें अपने काम पर गर्व हो और जो बिना पर्यवेक्षण के स्थिति सँभाल सकते हों।' अंततोगत्वा कंपनियों में दो चीजों के लिए होड़ मचेगी—महान सेवा की झलक और टीमवर्क की समझ। कर्मचारियों का फेरबदल, जो कि कंपनी के वित्तीय संसाधनों और लाभों पर हमेशा एक भार रहता है, की दर तीन शर्तें पूरी करने पर घटाई जा सकती है—मजदूरी प्रतियोगितात्मक हो, लाभ अच्छे हों और उन्नति के भरपूर अवसर हों।

अगली पंक्ति के कामगारों की भावनात्मक संतुष्टि पर जोर देते हुए कंपनियों को भावी कर्मचारियों के 'लाइफ-थीम' की पहचान करनी चाहिए। 'लाइफ थीम' के नजरिये में आदमी की उमंगों का पता लगाना और फिर उनका सही पद से मेल बिठाना शामिल है। किंतु सारी कंपनियों को अगली पंक्ति के विशिष्ट कामगारों की भर्ती और प्रबंधन के लिए चतुर परामर्शदाताओं और फैंसी सॉफ्टवेयर की आवश्यकता नहीं। केवल एक निर्दिष्ट क्षेत्र में किसी दूसरी कंपनी के उत्पादों के विवरण जैसा एक छोटा कारोबार भी अगली पंक्ति के नवोन्मेष का उद्गम हो सकता है। प्रगतिशील संगठनों को रचनात्मक दृष्टिकोण अपनाते हुए ऐसे व्यक्ति तलाशने चाहिए, जो काम करने को इच्छुक और तैयार हों। ऐसे संगठनों में प्रबंधन की क्या भूमिका है? बस, लोगों का विकास करना और उनके लिए अपना विकास करना, सुगम बनाना तथा उनके भीतर की संभावनाएँ उजागर करना।

सही व्यक्ति का सही प्रबंधन

इस चरण में अगली पंक्ति के कामगारों के लिए संगठनात्मक संस्कृति के महत्त्व को रेखांकित करना भी महत्त्वपूर्ण है। मुख्य पूर्वापेक्षा है सेवा-कामगार का अच्छा होना। हालाँकि इस समय भारत में प्रतिभाओं के लिए होड़ मची है, पर अधिकांश शिक्षा-संस्थान उद्‌देश्यपूर्ण शिक्षा और कार्योन्मुख प्रशिक्षण प्रदान नहीं करते। सामान्य शिक्षा पर ज्यादा बल है और तकनीकी शिक्षा पर कम, जबकि वक्त का तकाजा इससे उलटा है। परिणामतः, कंपनियाँ अपने अगली पंक्ति के कामगारों में जिन गुणों की तलाश करती है—उत्साह, सहानुभूति और तनाव-सहिष्णुता—वे ज्यादातर विद्यालयों, महाविद्यालयों के पाठ्यक्रमों में शामिल नहीं हैं।

पर सही आदमी की भर्ती 21वीं शताब्दी के मानव-संसाधन-प्रबंधकों के समक्ष आनेवाली चुनौती का एक हिस्सा मात्र है। यदि वे प्रतिभावान लोगों को नियुक्त करके उनसे सही बर्ताव नहीं करते, तो वे लोग अपने संगठनों के लिए काँटे बो सकते हैं। वे संगठन की गति धीमी कर सकते हैं और ग्राहकों से अभद्रता से पेश आ सकते हैं। प्रतिभावान लोगों का प्रबंधन सही तरीके से न किया जाए तो जरूरी नहीं कि वे बेहतर कार्य करेंगे ही करेंगे। इस संदर्भ में ये चार दिशानिर्देश गौरतलब हैं : एक, अगली पंक्ति के कामगारों का सम्मान करें। दूसरे, उन्हें समझदारी से नियुक्त करें। तीसरे, उन्हें भली भाँति प्रशिक्षित करें और चौथे, उन्हें अच्छा भुगतान करें।

कर्मचारियों में रचनात्मक सोच को बढ़ावा दें

रचनात्मकता योग्यता बढ़ाने का उपाय और उसके मार्ग की बाधाओं को पहचानकर दूर करने की कला है

आजकल ज्यादातर संगठन कार्य-निष्पादन सुधारने के लिए कार्यक्रम बनाते हैं और उनमें ढेर सारा समय, धन और श्रम लगाते हैं। सुधार होता जरूर है, पर परिणाम बहुत न्यून रहते हैं और देर से प्राप्त होते हैं। कारण यह है कि कर्मचारी अपनी रचनात्मक योग्यताओं का इस्तेमाल करते हुए नई युक्तियाँ और समाधान सुझाने के लिए आगे नहीं आते और परंपरागत तरीकों से ही सोचने और काम करने में प्रवृत्त रहते हैं, जिसका परिणाम छोटे और रुक-रुककर होनेवाले सुधारों के रूप में सामने आता है।

अमेरिका में के. हैंक्स और जे. पैरी द्वारा हाल ही में किए गए एक अध्ययन (वेक अप योअर क्रिएटिव जीनियस) से पता चलता है कि 90 फीसदी पाँचवर्षीय बच्चों की तुलना में केवल 2 फीसदी वयस्क अपने रचनात्मक कौशल प्रयुक्त करते हैं। बच्चे बहुत रचनात्मक होते हैं, पर जैसे-जैसे वे शिक्षा प्रणाली के जरिये आगे बढ़ते हैं, वैसे-वैसे उनके नवोन्मेषी कौशलों में ह्रास आता जाता है और जॉब-मार्केट में प्रवेश करने के बाद तो वे पूरी तरह से 'डूब' जाते हैं। संगठन आम तौर पर रचनात्मक सोच को प्रोत्साहित करनेवाला माहौल उपलब्ध नहीं कराते और आदमी लगातार उन्हीं के अनुकूल ढलने के दबाव में रहता है।

सभी होते हैं रचनात्मक

ऐसी स्थिति में क्या रचनात्मकता सुधारी या सिखाई जा सकती है या रचनात्मक सोच को उत्प्रेरित करनेवाला माहौल पैदा किया जा सकता है? कोरनैल विश्वविद्यालय द्वारा किया गया एक सर्वेक्षण बताता है कि ज्यादातर लोगों का विश्वास है कि रचनात्मकता वंशानुगत होती है। इसके विपरीत, अमेरिका में किए गए शोध दर्शाते हैं कि हम सभी रचनात्मक होते हैं, पर उम्र बढ़ने के साथ-साथ हम अपनी रचनात्मकता का प्रयोग कम करते जाते हैं। साक्ष्यों से पता चलता है कि रचनात्मक पाठ्यक्रम न केवल प्राकृतिक ह्रास को रोकते हैं, बल्कि रचनात्मक चिंतन की योग्यता में वृद्धि भी करते हैं।

यह कहना भी एक मिथक ही है कि रचनात्मकता बुद्धि, प्रतिभा और कौशल का प्रत्यक्ष परिणाम होती है। इतिहास में इसके अनेक प्रमाण उपलब्ध हैं। टॉमस एडीसन और अल्बर्ट आइंस्टीन, दोनों स्कूल से निकाल दिए गए थे क्योंकि पहले को मूर्ख समझा गया था और दूसरा ज्यूरिख पोलीटेक्नीक की प्रवेश-परीक्षा में अनुत्तीर्ण हो गया था।

रचनात्मकता के मार्ग की बाधाएँ

रचनात्मकता खुले दिमाग, उत्सुकता, करीब से देखने की योग्यता, चतुर्दिक चिंतन, द्विसंबंधता यानी बाइ-एसोसिएशन (प्रत्यक्षतः असंबद्ध कारकों के बीच संबंध का बोध), अंतर्ज्ञान, नकारात्मक निर्णय की अनुपस्थिति और अनेक आविष्कारों से पहले मौजूद रहती आई लंबी अनिश्चितता के प्रति सहिष्णुता रखने से आती है। रचनात्मक चिंतन प्रश्न से शुरू होता है और रचनात्मकता की गुणवत्ता पूछे गए प्रश्नों की गुणवत्ता से निर्धारित होती है। रचनात्मक योग्यता बढ़ाने का एक उपाय उसके मार्ग की विभिन्न बाधाओं को पहचानना और उन्हें दूर करना है। ये बाधाएँ निम्नानुसार वर्गीकृत की जा सकती हैं :

प्रत्यक्ष ज्ञानात्मक : ये बाधाएँ हमें समस्या या उसे जानने के लिए आवश्यक सूचना की स्पष्ट प्रतीति करने से रोकती हैं। एक उदाहरण ऐसे आँकड़ों को, जो वस्तुतः अपुष्ट धारणाएँ हों, तथ्यों के रूप में स्वीकार करना है।

भावनात्मक : ये बाधाएँ हमारे विचारों को अन्यों द्वारा स्वीकार्य तरीके से संप्रेषित होने से रोकती हैं। इन्हें मनोवैज्ञानिक अवरोधों के रूप में जाना जाता है। गलती होने का डर, असफलता का भय या जोखिम उठाने की अयोग्यता, जो सुरक्षा की अपरिमित आकांक्षा से पैदा होते हैं, इसके कुछ उदाहरण हैं।

सांस्कृतिक : ये बाधाएँ सांस्कृतिक प्रतिमानों के दिए गए सेट के प्रति एक्सपोजर से पैदा होती हैं। उदाहरण है यह विश्वास कि मनोरम कल्पनाओं यानी फैंटेसी में लीन रहना समय की बरबादी है, या यह कि कारण, तर्क और व्यावहारिकता

अच्छी है, भावनाएँ और अंतर्ज्ञान नहीं।

वातावरणीय : ये बाधाएँ हमारे निकटतम सामाजिक और भौतिक वातावरण द्वारा आरोपित होती हैं। सहकर्मियों में विश्वास और सहयोग का अभाव तथा केवल अपने विचारों को महत्त्व देनेवाले निरंकुश बॉस ऐसी ही दो वातावरणीय बाधाएँ हैं।

बौद्धिक : ये बाधाएँ अक्षम मानसिक तदबीरों के चयन या नए समाधानों के प्रयोग की अनिच्छा से पैदा होती हैं। उदाहरण के लिए, पूर्व में कारगर रहे समाधानों के ही प्रयोग की जबरदस्त प्रवृत्ति या संस्थांधता। संस्थांध उन्हें कहते हैं, जो किसी कंपनी-विशेष में लंबे समय तक कार्यरत रहने के कारण बाद में समस्याओं को नए नजरिये से देखने में असमर्थ हो जाते हैं।

रचनात्मकता की शैलियाँ

रचनात्मकता के मार्ग की बाधाओं को समझना जितना उपयोगी है, उतना ही उपयोगी रचनात्मकता की शैलियों को समझना भी है क्योंकि अधिकांश लोग चिंतन के मोटे पैटर्न में व्यवस्थित हो जाते हैं। विलियम मिलर के शोध के अनुसार चिंतन पैटर्नों की चार श्रेणियाँ हैं। संशोधनात्मक शैली पूछना पसंद करती है कि 'पहले कारगर रही युक्तियों में सुधार लाने के लिए हम क्या अनुकूलन कर सकते हैं?' जबकि कल्पनात्मक शैली पूछना पसंद करती है, 'आदर्श दीर्घकालिक समाधान के रूप में हम यथार्थवादी ढंग से क्या कल्पित कर सकते हैं?' प्रयोगात्मक शैली पूछती है, 'हम कौन-सी युक्तियाँ मिला और परख सकते हैं?' और अंतिम, गवेषणात्मक शैली सवाल करती हैं, 'अपनी धारणाओं को चुनौती देने के लिए हम किन रूपकों का प्रयोग कर सकते हैं?'

रचनात्मकता के लिए एक सकारात्मक वातावरण अपेक्षित है, जिसमें लक्ष्य की स्पष्टता, स्वतंत्रता, प्रोत्साहन और मान्यता उपलब्ध हो। कुछ प्रबंधकों का खयाल है कि आज की लागत-दबाववाली परिस्थितियों में रचनात्मकता एक विलासिता है। पर साक्ष्य बताते हैं कि रचनात्मक-सुधार-कार्यक्रमों के जरिये किए गए निवेश पर प्रतिफल अन्य अनेक कार्यक्रमों के जरिये किए जानेवाले निवेश पर मिलनेवाले प्रतिफल से कहीं ज्यादा होता है। कर्मचारी उनसे ज्यादा उत्पादक ही नहीं, ज्यादा संतुष्ट भी हो जाते हैं।

हर क्षेत्र में जरूरी है रचनात्मकता

कोई भी प्रथम-पंक्ति प्रबंधन या स्वप्रबंधित टीम रचनात्मकता-सुधार-कार्यक्रम अपना सकती है और इस बात पर ध्यान दिए बिना कि बाकी संगठन में क्या चल रहा है, एक प्रेरक माहौल बनाने का प्रयास कर सकती है।

ऐसे कार्यक्रमों से उदासीन रहने और भय खानेवाले मध्यम श्रेणी प्रबंधक उन्हें

ठुकरा देते हैं। लेकिन यह एक आत्मघाती नजरिया है, क्योंकि आज के अति प्रति-स्पर्धात्मक माहौल में लागत कम करने, प्रतिफल बढ़ाने और ग्राहकों को आकर्षित करने योग्य व्यवसाय करने के लिए संगठन का कार्य के हर क्षेत्र में रचनात्मक होना जरूरी है।

अधीनस्थों को जिम्मेदार बनाएँ

यह देखने में आया है कि ज्यादातर कार्यपालक कारगर ढंग से प्रत्यायोजन यानी डेलीगेशन यानी अपने कार्य, अधिकार आदि अपने अधीनस्थों को सौंपने में कठिनाई महसूस करते हैं। इसके अनेक कारण हो सकते हैं, जिनमें से कुछ इस प्रकार हैं :

1. **आत्मविश्वास की कमी :** कुछ कार्यपालक खुद को अपने काम में असुरक्षित और अनिश्चित महसूस करते हैं। उनके मन में यह डर छिपा रहता है कि यदि कनिष्ठ बेहतर काम करेंगे तो उनकी नाक कट जाएगी और स्टाफ पर से उनका नियंत्रण खत्म हो जाएगा।

2. **अति आत्मविश्वास :** कुछ कार्यपालक अपनी क्षमताओं को वास्तविकता से बढ़कर आँक लेते हैं और इसलिए ज्यादातर काम खुद ही करना पसंद करते हैं। हालाँकि कुछ कार्यपालक ऐसा इसलिए भी करते हैं, क्योंकि वे आयोजना, संगठन, समन्वय, नियंत्रण आदि वास्तविक प्रबंधकीय कार्य करने के बजाय नेमी यानी रूटीन काम करने में सुविधा महसूस करते हैं।

प्रत्यायोजन से अधिकार कम नहीं होते बल्कि काम में कुशलता बढ़ती है

3. **कनिष्ठों की क्षमताओं को कम करके आँकना :** कुछ वरिष्ठ अधिकारी डरते हैं कि उनके कनिष्ठ काम अच्छी तरह से नहीं कर पाएँगे या कुछ गलतियाँ कर बैठेंगे, जिनके लिए उन्हें (वरिष्ठों को) जिम्मेदार ठहराया जाएगा। अतः शीर्ष प्रबंधन को संभावनाशील प्रत्यायोजकों को सुरक्षित महसूस करवाकर, काम का भय और कुंठा से रहित माहौल पैदा करके और प्रत्यायोजकों को इस बात से आश्वस्त भी करके कि प्रत्यायोजन

के लिए उन्हें दंडित नहीं, पुरस्कृत किया जाएगा; ऐसे शक दूर करने के प्रयत्न करने चाहिए।

4. **भ्रांति :** अधिकांश प्रबंधकों के मन में प्रत्यायोजन का महत्त्व ही स्पष्ट नहीं होता। वे शक्ति, प्राधिकार, जिम्मेदारी और जवाबदेही में भेद नहीं कर पाते। आइए, इन शब्दों के विशिष्ट लक्षण समझें :

(क) **शक्ति बनाम प्राधिकार :** एक कार्यपालक को संगठनात्मक पदानुक्रम यानी हाइरार्की में उसकी स्थिति के नाते कुछ शक्ति दी जाती है, जिसे हम 'स्थितिमूलक शक्ति' कह सकते हैं। जब आप प्रत्यायोजन के जरिये अपने कनिष्ठों का विकास करते हैं, तो आप कुछ वैयक्तिक शक्ति प्राप्त कर लेते हैं जो आपकी स्थितिमूलक शक्ति को, और साथ ही आपकी प्रबंधकीय प्रभावोत्पादकता को भी, और सुदृढ़ करती है।

(ख) **जिम्मेदारी बनाम जवाबदेही :** जिम्मेदारी वांछित परिणाम प्राप्त करने के लिए कुछ करने या करवाने का दायित्व है। ध्यान रखें कि आप प्राधिकार तो प्रत्यायोजित कर सकते हैं पर जिम्मेदारी नहीं, क्योंकि प्रत्यायोजित करने के बाद भी आप कार्य का, जिस रूप में वह होना चाहिए उस रूप में, होना सुनिश्चित करने के लिए अपने बॉस के प्रति जिम्मेदार बने रहते हैं। आप यह जिम्मेदारी प्रत्यायोजिती यानी डेलीगेटी पर नहीं लाद सकते। किंतु आपका प्रत्यायोजिती अपनी चूकों के लिए अपने प्रति जवाबदेह बना रहता है।

प्रत्यायोजन का अर्थ

प्रत्यायोजन निश्चय ही 'काम देना' या 'जिम्मेदारी त्यागना' नहीं है। वह वैयक्तिक संबंध के निर्वाह और अच्छा संप्रेषण विकसित करने और उसे कायम रखने के कौशल की माँग करता है।

प्रत्यायोजन का मतलब अरुचिकर कामों से पीछा छुड़ाना नहीं। कोई काम कैसे और कब करना है, इसके सूक्ष्म ब्यौरे देना भी उसका मतलब नहीं। असल में, जब आप प्रत्यायोजन करते हैं तो आप प्रत्यायोजिती को अपेक्षित विवेकाधिकार और साथ ही जरूरी सहायता भी उपलब्ध कराते हैं ताकि वह मदद के लिए आपकी ओर ताके बिना महत्त्वपूर्ण निर्णय पूर्णतया स्वयं ले सके। हाँ, आपको कार्य के लिए अपेक्षित तथ्य और आँकड़े अवश्य उसे देने चाहिए। उद्देश्य और प्रत्यायोजिती से अपनी अपेक्षाएँ भी उसे स्पष्ट शब्दों में बता देनी चाहिए। यह भी अवश्य समझना चाहिए कि प्रत्यायोजन पसंद यानी च्वाइस की बात है, न कि मजबूरी, विकल्प या बाध्यता की।

प्रत्यायोजन की पूवापक्षाएँ

कारगर प्रत्यायोजन की कुछेक पूर्वापेक्षाएँ होती हैं, जैसे :

(1) **निर्णयकारिता :** प्रत्यायोजन को कारगर बनाने के लिए आपको कार्य-विशेष कब और किसे 'प्रत्यायोजित करना है--इस संबंध में सही निर्णय करना है। और इन सबसे पहले आपको खुद से पूछना चाहिए कि यह कार्य किया भी जाना चाहिए या नहीं?

इस प्रसंग में साहस सबसे ज्यादा महत्त्वपूर्ण कारक है, क्योंकि उसके बिना आप कुछ महत्त्वपूर्ण काम अपने कनिष्ठों को सौंपने का जोखिम नहीं उठा सकते। विशेष कर ऐसे काम, जिन्हें आप खुद कहीं ज्यादा बेहतर ढंग से कर सकते हों। लेकिन अपने लोगों में आपकी वास्तविक दिलचस्पी, उनके प्रति आपका सच्चा अनुराग आपको कारगर प्रत्यायोजन के जरिये उनका विकास करने के लिए प्रोत्साहित करता है।

(2) **संप्रेषण :** कारगर प्रत्यायोजन प्रभावी दुतरफा संप्रेषण की अपेक्षा रखता है। और इसके लिए आपका सही अर्थों में 'खुला' होना जरूरी है। यह दावा करने मात्र से कि आप खुले द्वार (जिसमें कभी भी कोई भी प्रवेश कर सकता है) की नीति का पालन करते हैं, काम नहीं चलेगा। आपको संदर्भों, सूचनाओं और परामर्शों के लिए खुद को मुक्त रखना होगा। सबसे बड़ी बात यह कि आपको अपना मनोवैज्ञानिक आकार घटाना होगा। अतः खुले और मुक्त बनें तथा अपने कनिष्ठों के लिए सुलभ दिखें।

लोगों को अपने साथ ज्यादा और लगातार अंतःक्रिया यानी इंटरएक्शन करने के लिए प्रोत्साहित करें। कनिष्ठों से उनके कार्य-स्थलों या डेस्कों पर जाकर मिलें, लगातार समूह-बैठकें या कार्य-भोज (वर्किंग लंच) आयोजित करें। इस तरह वे आपको बेहतर तरीके से जान सकेंगे, जो कि आपके द्वारा उन्हें जानने से कहीं ज्यादा महत्त्वपूर्ण है। अगर आपको अपने लोगों से ज्यादा मेलजोल बढ़ने का डर हो (इस कहावत के आधार पर कि अधिक मेलजोल अवज्ञा को जन्म देता है—अतिपरिचियादवज्ञा, जिसका जिक्र रहीम ने भी अपने इस दोहे में किया है—अति परिचय ते होत है अरुचि, अनादर भाय; मलयागिरि की भीलनी चंदन देत जराय), तो उसे धीरे-धीरे मन से निकाल दें? पर साथ ही अपने कनिष्ठों को अपनी दोस्ती तयशुदा (टेकन फॉर ग्रांटिड) भी न मानने दें।

(3) **कौशल :** प्रत्यायोजन एक कौशल है, जो आपके निर्णय करने के कौशल आपके कनिष्ठों को अंतरित करता है ताकि वे कोई काम स्वतंत्र रूप से, सहायता और मार्गदर्शन के लिए, आपका मुँह जोहे बिना कर सकें। प्रत्यायोजन उन्हें अपनी कल्पना और नवीनता का प्रयोग करने, अपनी समस्याएँ रचनात्मक ढंग से हल करना सीखने और स्वतंत्र व सही निर्णय लेने के लिए उत्प्रेरित कर सकता है।

(4) **अपेक्षाएँ :** प्रत्यायोजन कारगर बनाने के लिए यह आवश्यक है कि आप प्रत्यायोजिती को उच्च महत्त्व दें और उससे ऊँची अपेक्षाएँ रखें। तभी वह आपकी अपेक्षाओं पर खरा उतरने का प्रयास करेगा क्योंकि, जैसाकि पीटर्स और ऑस्टिन ने

कहा है, '...आपके आदमी उतना और वैसा ही करते हैं, जितनी और जैसी अपेक्षा आप उनसे करते हैं।' डेविड फ्रीमेंटल तो यहाँ तक कहते हैं कि 'प्रत्यायोजन इस बात की खोज है कि आपके आदमी उससे 100 फीसदी ज्यादा सक्षम हैं, जितना कि आप उन्हें समझ सकते थे।'

(5) **धैर्य :** तत्काल परिणामों की अपेक्षा न रखें। आपके कनिष्ठ मानव हैं, अतिमानव नहीं। नया काम सीखने में उन्हें वाजिब समय लगेगा। और याद रखें—उनके उत्कृष्टता हासिल कर लेने के बाद उनकी पीठ थपथपाने की प्रतीक्षा न करें। जब भी कभी वे प्रगति करें, उन्हें तकरीबन विशुद्धताओं के लिए शाबाशी दें। इससे वे और बेहतर परिणाम देने के लिए प्रोत्साहित और उत्प्रेरित महसूस करेंगे। प्रत्यायोजितों को अपने से भिन्न तरीके से बढ़ता देख धैर्य न खोएँ। क्या पता वह काम करने का कोई बेहतर तरीका विकसित कर ले! उन्हें यह महसूस कराएँ कि आप उनके साथ हैं।

(6) **विश्वास :** कारगर प्रत्यायोजन का प्रासाद विश्वास की नींव पर निर्मित होता है। आपको अपने लोगों पर विश्वास करना चाहिए और आपके लोगों को भी आप पर विश्वास होना चाहिए। प्रत्यायोजन करते समय हैंडी द्वारा प्रस्तुत 'विश्वास-नियंत्रण-दुविधा' याद रखें। हैंडी कहते हैं, और ठीक ही कहते हैं कि विश्वास और नियंत्रण की मात्रा नियत (कांस्टैंट) रहती है। अतः यदि नियंत्रण बढ़ता है, तो लोग जल्दी ही समझ जाते हैं कि उन पर कम विश्वास किया जा रहा है। इसी प्रकार, जब विश्वास बढ़ता है, तो नियंत्रण आनुपातिक रूप से अनिवार्यतः घट जाता है।

देने से घटता नहीं

प्रत्यायोजन का मतलब प्राधिकार-समर्पण नहीं है, कि जितना ज्यादा आप समर्पित करेंगे, उतना कम आपके पास रह जाएगा। उसका मतलब तो प्राधिकार निहित करना है, और जितना ज्यादा आप प्रत्यायोजन करेंगे, उतना ही ज्यादा आपके कनिष्ठ नवीनता और रचनात्मकता, अपनी उन्नति और विकास, अपने स्वाभिमान और कार्य-संतुष्टि और सबसे बढ़कर द्रुततर कार्रवाई के रूप में समर्पित करते हैं। प्रत्यायोजन आपको रूटीन के श्रम से भी बचाता है और आयोजना, संगठन, समन्वय, नियंत्रण, नीतिगत मामलों में निर्णय आदि के लिए ज्यादा समय भी उपलब्ध कराता है, जो कि प्रबंधक के रूप में आपका असली काम है।

कर्मचारियों को भी हो मूल्यों की समझ

उभरते अतिप्रतिद्वंद्वितापूर्ण माहौल में जिंदा रहने के लिए संगठनों को टेक्नोलॉजी-उन्नयन के साथ ही मानव-संसाधनों के विकास में भी समय और श्रम लगाना आवश्यक है। जापान और कोरिया की सफलता की गाथाएँ पढ़ने से पता चलता है कि वे अपनी मौजूदा हैसियत यूँ ही, संयोग से नहीं पा गए। टेक्नोलॉजी-उन्नयन के प्रयासों के साथ-साथ उन्होंने कार्यस्थल पर सही मूल्य और मनोवृत्ति विकसित करने के लिए भी बहुत प्रयत्न किए।

परिपक्व कर्मचारी ही परिवर्तित प्रणाली के प्रति निष्ठावान हो सकता है

अतः उत्पादों के गुणवत्ता, लागत, डिलीवरी और सेवा संबंधी परिमापों (पैरामीटरों) में श्रेष्ठता हासिल करने के लिए पहले संगठन में काम करनेवाले कर्मचारियों की मनःस्थिति में उल्लेखनीय बदलाव लाने का भरपूर प्रयास अपेक्षित है। कहने की आवश्यकता नहीं कि श्रेष्ठ मस्तिष्क ही सही कार्य-व्यवहार के जरिये श्रेष्ठ उत्पाद प्रस्तुत करने में समर्थ होता है। कोई काम 'पहली बार में ही ठीक तरह से करने' के लिए कहना आसान है, पर देखने की बात यह है कि उसे करवाया कैसे जाता है। 'ग्राहक को आह्लादित करनेवाली परियोजना' प्रवर्तित यानी लांच करना आसान है, पर परियोजना सफल तभी होती है जब ग्राहक आह्लादित हो भी। उस स्थिति तक पहुँचने के लिए डिजाइन से डिलीवरी के चरण तक समन्वित गतिविधियों की एक पूरी शृंखला का लगातार घटित होना जरूरी है। बीच में किसी एक भी चरण में व्यवधान आ जाए

तो परिणाम श्रेष्ठ उत्पाद या सेवा नहीं होगा।

मनःस्थिति का सर्किट-डायग्राम

आदमी का व्यवहार बदलने के लिए उसकी मनःस्थिति का 'सर्किट-डायग्राम' जानना बहुत महत्त्वपूर्ण है। व्यवहार ज्ञान-क्षेत्र और अनुभूति-क्षेत्र या मूल्य-पद्धति और मनोवृत्ति का परिणाम होता है। मानवीय व्यवहार में एक स्थायी परिवर्तन लाने के लिए संबंधित व्यक्ति की मूल्य-पद्धति के स्तर पर बदलाव जरूरी है। उदाहरण के लिए, सुझाव-फार्म में सुझाव लिखना मात्र एक कार्य है, जिसके लिए व्यक्ति की रचनात्मक योग्यता में विश्वास की प्रासंगिक मूल्य-पद्धति का मौजूद होना जरूरी है। वह आदमी में नवोन्मेष की मनोवृत्ति विकसित करने और उसे अलग हटकर सोचने के लिए प्रेरित करेगी। यह आंतरिक प्रेरणा ही वास्तव में सुझाव-फार्म लेने और उस पर सुझाव लिखने के कार्य में फलीभूत होगी। उसी समय सुझाव देनेवाले की आंतरिक प्रेरणा के प्रति मूल्य-पद्धति और पर्यवेक्षकीय स्टाफ के रवैये द्वारा उत्साह दिखाया जाना चाहिए। यदि उनमें प्रशंसात्मक मूल्य और मनोवृत्ति नहीं होगी तो सुझाव ठंडे बस्ते में डाल दिया जाएगा।

इसी प्रकार, प्रणालियों और प्रक्रियाओं का पालन करने के लिए कर्मचारियों के पास 'अनुशासन' की मूल्य-पद्धति होनी चाहिए, ताकि उनका आईएसओ-9000 की औपचारिकताओं के तहत आवश्यक प्रलेखीकरण के प्रति अनुकूल रवैया हो सके। इसके अभाव में जबरन अनुपालन का परिणाम केवल क्षोभ होगा जो छमाही 'निगरानी-ज्वर' पैदा करेगा।

कार्यस्थल पर सही मूल्य का विकास

सवाल उठता है कि कार्यस्थल पर सही मूल्य और रवैया कैसे विकसित किया जाए? यहाँ पहले यह समझना होगा कि 'मूल्य' वस्तुतः है क्या? किसी चीज को 'मूल्यवान' समझने का मतलब है उसमें दृढ़ विश्वास और उसकी हार्दिक स्वीकृति। इस विश्वास-पद्धति की नींव पर ही हमारे द्वारा जीवन में किए जानेवाले कार्यों का महल खड़ा होता है। व्यक्ति की आंतरिक विश्वास-पद्धति से विपरीत कार्य अविचल नहीं हो सकता। संगठनात्मक व्यवहार (ओबी) के प्रसंग में, कर्मचारी का बाहरी व्यवहार और कार्य उसके मूल्यों और विश्वास-पद्धति का योग होते हैं। मूल्य या तो लालन-पालन के जरिये बनाए जाते हैं या वे वातावरणीय घटकों के कारण रूपाकार पाते हैं। हम इन सब मूल्यों के साथ पैदा नहीं होते, वरन् हमारा माहौल हमें प्रभावित करता है। अगर हम समय की पाबंदी और समय-प्रबंधन का ध्यान रखनेवाले समाज में पले-बढ़े हों तो हमारा रवैया भी ऐसा ही बन जाता है।

यदि समाज में आदमी के मूल्यों को आकार देनेवाले इन कारणमूलक कारकों की तुलना ऐसा ही माहौल पैदा करने के लिए अधिकांश संगठनों में किए जानेवाले

प्रयासों से करें तो कार्यस्थल पर स्वस्थ मूल्य-पद्धति विकसित करने के प्रयासों का अभाव देखने को मिलता है। संरचनात्मक प्रशिक्षण-कार्यक्रमों के जरिये जानकारी प्रदान करने के लिए भारतीय संगठनों में किए जानेवाले प्रयासों की दृष्टि से भारत का स्थान विश्व के 49 देशों में से 44वाँ हैं। पुनः प्रशिक्षण की दृष्टि से हमारा स्थान 43वाँ है। कुछेक को छोड़कर अधिकांश भारतीय संगठनों में मानव संसाधन विभाग या प्रशिक्षण विभाग नहीं है। कामगारों को व्यावसायिक मंच पर घटित होनेवाली घटनाओं से अवगत कराने की बहुत कम कोशिश की जाती है। प्रासंगिक जानकारी और सही सूचना के अभाव में कामगार यही नहीं समझ पाते कि आईएसओ-9000, टीक्यूएम, बीपीआर आदि अवधारणाओं की चर्चा किस प्रसंग में जारी है। चूँकि उनके संगठन के अस्तित्व को कोई खतरा नहीं है, अतः उनके कार्यस्थल पर बदलाव लाने की जहमत उठाने के लिए कोई प्रेरित नहीं होता। कहना अनावश्यक है कि सुविज्ञ, परिपक्व कर्मचारी ही परिवर्तित प्रणाली के प्रति पूर्ण निष्ठावान हो सकता है, जो कि श्रेष्ठ उत्पाद और सेवाएँ उत्पादित या प्रस्तुत करने की दृष्टि से बहुत महत्त्वपूर्ण है। मानवीय कार्य के प्रेरक तत्व हैं : कष्ट या सुख। हम सब या तो कष्ट से बचने के लिए या फिर सुख पाने के लिए काम करते हैं। उदाहरण के लिए, संगठनात्मक प्रसंग में या तो कर्मचारी उपस्थिति-बोनस (सुख) अर्जित करने के लिए समय पर आता है या आरोप-पत्र (कष्ट) से बचने के लिए। मानवीय मस्तिष्क आसानी से कष्ट या सुख का स्रोत ढूँढ़ सकता है और तदनुसार कार्य कर सकता है। दूसरे शब्दों में, अगर कोई मौजूदा हैसियत को सुख समझता है तो वह अपना वर्तमान व्यवहार-पैटर्न नहीं बदलेगा।

उदाहरण के लिए, फैक्टरियों में कोटा-सिस्टम का मुद्दा लें, जहाँ कामगार लगभग 5-6 घंटे में यूनियन के समझौते के मुताबिक निर्दिष्ट संख्या में कंपोनेंट्स उत्पादित करते हैं और बाकी समय यूँ ही गँवा देते हैं। उनके अनुसार वर्तमान कार्यभार सुविधाजनक (सुख) है, इसलिए वे उत्पादन की इस प्रवृत्ति से डिलीवरी में देरी और लागत में बढ़ोतरी होगी और अंततः संगठन बाजार में अपनी पैठ खो देगा, तब तक वे 'कष्ट' को मौजूदा स्थिति से नहीं जोड़ेंगे। जब तक उनकी अनुभूति के स्तर पर बदलाव नहीं आएगा, तब तक उत्पादकता में सुधार की उनका दिली समर्थन नहीं मिलेगा। उन्हें यह भी अहसास कराना होगा कि उत्पादकता, गुणवत्ता, डिलीवरी और सेवा के परिमापों में सुधार के लिए किए जानेवाले समस्त प्रयास वर्तमान में कष्टदायी होने के बावजूद भविष्य में उनके संगठन को श्रेष्ठ उत्पादों और सेवाओं वाला अति प्रतियोगी संगठन बनाने का सुख सृजित करेंगे। अंतिम सुख की यह आशा और धारणा उन्हें बीपीआर, जेआईटी, टीक्यूएम आदि के जरिये बदलाव की प्रक्रिया को स्वीकारने के लिए प्रेरित करेगी।

जरूरी उपाय

इसके लिए संगठनों को अपने कर्मचारियों को मूल्यचालित बनाने के वास्ते भरसक प्रयास करने चाहिए। श्रेष्ठ गुणवत्ता, ग्राहक की परवाह, रद्दी उत्पादों की संभावना का समाधान, लागत में कमी, रचनात्मकता, मानवीय उत्कर्ष, टीम-भावना—ये सब मूल्य हैं। इन मूल्यों की बुवाई के लिए व्यवस्थित प्रयास अपेक्षित हैं। गुणवत्ता, सुरक्षा, सुझाव और सफाई-सप्ताह जैसे आयोजन इसमें सहायक सिद्ध होते हैं। किंतु अनेक संगठनों में ये आयोजन रस्मी बनकर रह गए हैं। बहुत कम लोग इनमें भाग लेते हैं। उत्पादन का दबाव होता है तो इन्हें स्थगित या रद्द भी कर दिया जाता है। संगठन में गुणवत्ता, लागत, डिलीवरी और सेवा के परिमापों में उल्लेखनीय बदलाव लाने के लिए कर्मचारियों की मूल्य-पद्धति, मनःस्थिति और रवैये में निदर्शनात्मक बदलाव जरूरी है। इसके लिए संगठनों को सतत आधार पर निम्नलिखित उपाय करने चाहिए :

1. व्यवस्थित तरीके से प्रशिक्षण के प्रयासों में वृद्धि करें। संगठनों को प्रशिक्षण के लिए कम से कम 8-10 श्रम-दिवस प्रति कर्मचारी प्रति वर्ष का लक्ष्य रखना चाहिए।

2. उच्चाधिकारियों और प्रबंधकों को न केवल तकनीकी जानकारी, बल्कि नेतृत्व और अंतर्वैयक्तिक कौशलों की जानकारी भी दी जानी चाहिए।

3. संप्रेषण में पारदर्शिता और हिस्सेदारी होनी चाहिए। विभिन्न स्तर के कर्मचारियों-अधिकारियों को संगठन के भीतर-बाहर की उन घटनाओं से अवगत कराने के लिए, जो कि उन्हें प्रभावित करती हैं, एक प्रतिसूचना-तंत्र होना चाहिए।

इसके अभाव में संगठन व्यवहार की तात्कालिक चतुराई यानी मैनिपुलेशन के जरिये श्रेष्ठ उत्पाद और सेवाएँ उत्पादित या प्रस्तुत करने के लिए संघर्ष करते रहेंगे और अंततः विफल हो जाएँगे।

जरूरतें पूरी न होना कुंठा पैदा करता है

अभिप्रेरणा व्यक्ति या किसी अन्य प्राणी के भीतर की उस स्थिति को निर्दिष्ट करता है जो उसे किसी लक्ष्य की दिशा में व्यवहार के लिए प्रेरित करती है। यह प्रेरणा सदैव किसी आवश्यकता या 'किसी इच्छित वस्तु के अभाव' से उत्पन्न होती है। अतः अभिप्रेरणा का आधार भूख, प्यास, संबंध जैसी आवश्यकताएँ और साथ ही राजनीतिक महत्त्वाकांक्षा, मानवता की सेवा करने की इच्छा या अपने परिवेश पर प्रभुत्व जमाने की आवश्यकता जैसे दीर्घकालिक प्रयोजन हैं। कॉरपोरेट परिप्रेक्ष्य में अभिप्रेरणा संगठनात्मक लक्ष्यों की पूर्ति के लिए प्रयास करने की इच्छा है। और, अभिप्रेरित कर्मचारियों के बिना कोई फर्म उत्पादक नहीं हो सकती।

उत्पादकता बढ़ाने के लिए प्रबंधन को कर्मचारियों की जरूरतों का पता लगाना चाहिए

कुछ प्रबंधक कर्मचारियों को पुरस्कार, दंड या औपचारिक प्रधिकार यानी अथॉरिटी के प्रयोग से अभिप्रेरित करने की कोशिश करते हैं। पर अभिप्रेरणा इससे कहीं ज्यादा जटिल हैं। उसमें परिवार, टीम-वर्क, विविधता, उन्नति, सीखना, वेतन और अन्य लाभ जैसी बहुत-सी चीजें आती हैं।

जरूरतों का ज्ञान

उत्पादकता बढ़ाने के लिए प्रबंधकों को कर्मचारियों की जरूरतों का पता लगाना चाहिए और उन्हें पूरा करने के तरीके खोजने चाहिए। अभिप्रेरणा की डिग्री भी उल्लेखनीय भूमिका अदा करती है। जब ऊपरी तंत्र से दंड, ग्रेड या मूल्यांकन की

धमकी द्वारा कुछ अभिप्रेरणा थोपी जाती है (जो पर्याप्त सबल नहीं होती), तो कार्रवाई तो होती है और परिणाम भी निकलते हैं, पर वांछित रूप से नहीं। मौजूदा जरूरतों का पूरा न होना कुंठा पैदा करता है और लोगों को बगावत करने या काम छोड़ने पर बाध्य करता है।

आज नियोक्ता या संगठन की तुलना में काम अपने-आपमें ज्यादा महत्त्वपूर्ण बन चुका है। कार्यपालक आज ऐसे चुनौतीपूर्ण कार्यों में रुचि रखते हैं, जिनमें वे अपने दिमाग का इस्तेमाल कर सकें। जोखिम का होना अच्छा और रोमांचक समझा जाता है, यहाँ तक कि जोखिमरहित आसान कामोंवाले सरल जॉब अब अभिप्रेरित नहीं करते। विविधता शब्द अभिप्रेरणा और रोमांच पैदा करता है।

योगदान करने की आकांक्षा

कामगार, कार्यपालक और प्रबंधक आज नीतियों, नियमों और विनियमों, लक्ष्यों और जॉब-संबंधी अन्य मामलों में अपना दखल चाहते हैं। पुराने जमाने की तरह अधीनस्थों को नियंत्रित करने के लिए शक्ति नहीं, बल्कि निर्णय लेने, काम करने और सेवा प्रदान करने का प्राधिकार लोगों को बहुत अभिप्रेरित करता है। पहिए के दाँत होने जैसी एकरस भूमिका में कर्मचारियों को मजा नहीं आता। वे जोखिम लेने, निर्णय करने और चीजें डिलीवरी को प्राथमिकता देते हैं। अतः बहुमूल्य योगदान करने अर्थात् मूल्य बढ़ाने की आवश्यकता जॉब हासिल करने और नियमित आय अर्जित करने की आवश्यकता से ज्यादा जोरों से महसूस की जा रही है।

आज के कामगार परंपराओं या अपने वरिष्ठों के पदचिन्हों का अनुसरण करने के बजाय अपनी खुद की रणनीतियों के साथ काम करने में दिलचस्पी लेते हैं। युवा कार्यपालक आज व्यक्तित्व और अलग पहचान की जरूरत ज्यादा महसूस करते हैं। कड़ा पर्यवेक्षण और अपनी खुद की कार्यशैली या रणनीति की निरंतर जाँच 'साइडलाइन' किए जाने का अहसास जगाती है और खराब निष्पादन का कारण बनती है।

नवीनता और रचनात्मकता आज लोगों की महत्त्वपूर्ण आवश्यकताएँ बन गई हैं—कर्मचारी ऐसी नौकरियाँ छोड़ने में हिचकते नहीं, जिनमें उनके लिए कोई स्कोप नहीं होता। वे अपने सुझाव और नई युक्तियाँ सुनी जाना चाहते हैं। वे अपने दल/संगठन के लक्ष्य हासिल करने के लिए नई, बेहतर और प्रभावी रणनीतियाँ लागू करने में रुचि लेते हैं।

लक्ष्यों का सामंजस्य

आज के अधिकांश कर्मचारी अपने लिए स्पष्ट लक्ष्य रखते हैं। वे जानते हैं कि अब वे पाँच वर्ष बाद क्या बनना चाहते हैं या दस साल बाद वे क्या करना चाहेंगे।

इन व्यक्तिगत लक्ष्यों का उस संगठन के लक्ष्यों से सामंजस्य होना चाहिए, जिसमें वे कार्यरत हैं।

जॉब-प्रोफाइल का आदमी की अभिरुचि के अनुरूप होना भी जरूरी है। विकास की अभिरुचिवाले किंतु शिक्षण के प्रति रुझान न रखनेवाले सॉफ्टवेयर-परामर्शदाता को अगर प्रशिक्षण-फैकल्टी बना दिया जाए तो वह अभिप्रेरित नहीं होगा, जबकि शिक्षण में रुचि रखनेवाला कोई अन्य परामर्शदाता प्रशिक्षण-फैकल्टी बना दिए जाने पर बहुत ज्यादा अभिप्रेरित हो जाएगा।

आज के कामगारों/कार्यपालकों में अपने वैयक्तिक विकास के लिए कौशल बढ़ाने की इच्छा भी बलबती होती जा रही है। कक्षाओं में रहना और सीखना हमेशा बहुत लज्जत भरा अनुभव रहता है। कर्मचारी संगठन में जॉब-सुरक्षा के बजाय नए कौशलों के प्रशिक्षण और विकास के लिए प्रतीक्षारत रहते हैं। प्रशिक्षण और विकास रोजाना की एकरसता और कार्य के दबाव से छुट्टी भी दिलाते हैं। प्रशिक्षण और विकास के अभाव में कर्मचारी विप्रेरित महसूस करते हैं और अपने नियोक्ता को अपना सर्वोत्तम योगदान देने में असमर्थ रहते हैं। अतः आज के कर्मचारी अपने संगठन को बहुमूल्य योगदान देने के लिए अपने मूल्य अर्थात्, योग्यता में बढ़ोतरी करते रहना चाहते हैं।

क्षमा भी प्रेरित करती है

कर्मचारी जिस प्रकार जोखिम-भरे चुनौतीपूर्ण कार्य दिए जाने की अपेक्षा करते हैं, वैसे ही वे इस प्रक्रिया में होनेवाली किसी गलती के लिए क्षमा किए जाने की जरूरत भी महसूस करते हैं। गलतियों की ओर ध्यान दिलाया जाना उन्हें अच्छा नहीं लगेगा, बल्कि वे अपनी गलतियों से सीखकर अपना विकास करना चाहेंगे। गलतियाँ माफ या नजरअंदाज कर दिए जाने पर कर्मचारी अभिप्रेरित होते हैं और बेहतर कार्य करते हैं। इसके विपरीत जब बॉस अतीत में हुई गलतियों का बार-बार उल्लेख करता है, तो कर्मचारी क्षमा न किए जाने पर भीतर ही भीतर कुंठित महसूस करते हैं और क्रुद्ध होते हैं। इससे घटिया निष्पादन→दोषारोपण→और घटिया निष्पादन→और दोषारोपण का दुष्चक्र शुरू हो जाता है।

चुनौती-भरे कठिन काम करने और जोखिम लेने के बदले में आज का कर्मचारी एक उच्च जीवनस्तर बनाना और कायम रखना चाहता है। चूँकि निर्वाह-व्यय बहुत ज्यादा बढ़ गया है, अतः कर्मचारी ऊँचे वेतन और कपड़ा-भत्ते से लेकर कार और छुट्टी-यात्रा-सहायता आदि विविध सुविधाएँ यानी पर्क्स/अनुषंगी लाभ चाहते हैं।

वे देश के अन्य संगठनों, यहाँ तक कि विदेशों में कार्यरत अपने समकक्ष कर्मचारियों से अपनी तुलना करते हैं और अपने परिवार को हर तरह की सुविधाएँ और विलासिताएँ उपलब्ध कराना चाहते हैं। वैसे भी, कुछ समय पहले जो विलासिता

थी, आज वही अनिवार्यता बन चुकी है। आज कर्मचारी उन्हीं संगठनों में जाना चाहेंगे, जो उन्हें ये सुविधाएँ प्रदान करेंगे और उन संगठनों को छोड़ना चाहेंगे, जहाँ उन्हें ये सुविधाएँ नहीं मिलेंगी।

निजी जिंदगी के लिए समय

रोमांचक कैरियर के अलावा आज के कर्मचारी अपने लिए गुणात्मक समय की भी बहुत जरूरत महसूस करते हैं—समय, जो व्यक्तिगत रूप से बिताया जा सके; अपनी प्रिय गतिविधियों पर, चाहे वह अध्ययन हो, लेखन हो, पेंटिंग हो, खेल-कूद हो, फिल्म देखना हो, या परिवार और मित्रों के साथ समय बिताना हो। इस मामले में अपने प्रति निष्ठा नियोक्ता या संगठन के प्रति निष्ठा पर वरीयता प्राप्त कर लेती है। दिन-भर काम में पिसे रहनेवाले और निजी गतिविधियों के लिए जरा भी समय न पानेवाले कर्मचारी जल्दी ही विप्रेरित हो जाते हैं। उत्प्रेरक कारक के रूप में खुद काम जितना महत्त्वपूर्ण है, उतना ही महत्त्वपूर्ण उच्च जीवन-स्तर, आराम, स्वास्थ्य और परिवार के लिए समय भी है। यदि कोई संगठन अपने कर्मचारियों को काम के बोझ से लाद देता है और उसके अपने निजी जीवन के लिए कोई समय नहीं छोड़ता, तो निष्पादन यथेष्ट नहीं होगा। यदि ऐसे कर्मचारी लंबे समय तक काम करते भी हैं, तो उनमें पैदा होनेवाला असंतोष और क्षोभ लक्ष्यों को समग्र आयामों में हासिल नहीं होने देगा।

कर्मचारियों का यह संदेश अवश्य मिलना चाहिए कि उनके कठिन परिश्रम और बहुमूल्य योगदान के बदले में संगठन भी उनकी परवाह करता है। स्पष्ट रूप से निर्धारित और ईमानदारी से कार्यान्वित किए जानेवाले संगठनात्मक मिशन, मोटो और मानदंड भी उनमें अपनत्व पैदा करेंगे। शिकायतों का तुरंत निवारण और समस्याओं का शीघ्र समाधान कर्मचारियों में लगाव और वांछित होने की भावना जगाएँगे।

कामगार उच्चतर उत्पादकता हासिल कर सके, इसके लिए इन तीन तत्त्वों को अलग कर हर कामगार को अभिप्रेरित करने के लिए तैयार किए जानेवाले पैकेज में रखा जाना चाहिए : कर्मचारी की विशिष्ट इच्छाएँ-आवश्यकताएँ, इन इच्छाओं की पूर्ति की संभावना और उनकी पूर्ति की समय-सीमा।

निष्पादन से जुड़ा प्रतिफल

कारगर प्रतिफल-प्रणाली द्वारा प्रतिफल को निष्पादन से जोड़ना चाहिए। ज्यादा परिश्रम और ज्यादा या बेहतर उत्पादन करनेवाले कामगारों को घटिया निष्पादकों से ज्यादा प्रतिफल मिलने चाहिए। साथ ही, प्रतिफल-प्राप्ति के मानदंड स्पष्ट होने चाहिए और कामगारों को पता होना चाहिए कि उन्हें निष्पादन, गुणवत्ता, नवीनता, प्रयास और उपस्थिति के लिए प्रतिफल मिलेंगे। जरूरत पड़ने पर अलग-अलग

व्यक्तियों के साथ अलग-अलग तरह से व्यवहार किया जाना चाहिए।

प्रबंधक को यह सुनिश्चित करना चाहिए कि कामगार प्रतिफलों के वितरण को न्यायसंगत समझे। अंत में, योग्य और दक्ष कर्मचारियों को आकर्षित व अभिप्रेरित करने और बनाए रखने के लिए संगठनों द्वारा उन्हें प्रतिस्पर्धियों के तुल्य प्रतिफल अवश्य पेश करने चाहिए।

कुशल संवाद से प्रभावशाली प्रबंधकीय व्यवहार

बॉस-अधीनस्थ संबंध एक निरंतर चलनेवाला संबंध है। मूलतः यह एक सहायता-संबंध है, क्योंकि दोनों को ही संगठन द्वारा निर्धारित कतिपय लक्ष्य हासिल करने के लिए मिलकर काम करते हुए यथासंभव प्रसन्नता के साथ एक-दूसरे की सहायता करनी होती है।

संबोधन का रूप

तो शुरू से ही आरंभ करें। अधीनस्थ को संबोधित कैसे किया जाए, अभी-अभी पदभार ग्रहण करनेवाले बॉस के लिए यह भी अपने-आपमें एक महत्त्वपूर्ण बात है। किसी स्थिति के बारे में सही सहजबोध रखनेवाले प्रबंधक को तय करना होगा कि वह अपने अधीनस्थ को उसके पहले नाम से पुकारे या कुलनाम यानी सरनेम से। इसी तरह प्रबंधक को यह भी तय करना होगा कि अधीनस्थ उसे किस तरह संबोधित करेगा। बॉस-अधीनस्थ संबंध विकसित होने के बाद बॉस के लिए अधीनस्थ को उसके पहले नाम से पुकारना उचित प्रतीत होता है। इसके लिए बॉस को इस संबंध का मूल्यांकन करना होगा और तदनुसार यथोचित निर्णय लेना होगा।

कुशल संवाद कठिन तो है लेकिन संतोषजनक परिणाम भी देता है

यह भी हो सकता है कि बॉस कुछ अनौपचारिकता प्रदर्शित करने के लिए अधीनस्थ को संबंध की शुरुआत से ही उसके पहले नाम से संबोधित करना चाहे। यदि ऐसा सहज-स्वाभाविक ढंग से किया जाए, तो कोई बात नहीं। लेकिन कृत्रिम अनौप-

चारिकता को अधीनस्थ नकारात्मक ढंग से ले सकता है और उसका बुरा मान सकता है। यहाँ यह जानना मददगार होगा कि बॉस की उपस्थिति में अधीनस्थ खुद किस तरह पेश आता है। क्या वह बॉस के प्रति अपने आचरण में मैत्रीपूर्ण है या संकुचित और औपचारिक? क्या वह 'जी, श्रीमान' यानी 'यस सर' और कभी-कभी 'बॉस' भी कहता है? और इसे वह किस तरह कहता है—फुसफुसाकर, सुने जा सकनेवाले स्वर में या जोर से?

शब्द-शक्ति का ज्ञान

सामान्यतः कार्यालय का विन्यास औपचारिक होता है और उस परिप्रेक्ष्य में अकसर अनौपचारिकता का मिश्रण रहता है। समय बीतने के साथ-साथ कार्यालय की स्थिति में औपचारिकता और अनौपचारिकता का सही सम्मिश्रण विकसित हो जाता है। कुशल संवाद यानी स्किल्ड डायलॉग भी औपचारिकता और अनौपचारिकता का मेल ही होता है। शब्दों में एक खास ताकत होती है और प्रबंधकों को संगठनात्मक विन्यास में अपने और संगठन, दोनों के लाभ के लिए शब्दों का सही प्रयोग अवश्य सीखना चाहिए। एक ही शब्द का अलग-अलग आदमियों के लिए अलग-अलग अर्थ हो सकता है। उदाहरण के लिए 'अत्यावश्यक' यानी 'अर्जेंट' शब्द का बॉस के लिए मतलब होगा—प्राथमिकता, आपातस्थिति, चिंता और अधीनस्थ के लिए उसका बिलकुल अलग ही मतलब हो सकता है—सिरदर्द, चिढ़, नाराजगी, असुविधा। अतः प्रबंधक के लिए संगठनात्मक अन्योन्याक्रिया (इंटरएक्शन) में निम्नानुसार 'कुशल संवाद' प्रयुक्त करना आवश्यक है :

(क) सही भाषा (हमारे देश में हिंदी के अलावा स्थानीय भाषा और अंग्रेजी) में सही शब्द का प्रयोग करके,

(ख) अपने लहजे में उचित वैविध्य उत्पन्न करके,

(ग) कर्मचारी से उसे देखते हुए बात करके (चक्षु-संपर्क),

(घ) अंग-चेष्टाओं (सिर, हाथ आदि हिलाना) के अति उपयोग से बचकर और उचित भौतिक नजदीकी/दूरी रखकर, और

(ङ) शब्दों का एक-सा प्रवाह कायम करके (शब्दों की रेलमपेल न करके)।

भावनाओं की समझ

कुशल संवाद में शब्दों के अलावा भावनाओं की समझ भी शामिल होती है। मान लीजिए कि अधीनस्थ बॉस से कहता है, 'मैं रोज-रोज आँकड़ों का काम करके थक गया हूँ।' यहाँ कर्मचारी, अपने तरीके से, बॉस को एक खास भावना संप्रेरित करना चाहता है। यदि प्रबंधक इस पहलू से परिचित है तो वह तेजी से उस पर विचार करके सही प्रतिक्रिया व्यक्त करने का मार्ग ध्यान रखेगा, वरना वह कहेगा, 'इस दफ्तर में तुम अकेले ही तो आँकड़ों का काम नहीं कर रहे' या 'तो तुम फिर

शिकायत करने लगे, ऊँह!' बल्कि यहाँ तक कि 'एक वाणिज्यिक प्रतिष्ठान में तुम और कर ही क्या सकते हो?' दूसरी ओर, संवेदनशील प्रबंधक अपने कनिष्ठ के शब्दों में निहित भावनाओं को समझने की कोशिश करेगा और शायद यह कहेगा, 'अच्छा, तो आँकड़ों के काम से तुम बोर हो गए' या 'तुम इसमें अभी रम नहीं पाए हो।'

'तुम'-कथन

अतः कुशल संवाद का पहला सिद्धांत है पूर्वग्रहरहित 'तुम'-कथन जैस कि ऊपर कहे गए हैं। हममें से ज्यादातर 'तुम'-कथनों के बजाय, 'मैं'-कथन प्रयुक्त करते हैं। ऐसी स्थिति में बल 'मैं' पर रहता है। जाने-अनजाने 'तुम' को कम और 'मैं' को ज्यादा महत्त्व दे दिया जाता है। 'मैं समझता हूँ, तुम इससे बेहतर कर सकते थे'—कहने का यह भी एक तरीका हुआ पर बेहतर तरीका यह होगा, 'तुमने बहुत कोशिश की। शायद थोड़ी और आयोजना से बात बन जाती।' इसी तरह 'मैं समझता हूँ, तुम नर्वस हो' जैसा कथन 'तुम इस वक्त नर्वस लगते हो' जैसे संक्रेंद्रित कथन से बदला जा सकता है। यह आवश्यक है कि 'तुम'-कथन पूर्वग्रह/निर्णय से मुक्त हों। 'तुम'-कथनों का प्रयोग करने के लिए प्रबंधक को अपनी प्राथमिकताएँ व मूल्य अलग रखने होंगे, वरना वे गलत तरीके से संवाद में घुसपैठ कर अधीनस्थ पर नकारात्मक प्रभाव छोड़ सकते हैं।

पूर्वग्रह छोड़ने के लिए प्रबंधक को अपने पूर्वग्रह जानने होंगे। यह आत्मविश्लेषण और विश्वस्त लोगों की प्रतिक्रियाओं के विवेचन से संभव है। यह एक उपयोगी व्यायाम है बशर्ते अकसर किया जाए। प्रबंधक द्वारा अपने क्रोध पर नियंत्रण रखना और फलतः व्यर्थ छिद्रान्वेषी न बनना संवाद का एक अन्य कौशल है। उदाहरण के लिए, ये छिद्रान्वेषी संवाद होंगे, 'क्या तुम कभी समय पर नहीं आ सकते?', 'क्या तुम घर पर भी ऐसा ही व्यवहार करते हो?', 'तुम सही तरह से काम करना कब सीखोगे?' क्रोध की सीधी अभिव्यक्ति के बजाय संवादों में 'प्रच्छन्न क्रोध' या 'ताना' भी मौजूद हो सकता है, जैसे, 'ओह, समझा! लगता है, मुझे तुमसे सीखना पड़ेगा' या 'बड़ी मेहरबानी की जो आज दफ्तर आने का कष्ट किया'।

गुस्से का इजहार

प्रबंधक को ध्यान रखना चाहिए कि गुस्सा अपनी ही लाचारी का द्योतक होता है। सतत क्रोध-भावना हमारी अनसुलझी गुत्थियों की ओर भी इशारा करती है। जो बच्चे अपने माता-पिता के प्रति अपने गुस्से का इजहार नहीं कर पाते, उनके अनेक वर्षों बाद कार्यालय में अपने अधीनस्थों या उम्र में छोटे लोगों या सामाजिक संदर्भ में, नौकरों आदि के प्रति गुस्सा जताने की संभावना रहती है।

क्रोध की सशक्त भावना को नियंत्रित करने का कौशल मूलतः 'आत्म-नियंत्रण'

कौशल है, जिसका अभ्यास प्रबंधकों के लिए आवश्यक है। बल्कि सच तो यह है कि चूँकि गुस्सा हम सभी को आता है और हममें से अधिकांश दूसरों को ताने देने, उनका उपहास करने, मिथ्या टिप्पणी तक करने, यहाँ तक कि उनकी निंदा करने, उनके बारे में निर्णय तक देने के मौके नहीं चूकते और दुष्परिणाम भुगतते हैं, अतः हर आदमी इस कौशल के अभ्यास से लाभान्वित हो सकता है।

सवाल उठता है कि 'फिर प्रबंधक को अपना जायज गुस्सा कैसे अभिव्यक्त करना चाहिए?' वस्तुतः उसे अधीनस्थ की क्रोध झेलने की क्षमता के आधार पर उपयुक्त रूप से अपना गुस्सा जाहिर करना चाहिए। इस कौशल का बारंबार अभ्यास करके प्रबंधक देरी से आनेवाले अधीनस्थ से कह सकता है, 'तुम कतिपय कारणों से देरी से आ रहे हो, पर तुम्हें समय पर अपनी सीट पर बैठे देखने की मेरी जरूरत भी समझनी होगी' या 'तुम्हारे देर से आने की आदत मेरे लिए समस्या खड़ी कर रही है, मैं तुम्हें बताना चाहता हूँ कि मैं तुमसे गुस्सा हूँ।'

यदि गुस्से की उचित अभिव्यक्ति नहीं की जाती, तो वह इकट्ठा होता रहता है और फिर रोजाना तानाशाही, छिद्रान्वेषण, पूर्वग्रह-प्रदर्शन के रूप में प्रकट होता है। कालांतर में ऐसे प्रबंधक एक आलोचनात्मक संवाद-शैली विकसित कर लेते हैं।

अनावश्यक आँकड़े न माँगें

संवाद का तीसरा कौशल है कर्मचारी से बात करते हुए सर्वथा उचित आँकड़े ही चाहना, वरना बातचीत विशुद्ध जानकारी में तबदील हो सकती है और कर्मचारी को, जो कि स्वयं को अंतहीन आँकड़े पेश करता हुआ पाता है, संतप्त कर सकती है। ऐसी बातचीत कुछ इस प्रकार चलती है, 'तुम कितने बजे दफ्तर के लिए चले? रास्ते में क्या हुआ? क्या तुम अपनी कलाई-घड़ी देखना भूल गए? क्या तुम वाहन चलाते समय कल्पनाओं में खो गए थे?' प्रबंधक ऐसे सवाल पूछने की जरूरत का मूल्यांकन किए बिना सवाल पर सवाल पूछता जाएगा।

अवांछित परामर्श न दें

कुशल संवाद की एक अन्य किस्म है प्रबंधक द्वारा तभी सलाह देना, जब वह अपेक्षित हो। बहुत-से अनुभवी और वरिष्ठ प्रबंधक अवांछित परामर्श देने का लोभ सँवरण नहीं कर पाते; बल्कि कनिष्ठ के अपनी बात पूरी करने से पूर्व ही वे सलाह देना शुरू कर देते हैं। यथा, 'समय पर दफ्तर आने के लिए तुम्हें सुबह जल्दी उठना जरूरी है', 'तुम्हें रात को जल्दी से सो जाना चाहिए ताकि सुबह जल्दी उठकर तुम दफ्तर के लिए तैयार हो सको', 'तुम्हें देर रात के टीवी-कार्यक्रम हरगिज नहीं देखने चाहिए, वरना तुम देर से सो पाओगे और सुबह जल्दी नहीं उठ पाओगे', 'तुम्हें शाम सात बजे रात का खाना खा लेना चाहिए, वरना देर से खाना खाने पर तुम्हारी नींद का हर्जा होगा और सुबह तुम देर से उठ पाओगे।'

बड़े ही नहीं, बच्चे भी अवांछित परामर्श पसंद नहीं करते। दफ्तर के संदर्भ में, कर्मचारी को प्रबंधक द्वारा सिर्फ इसलिए परोसी गई सलाह, कि वह उसका बॉस है और उम्र व अनुभव में बड़ा है, बदहजमी कर सकती है। अनावश्यक सलाह देने की इच्छा पर काबू रखने के कौशल का अभ्यस्त होने के लिए प्रबंधक को खुद से पूछना होगा कि उसे सलाह देने की क्या जरूरत है? इस परामर्शदायी व्यवहार से बचने के लिए गंभीर आत्मालोचन और आत्मविश्लेषण जरूरी है। कौशल इस व्यवहार के घटित होने से पूर्व ही उसे जान लेने और उस पर स्वयं रोक लगाने में निहित है।

कुशल संवाद प्रबंधकीय प्रभावोत्पादकता का एक अनिवार्य अंग है। इसका प्रयोग शुरू करके ही प्रबंधक जान पाता है कि वह कितना कठिन किंतु कितना संतोषप्रद है।

ज्यादा योगदान करते हैं प्रेरित कर्मचारी

प्रबंधक और श्रमिक, अधिकारी और मातहत तथा मालिक और नौकर के संबंधों के धागे बहुत महीन होते हैं

प्रबंधक और श्रमिक, अधिकारी और मातहत तथा मालिक और नौकर के संबंध हमेशा ही समस्याएँ पैदा करते रहे हैं और आज भी स्थिति भिन्न नहीं है। परिस्थितियों और वातावरण आदि को ध्यान में रखते हुए इस समस्या को हल करने के अनेक प्रयास किए जाते रहे हैं, आज भी किए जा रहे हैं, पर यह समस्या ऐसी है कि इसके एक पहलू को हल करो तो यह दूसरी तरफ से दूसरे रूप में उभरकर सामने आ जाती है।

इसलिए मालिक, अधिकारी और प्रबंधक को काम करवाने के नए-नए तरीके सोचने पड़ते हैं। पर एक बात निश्चित है कि जो प्रबंधक या मालिक या अधिकारी अपने मातहतों या नौकरों या कर्मचारियों या श्रमिकों को काम के लिए प्रेरित कर सकता है, वह उनसे अपेक्षाकृत अधिक काम ले सकता है।

काम से प्यार

हर किसी को जीवन-यापन के लिए कुछ न कुछ काम करना पड़ता है। यह अपना काम हो सकता है, या वेतन के बदले दूसरों का काम किया जा सकता है। काम के बारे में आधारभूत तथ्य है कि जब हम किसी काम को प्रेम से करते हैं तो हम उसे बिना रुके अधिक समय तक कर सकते हैं। काम में प्यार का पुट आ जाने से किए गए काम की मात्रा तो बढ़ती ही है, उसकी गुणवत्ता में भी सुधार होता है।

इसलिए यदि हम चाहते हैं कि हमारे नौकर, श्रमिक, कर्मचारी,

मातहत हमें अधिक काम व उत्पादन दें, तो हमें ऐसा कुछ करना होगा कि उनमें काम के प्रति प्यार की भावना जागे। इससे उत्पादन अपने-आप ही बढ़ेगा।

बदली नहीं जा सकती आदत

यदि प्रबंधक चाहता है कि उसके कर्मचारी अच्छा और अधिक काम करें तो उचित है कि वह अपने कर्मचारियों के बारे में जानकारी प्राप्त करे। तभी वह जान सकता है कि किस कर्मचारी को किस तरह प्रेरित किया जा सकता है। एक बात स्पष्ट तौर से याद रखनी चाहिए कि कर्मचारियों की आदतों को बदला नहीं जा सकता।

जब लोग कोई भी काम करना शुरू करते हैं, तब तक उनकी उम्र बीस वर्ष से अधिक हो जाती है। तब तक परिस्थितियाँ, वातावरण, शिक्षा, संगति, संस्कार—ये सब मिलकर उसे एक साँचे में ढाल देते हैं। उसकी आदतें और जीवन के प्रति दृष्टिकोण पक्के हो चुके होते हैं। आदत तो सीमेंट-ब्लॉक की नाईं होती है। अतः आप कितना भी प्रयास क्यों न करें, अपने कर्मचारियों को अपने मुताबिक नहीं बना सकते। उनकी अपनी विशेषता रहेगी।

इसलिए यह मानकर चलना चाहिए कि मात्र दबाव से किसी को बदला नहीं जा सकता। वे वैसे ही रहेंगे, जैसे वे हैं। काम उन्हीं से लेने की बात है। कैसे? यह प्रबंधक पर निर्भर करता है। जो प्रबंधक मातहत को प्रेरित करने की कला में निपुण होगा, वह उतना ही अधिक और अच्छा काम ले सकता है।

उचित वेतन

कर्मचारी दफ्तर में और श्रमिक कारखाने में अपने जीवन-यापन के लिए धन कमाने आते हैं। अतः उचित वेतन और कभी-कभी अतिरिक्त धन एक आधारभूत प्रेरक तत्त्व बन जाता है। जब कार्य के बदले उचित वेतन नहीं दिया जाता, तो कर्मचारी उत्पादन बढ़ाने में मदद नहीं करते।

दंड का भय उन्हें कम काम देने से रोकता है, पर यह प्रेरक तत्त्व नहीं है। दंड के भय से कर्मचारी ज्यादा से ज्यादा इतना काम देते हैं, जिससे उनकी सेवाओं पर आँच न आए। इसलिए दंड के भय से उत्पादन नहीं बढ़ सकता, दंड का सहारा विशेष स्थिति में और अंतिम शस्त्र के रूप में लेना चाहिए। दंड का अधिक उपयोग प्रबंधक के प्रति रोष व घृणा उत्पन्न करता है। इससे उत्पादन में कमी आती है।

काम करवाने के कुछ ऐसे तरीके होते हैं जिनसे कर्मचारी हतोत्साहित होकर काम कम देते हैं। कुछ ऐसे तरीके भी होते हैं, जिनसे उन्हें प्रेरणा मिलती है, उत्साह बढ़ता है। अनुत्प्रेरक कार्य न किए जाएँ तो कार्य सामान्य रूप से चलता रहता है। यदि उत्पादन बढ़ता नहीं, तो कम भी नहीं होता। अतः प्रबंधक को चाहिए कि इस बात का ध्यान रखे कि वह कोई अनुत्प्रेरक कार्य न करे।

दिल तोड़नेवाली बातें

कुछ बातों से मातहतों का उत्साह भंग होता है। इनका इतना बुरा असर होता है कि प्रबंधक द्वारा अपनाए प्रेरक तरीकों के किए पर पानी फिर जाता है। ऐसी कुछ बातें इस प्रकार हैं :

1. **आत्मसम्मान पर चोट :** मातहत आत्मसम्मान के बारे में उतने ही संवेदनशील होते हैं, जितने कि प्रबंधक। वे संस्थान में काम करने आते हैं, अपमानित होने के लिए नहीं। कोई यह सहन नहीं करता कि कोई उसे बेवकूफ कहे। हम लापरवाह व सुस्त कह सकते हैं, पर यदि किसी को बेवकूफ या जाहिल कह दिया तो समझिए कि वह कर्मचारी हाथ से गया।

2. **अहं को ठेस :** यह मत कहें कि आप बेहतर कर सकते हैं। इसमें कोई शक नहीं कि आप अपने मातहतों से बेहतर काम कर सकते हैं, पर उचित है कि आप उनसे ऐसा कहकर उन्हें अपमानित न करें। उनके अहं को ठेस न पहुँचाएँ। हर व्यक्ति अपने-आप कुछ कर दिखाना चाहता है, उसे अवसर दें।

3. **सबके सामने आलोचना :** यदि प्रबंधक अपना काम ईमानदारी से करता है, तो उसे कभी न कभी अपने मातहतों की आलोचना करनी ही पड़ती है। इससे वह बच नहीं सकता। पर यह काम एकांत में किया जाना चाहिए, सबके सामने नहीं। अपने साथियों के सामने अपनी आलोचना किसी को भी सहन नहीं होती। ऐसी स्थिति में वह अपमानित महसूस करता है और इसको भूलता नहीं।

4. **दोहरे मापदंड :** सभी मातहतों के साथ समान व्यवहार करना चाहिए। यदि पक्षपात कर किसी का अधिक ध्यान रखा तो समस्या पैदा होती है। अनावश्यक रूप से व्यवहार में अंतर नहीं करना चाहिए।

5. **अनिर्णय :** अनिर्णय की स्थिति में न रहें। यह एक ऐसा अनुत्प्रेरक तत्त्व है, जिसका बहुत अधिक बुरा असर पड़ता है। यह आपमें आत्मविश्वास की कमी का सूचक है। आपकी आत्मविश्वास की कमी कर्मचारियों में भी व्याप्त हो जाती है। समय पर निर्णय न लेने से अव्यवस्था फैलती है। आपके गैर-जिम्मेदाराना व्यवहार और ढुलमुल नीति के परिणामस्वरूप प्रेरणा देने के सारे प्रयत्न विफल हो जाते हैं। ऐसे अधिकारी या प्रबंधक को कोई पसंद नहीं करता।

6. **अकुशलता को बढ़ावा :** अकुशल कर्मचारी को सहन न करें। ऐसा करने से कुशल कर्मचारी का मनोबल गिरता है। कुशल व अकुशल में अंतर करना आवश्यक है। अकुशल को दंड मिलना ही चाहिए और कुशल को इनाम।

काम करने के उपर्युक्त तरीके अनुत्प्रेरक हैं। ऐसे काम तो करने ही नहीं चाहिए। जो भी इनमें से कुछ या सब करेगा, वह अपने क्षेत्र का उत्पादन बढ़ा ही नहीं सकता।

और नीचे कुछ ऐसे कार्य हैं, जो प्रबंधक को करने चाहिए। इन पर अमल

करने से कर्मचारी कार्य के प्रति प्रेरित किए जा सकते हैं :

1. **धैर्य से काम लें :** प्रबंधक के लिए धैर्य अति आवश्यक गुण है। हर कोई अपनी बात मनवाने व करवाने के लिए अधीरता प्रकट करेगा, पर यदि आपने धैर्य छोड़ा तो काम बिगड़ा।

2. **मातहतों की यथासंभव सहायता करें :** आवश्यकता पड़ने पर कर्मचारियों की मदद अवश्य करनी चाहिए। अपनी सुख-सुविधा के लिए मातहत आपका मुँह जोहते हैं। आपको उन्हें बाहरी मार से बचाना है, साथ ही उनके भले की जिम्मेदारी भी लेनी है। अतः अपने आराम और सुविधाओं की चिंता किए बगैर कर्मचारियों के आराम और उनकी सुविधाओं पर ध्यान दें। उनकी कठिनाइयों की जानकारी प्राप्त कर उन्हें दूर करने का प्रयास करें। यदि कोई कर्मचारी अपनी बेहतरी के लिए किसी दूसरी कंपनी में जाना चाहे, तो उसे जाने दें।

3. **मातहतों के अच्छे और गलत कार्यों की जिम्मेदारी लें :** आप जो कुछ स्वयं करते हों, उसकी जिम्मेदारी तो आपको लेनी ही है, कर्मचारियों के किए कार्यों की जिम्मेदारी भी आपकी है। सही काम का श्रेय तो प्रबंधक को मिल ही जाता है, पर जब प्रबंधक गलत काम की जिम्मेदारी अपने सिर लेकर कर्मचारियों को सुरक्षा देता है, तो उनकी नजरों में उसका सम्मान बढ़ता है। उनका मनोबल भी बढ़ता है। उन्हें आपकी उदारता पर गर्व होता है कि आप उनके लिए स्वयं को संकट में डालने को तैयार हैं।

4. **कर्मचारियों की पहल-शक्ति का विकास करें :** कर्मचारियों को इस प्रकार प्रशिक्षित करना चाहिए कि वे स्वयं ही सोच-समझकर अपना काम कर सकें। उनकी पहल-शक्ति का विकास करना चाहिए ताकि हर क्षण निर्देशन की आवश्यकता न रहे, कर्मचारी आदेश की ही प्रतीक्षा न करते रहें।

5. **अच्छे काम की सराहना करें :** हर कोई सराहना का भूखा है। आप स्वयं भी तो दूसरों की सराहना के इच्छुक हैं, तो फिर मातहतों की इस भूख का शमन करते चलें। अच्छे काम की उसी समय मुक्त कंठ से प्रशंसा करनी चाहिए, इससे मनोबल ऊँचा होता है।

6. **मातहतों के हितों का ध्यान रखें :** हर व्यक्ति अपनी पदोन्नति के बारे में आश्वस्त रहना चाहता है। आपको उन्हें इस प्रकार तैयार करना चाहिए कि उचित समय पर उनकी पदोन्नति हो सके। हर किसी में यह भावना होनी चाहिए कि आपके हाथों में उनका हित सुरक्षित है।

7. **मातहतों की सृजनात्मक शक्ति का उपयोग करें :** हर व्यक्ति में कुछ न कुछ सृजनात्मक योग्यता होती है। उचित प्रशंसा करके और संस्थान के कार्य में साझेदारी की भावना भरकर उनकी इस योग्यता को संस्थान के उपयोग में लाया जा सकता है।

संस्थान में होनेवाले परिवर्तनों से कर्मचारियों को सूचित रखें। कार्यपद्धति में

अचानक ही परिवर्तन नहीं करना चाहिए। परिवर्तन के बारे में कर्मचारियों से बात करके और उन्हें आश्वस्त करके परिवर्तन करने से काम अपेक्षाकृत आसान हो जाता है। वे यह न समझें कि आपको उनकी सलाह और विचारों की आवश्यकता नहीं। आप अपने हिसाब से कार्य करने को स्वतंत्र हैं, पर उस विषय में कर्मचारियों की सुन लेने से सुविधा हो जाती है।

हर आदमी हर काम नहीं कर सकता। प्रबंधक का यह विचार कि वह सब कुछ कर सकता है, कर्मचारियों के अहं को चोट पहुँचाता है। यदि कोई सुझाव दे, तो उसे धैर्य से सुनें। आप सुझाव मानें या न मानें, पर सुनने में कोई हर्ज नहीं। मातहत अपने अनुभव अधिकारी को बताना चाहते हैं। चतुर प्रबंधक उनमें से उपयोगी विचार संस्थान की भलाई के लिए अपना लेता है।

8. **विश्वास का वातावरण बनाएँ :** विश्वास से ही विश्वास पैदा होता है और अविश्वास से अविश्वास। विश्वास के वातावरण में काम अधिक और अच्छा होता है। अपने व्यवहार, बोलचाल से आप अपने कर्मचारियों को बता सकते हैं कि आपको उन पर विश्वास है। यह आप तब तक नहीं कर सकते, जब तक आपमें आत्मविश्वास न हो। बदले में आपको उनसे भी विश्वास मिलेगा।

9. **लचीलापन न छोड़ें :** अपने निश्चय पर दृढ़ रहें, पर आवश्यकता पड़ने पर लचीलापन लाभदायक होता है। नियमों का पालन सख्ती से करना उचित है, पर यदि वे कार्यकुशलता में बाधक हैं तो परिवर्तन के लिए तैयार रहना चाहिए। जो नियम आज बनाए जाते हैं, वे पंद्रह साल बाद बदली परिस्थितियों में शायद उपयोगी न हों और उनमें परिवर्तन करने की आवश्यकता पड़ जाए। अतः पहले के नियमों को पत्थर की लकीर मानकर नहीं चलना चाहिए। यदि आवश्यक परिवर्तन सही दिशा में हैं, तो ऐसे परिवर्तन करने में कोई हर्ज नहीं।

10. **मातहतों को अपने विचार व्यक्त करने दें :** मातहतों को काम करने की स्वतंत्रता दें। उन्हें अनुभव से सीखने दें। जब तक काम हाथ के बाहर जाता न दिखाई दे, दखलंदाजी नहीं करनी चाहिए। दूर से निरीक्षण करना उचित होता है। यदि गलती हो जाए, तो बिना नाराज हुए उन्हें बतलाएँ ताकि भविष्य में वैसी गलती न हो।

11. **अपनी शक्तियों का विकेंद्रीकरण करें :** ऊपर से लगता है कि केंद्रीकरण से ही पूर्ण नियंत्रण रह सकता है, पर ऐसा नहीं है। अत्यधिक केंद्रीकरण से कर्मचारियों में गैरजिम्मेदारी की भावना पैदा होती है। पहल-शक्ति खत्म होती है। मातहत आदेश के लिए रुके रहते हैं। अपनी शक्तियाँ विकेंद्रित कर उन्हें निर्णय लेने दें। इस तरह न केवल उन्हें जिम्मेदारी लेने की प्रेरणा मिलती है, वरन् आप एक ऐसा व्यक्ति तैयार करते हैं जिस पर आवश्यकता पड़ने पर आप निर्भर कर सकते हैं।

12. **अपना उदाहरण सामने रखें :** आपको अपने काम में परिश्रम करना चाहिए, तभी मातहत भी परिश्रम करेंगे। जब तक आप स्वयं काम के प्रति प्रेरित

नहीं होंगे, तब तक कर्मचारियों को भी प्रेरित नहीं कर सकेंगे।

13. **मातहतों को सूचित करते रहें कि आप क्या चाहते हैं :** आपको अपना लक्ष्य मालूम होना चाहिए ताकि कर्मचारियों को स्पष्ट रूप से बतला सकें कि आप क्या चाहते हैं? उनसे क्या अपेक्षित है? इससे गलत काम कम होंगे और समच बचेगा।

14. **व्यवहार में नम्रता व सहृदयता रखें :** कर्मचारी संस्थान में काम करने आते हैं, आत्मसम्मान बेचने नहीं। इस बात का ध्यान रखते हुए प्रबंधक को विनम्र होना चाहिए। बिना आवाज उठाए भी संयत भाषा में कर्मचारी को समझाया जा सकता है।

व्यवहार से यह न मालूम हो कि आप स्वार्थी हैं। बेशक आपने अपने लाभ के लिए ही संस्थान लगाया है। आपका अपना स्वार्थ है कि अधिक उत्पादन हो, पर इस बात को अधिक न उछालें। व्यवहार ऐसा रहे कि उन्हें यह न लगे कि आप अपना ही अपना सोचते हैं। यदि आपको कार्यालय में देर तक बैठना है, तो दूसरों को अपने जाने के समय तक मत रोकें।

15. **वेतन के भुगतान के समय मौजूद रहें :** वेतन मिलनेवाला दिन कर्मचारियों के लिए महत्त्वपूर्ण दिन होता है। इसी दिन के लिए तो वे महीने भर खपते हैं। इस शुभ अवसर पर प्रबंधक या अधिकारी की उपस्थिति से कर्मचारी प्रसन्न होते हैं।

16. **कारखाना या दफ्तर बंद होने के समय दौरा करें :** दफ्तर में कहाँ क्या हो रहा है, यह जानने के लिए तो आपको दौरा करना चाहिए ताकि उचित कार्रवाई की जा सके। कर्मचारियों की बात कार्यस्थल पर ही सुनकर आदेश दिए जाने चाहिए। जब कर्मचारी जाने की तैयारी कर रहे हों, उस समय आखिरी दौरा होना चाहिए। उस समय प्रबंधक को उन्हें दिनभर के काम के लिए धन्यवाद देना चाहिए। इससे कर्मचारियों को संतोष मिलता है।

17. **कुछ अतिरिक्त भुगतान करें :** वेतन के अलावा भी कर्मचारियों को कुछ देना अच्छा होता है। खाली वेतन से तो दो जून की रोटी चलती है, आकस्मिक खर्च के लिए कुछ नहीं बचता। इसलिए बोनस के रूप में या किसी अन्य ढंग से कुछ न कुछ धनराशि कर्मचारियों को देनी चाहिए। अनेक खर्च होते हैं, जो वेतन से पूरे नहीं होते। उनके लिए कभी एकमुश्त रकम मिलने से कर्मचारियों को राहत मिलती है।

उपर्युक्त बातों को ध्यान में रखकर अपनी कार्यप्रणाली निर्धारित करें, अनुत्प्रेरक कार्य तो करने ही नहीं चाहिए। अधिकाधिक प्रेरक कार्य करने का प्रयत्न करना चाहिए। पूरी संभावना है कि आपके मातहत और कर्मचारी प्रयत्नशील रहेंगे कि आपको अधिक व अच्छा काम दें।

इस वातावरण में उत्पादन बढ़ेगा। मालिक प्रसन्न होगा। संस्थान की चहुँमुखी उन्नति होगी। इसका लाभ कर्मचारियों को भी मिलेगा।

कुशल प्रबंधक सुनिश्चित करता है उत्पादन में बढ़ोतरी

श्रीकांत जी एक मध्यम श्रेणी के उद्योगपति हैं। उनकी सलाह से उनके दो मित्रों—श्रीराम व नरेश—ने एक ही तरह के दो कारखाने लगाए। उन्होंने अपना-अपना काम लगभग बराबर की पूँजी से ही शुरू किया था।

सालभर बाद श्रीकांत जी उन दोनों के कारखाने देखने गए। यह देखकर उन्हें आश्चर्य हुआ कि सब एक-जैसी परिस्थितियाँ होते हुए भी श्रीराम को अपने कारखाने से लाभ मिल रहा था और नरेश का काम घाटे में चल रहा था। श्रीराम प्रसन्न था, तो नरेश के चेहरे पर चिंता की रेखाएँ झलक रही थीं।

नरेश ने उनसे अनुरोध किया कि वे उसे सलाह दें कि किस तरह उसका कारखाना भी सुचारु रूप से चलने लगे और उसे भी लाभ होने लगे। श्रीकांत जी ने दोनों कारखानों का बारीकी से मुआयना किया और नरेश को श्रीराम के कारखाने में ले आए।

प्रबंधन की उपेक्षा

नाकाबिल प्रबंधक उत्पादक को बहुत महँगा पड़ता है

अपनी बात शुरू करते हुए श्रीकांत जी ने बतलाया कि उत्पादन के लिए कुछ चीजें—जमीन, पूँजी, मशीनें, श्रमिक व प्रबंध—अनिवार्य मानी गई हैं। लोग अकसर पहली चार चीजों की अपेक्षा प्रबंध को महत्त्व नहीं देते, जबकि उत्पादन के लिए यह एक अत्यंत महत्त्वपूर्ण कारक है।

कुछ समय पहले कारखाने लगाकर उत्पादन शुरू करना आसान काम था। तब मजदूर-समस्या नहीं थी, पर आज मजदूर

शिक्षित हैं, अपने अधिकारों के प्रति जागरूक हैं। यूनियनबाजी भी बढ़ गई है। पहले सिर्फ मालिक व मजदूर ही हुआ करते थे, पर आज तो प्रबंधकों का एक नया वर्ग ही उठ खड़ा हुआ है।

आज कार्यालयों व फैक्टरियों में इनसानों को नियंत्रित करना पड़ता है। मशीनों के बारे में तो निश्चित जानकारी होती है कि वे किस तरह का काम करेंगी। उनकी खराबी को भी समझकर मरम्मत और उनके रखरखाव का प्रबंध किया जा सकता है, पर इनसानों को काबू में रखने की कोई ऐसी नियमावली नहीं बनी, जो सभी परिस्थितियों में लागू होती हो।

विनियोजित पूँजी पर उचित लाभ

प्रबंधक का काम कारखाने का प्रबंध इस प्रकार करना है कि विनियोजित पूँजी पर उचित लाभ मिले। यह अधिक उत्पादन से ही संभव है। अधिक उत्पादन श्रमिक व प्रबंधक-वर्ग के मिले-जुले प्रयासों पर निर्भर करता है।

मशीनें चलानेवाले श्रमिक का अपना विशेष महत्त्व है। कितनी भी कीमती व उपयोगी मशीन क्यों न हो, पर यदि उसे संचालित करनेवाला अक्षम है तो अधिक उत्पादन नहीं मिल सकता। इसी तरह, प्रबंधकों की दक्षता व कार्यशैली का भी उत्पादन पर सीधा असर पड़ता है।

मशीनें प्रबंधकों को धोखा नहीं देतीं। वे गप्पें मारने में समय बरबाद नहीं करतीं। वे घेराव और हड़ताल नहीं करतीं। ये सब गुण तो इनसान में ही होते हैं। इससे प्रबंधकों को नित नई समस्याओं से जूझना पड़ता है।

कुशल प्रबंधक बनाम अकुशल प्रबंधक

श्रीकांत जी ने आगे कहा—तुम दोनों ने अपने-अपने कारखानों का प्रबंधक चुना है। उन्हें पर्याप्त अधिकार भी दिए हैं। श्रीराम ने एक ऐसा व्यक्ति चुना है जो अपने कार्य को जानता है, वह किसी की सिफारिश पर नहीं आया है। श्रीराम ने उसे उसकी क्षमता व गुणों के आधार पर चुना है। उसके यहाँ नई भरतियाँ भी योग्यता के आधार पर होती हैं। यदि कोई व्यक्ति ठीक काम नहीं करता, तो उसे निकाल दिया जाता है, पर तुम्हारा प्रबंधक सिफारिश के बल पर नियुक्त हुआ है। वह जानता है कि जिसकी सिफारिश पर वह आया है, उसे तुम कभी नाराज नहीं कर सकते। वह इस बात का नाजायज फायदा उठाता है। वह नई भरतियाँ भी सिफारिशों के आधार पर ही करता है। इन सब बातों का सीधा असर तुम्हारे कारखाने के उत्पादन पर पड़ता है।

तुम्हारे प्रबंधक रामनाथ और श्रीराम के प्रबंधक विनोद के कार्य करने के ढंग में जमीन-आसमान का अंतर है। विनोद को सबका सहयोग मिलता है और तुम इस बात से सहमत होगे कि श्रमिकों के सहयोग के बिना उत्पादन नहीं बढ़ सकता।

समय का पाबंद

विनोद स्वयं कारखाने में समय से आता है। इससे श्रमिकों को भी समय की पाबंदी का ध्यान रहता है। वह श्रमिकों से सज्जनता से पेश आता है। बदले में श्रमिक भी उसे सम्मान देते हैं।

विनोद अपने कार्य के प्रति ईमानदार है। ईमानदारी नीचे से ऊपर नहीं, बल्कि ऊपर से नीचे की ओर चलती है। वह यह जानता है कि जितने श्रमिक हैं, उससे दो गुने कान और आँख उस पर निगरानी रखे हैं। अतः वह हर कदम सोच-विचारकर उठाता है, वह अपने श्रमिकों के प्रति सहानुभूतिपूर्ण रवैया अपनाता है। इससे श्रमिक अपना दुख-दर्द उसके सामने खोलकर रख देते हैं।

एक बार सोच-समझकर निर्णय लेने के बाद वह उसका क्रियान्वयन कड़ाई से करवाता है। श्रमिक जानते हैं कि उनका गलत काम सहन नहीं किया जाएगा। लेकिन इसके साथ ही वह अपने श्रमिकों की सुख-सुविधाओं का पूरा ध्यान रखता है। वह निर्णय जल्दी लेता है, जिससे कर्मचारियों में काम टालने की प्रवृत्ति नहीं पनपती।

विनोद को स्वयं श्रम करने में भी कोई हिचक नहीं होती। जरूरत पड़ने पर वह अपना कंधा लगाने को हमेशा तैयार रहता है। वह कारखाने का दौरा करता रहता है और जहाँ भी आवश्यक होता है, मदद करता है।

श्रमिकों का ध्यान

विनोद अपने मातहतों की उचित आलोचना करने से भी नहीं चूकता, लेकिन जहाँ अच्छा काम होता देखता है, वहाँ प्रशंसा भी करता है। वह अपने श्रमिकों से हमेशा मिलने को तैयार रहता है। उनकी शिकायतें सुनकर तत्काल उनका निराकरण करता है।

श्रमिकों की माँगों पर गौर करते समय जो कुछ संभव होता है, उसे देने में विनोद आनाकानी नहीं करता। प्रतिदिन कारखाना बंद होते समय वह श्रमिकों के बीच आकर उन्हें दिन-भर किए गए काम के लिए धन्यवाद देता है।

पहली तारीख को विनोद स्वयं अपने हाथों वेतन वितरित करता है। यदि कभी वह ऐसा नहीं कर पाता तो दूसरे दिन अवश्य पूछ लेता है कि वेतन का वितरण ठीक ढंग से हो गया या नहीं। इसी तरह विनोद ने उत्पादन बढ़ाकर श्रमिकों को बोनस भी दिलवाया। उसके व्यक्तित्व से आत्मविश्वास झलकता है। इसका असर श्रमिकों पर भी पड़ता है, परिणामस्वरूप उत्पादन दिन-प्रतिदिन बढ़ रहा है।

श्रीकांत जी ने गंभीर स्वर में कहा, 'नरेश भाई, आपको ही निर्णय करना है कि आपका प्रबंधक आपको उत्पादन दे सकता है या नहीं। यदि नहीं तो कठोर निर्णय लेकर अपने कारखाने को बचाना होगा। आपको ऐसा प्रबंधक चुनना होगा, जिसमें विनोद-जैसे गुण मौजूद हों।'

प्रतिभा का दुरुपयोग क्यों?

लोगों को पैसे बचाने के गलत रास्ते सुझाकर पेशेवर सलाहकार देश का बेड़ा गर्क करने में लगे हैं

यदि आप व्यापारी हैं तो अच्छी तरह जानते होंगे कि आपके बिक्री-कर और आयकर का निर्धारण आसानी से हो जाता है, क्योंकि आपने अपने एकाउंटेंट के माध्यम से एक निर्धारित राशि संबंधित अधिकारी को पहुँचवा दी थी।

यदि आप नौकरी करते हैं और आपको डॉक्टर के प्रमाणपत्र के आधार पर छुट्टी मिल सकती है, तो यह भी आसान काम है। बीमार न होते हुए भी डॉक्टर की फीस दे देने पर आपको डॉक्टर का प्रमाणपत्र मिल जाता है और इस तरह आपको दफ्तर से छुट्टी मिल जाती है।

इसी तरह, आप कभी मुकदमेबाजी में फँस जाते हैं और आपको अपने मामले के लिए लंबी-लंबी तारीखें लेनी हैं तो न्यायालय के लिपिक को कुछ देने-दिलाने पर आपको आसानी से लंबी तारीखें मिल जाती हैं। आपके वकील इस काम में माहिर हैं।

आपको बैंक से या सरकार से कोई ऋण लेना है तो कोई सलाहकार ढूँढ़ लीजिए और देखिए कि ऋण प्राप्त करना कितना आसान है। आपका सलाहकार करीब 2% कमीशन लेगा। यदि आपको मंजूर है तो आपको ऋण तुरंत मिल जाएगा, चाहे आप ऋण लेने के सही पात्र हैं या नहीं। यह आपके सलाहकार की करामात है।

यदि आप सलाहकार की सेवाएँ नहीं लेते तो बैंक या सरकारी दफ्तर के चक्कर लगाते रहिए। संबंधित अधिकारियों को आपके प्रस्ताव में कमियाँ और खामियाँ ही दिखाई देंगी। इन्हें आप वर्षों तक दूर करते रहिए।

गलत कामों के लिए सेवाएँ

इस तरह के और कितने ही पेशेवर लोग इस देश में मौजूद हैं, जो गलत कामों के लिए अपनी सेवाएँ देने को तत्पर रहते हैं। ये डॉक्टर, वकील, एकाउंटेंट, सलाहकार आदि पेशेवर लोग अपनी प्रतिभा का उचित उपयोग न करके लोगों को गलत मार्ग दिखाते हैं और गलत कामों के लिए प्रेरित करते हैं।

जरा सोचिए! आप व्यापारी हैं, तो आप यह तो जानते ही हैं कि आपको बिक्री-कर, आयकर आदि देने पड़ेंगे। आप ये कर चुकाने के लिए मानसिक तौर पर तैयार भी हैं। परंतु बिक्री-कर, आयकर आदि के कानून इतने पेचीदा हैं कि आपको इनके नियमों व उनका पालन करने के तरीकों की पूरी जानकारी नहीं है। अतः आप इनके लिए सलाहकार नियुक्त करते हैं।

ये तथाकथित पेशेवर सलाहकार कभी सही मार्गदर्शन नहीं करते। ये लोग आपको कर बचाने के तरह-तरह के नुस्खे बताएँगे। फलस्वरूप कर बचाने के चक्कर में आप उलटे-सीधे धंधे करने लग जाएँगे। अब आप पूरी तरह इन सलाहकारों के शिकंजे में फँस जाएँगे। और जो रकम आपने कर की चोरी करके बचाई है, उसका काफी बड़ा भाग आपको भेंट-पूजा में फूँकना पड़ेगा।

हेराफेरी के दलदल में

कभी आपकी हेराफेरी के बारे में जाँच हो गई या आपके यहाँ संबंधित विभाग का छापा पड़ गया, तब तो आपको लेने के देने पड़ जाएँगे। ऐसी स्थिति में आप कुछ भी नहीं कर सकेंगे। मजबूर होकर आप हेराफेरी के दलदल में गहरे फँसते चले जाएँगे।

आपके एकाउंट्स विभाग के कर्मचारी भी आपके गलत कारनामों से परिचित रहते हैं। अतः उन्हें कभी इस जानकारी के एवज में आपको अधिक वेतन देना पड़ेगा। आपका सलाहकार भी सामान्य से ज्यादा फीस लेगा। आपको मानसिक तनाव भी बना रहेगा। इसके फलस्वरूप आपको दिल की बीमारी भी हो सकती है। आपका जीवन ही खतरे में पड़ सकता है।

अब जरा डॉक्टरी प्रमाणपत्र वाले पहलू पर भी विचार करें! डॉक्टर के प्रमाणपत्र पर आपको दफ्तर से छुट्टी मिल जाती है। इससे एक बार तो आपको खुशी होगी कि आपने चतुराई से अपने दफ्तर के बाबू को बुद्धू बनाकर छुट्टी मार ली; परंतु इसका भी आपके जीवन पर उलटा ही प्रभाव पड़ेगा। आपकी पत्नी आपको फिल्म देखने के उद्देश्य से आपको बीमारी की छुट्टी लेने के लिए मजबूर कर देगी।

फिर छुट्टी लेकर कभी आप राशन की लाइन में अपने-आपको खड़े पाएँगे तो कभी मिट्टी का तेल लेने के लिए इंतजार कर रहे होंगे। साथ ही आपके जीवन में आलस्य घर कर लेगा। आपकी प्रगति में रुकावट आएगी। इस छोटी-सी बात के

कारण आपकी ईमानदारी पर सदैव के लिए प्रश्नचिह्न लगा रहेगा।

समस्याओं का तात्कालिक हल

इस तरह के सैकड़ों उदाहरण दिए जा सकते हैं। आजकल ये पेशेवर लोग समस्याओं का हल करने के तात्कालिक तरीके अपनाकर लोगों को गुमराह कर रहे हैं। यदि ये पेशेवर लोग अपनी पढ़ाई और प्रतिभा का ईमानदारी से उपयोग करें यानी बिक्री-कर, आयकर आदि के बारे में लोगों का उचित व सही मार्गदर्शन करें, सचमुच बीमार होने पर ही डॉक्टरी प्रमाणपत्र दें, कानून के आधार पर ही मुकदमा लड़ें और सरकार या बैंकों से औचित्य के आधार पर ही लोगों को ऋण दिलाएँ यानी अपने ग्राहकों का सही मार्गदर्शन करें तो कोई कारण नहीं कि लोग गलत तरीके अपनाएँ।

पेशेवर लोगों को चाहिए कि वे अपनी प्रतिभा का सदुपयोग करके लोगों को सचाई का मार्ग दिखाएँ। इसी में उनका भला है, लोगों का भला है और देश का भला है।

कॉरपोरेट-संस्कृति

त्रासदी का परिचायक है कुशलता का पैमाना

सेवा-क्षेत्र में मिलनेवाली मोटी तनख्वाहें ही भारत की बहुसंख्यक आबादी का सच नहीं

अहमदाबाद, कलकत्ता, बंगलौर व लखनऊ में स्थित भारतीय प्रबंधन संस्थानों के प्रवक्ता इनका गुणगान करने से नहीं थकते और इसके कारणों का खुलासा भी हो ही रहा है। चार दशक पहले, इन संस्थानों की स्थापना भारतीय प्रबंधकों की कुशलता के स्तर में संवर्द्धन करने के उद्देश्य से की गई थी। उत्तम प्रबंधन-शिक्षा के परिणामस्वरूप एग्जीक्यूटिव दर्जे के कैडरों की कुशलता में इजाफा हुआ या नहीं, यह बहस का विषय है क्योंकि कुशलता के धर्मनिरपेक्ष रुझान का मूल्यांकन करने का पैमाना अभी तक बहुत स्पष्ट नहीं है। इससे हालाँकि निम्न स्तर के कर्मचारियों के तथाकथित खराब प्रदर्शन पर चर्चा पर रोक नहीं लगती। सर्वोच्च दर्जे के प्रबंधकों को सिद्धांत रूप में त्रुटिहीन बुद्धिमत्ता का मालिक समझा जाता है। कुशलता का सवाल केवल अन्य लोगों पर लागू होता है, वरिष्ठ प्रबंधक जो प्रबंधन-संस्थानों से पढ़कर आए हैं, इस तरह के तमाम सवालों की परिधि से मुक्त हैं। कम वेतन पानेवालों के लिए तो व्यवस्था बड़ी ही कठोर है।

वैश्वीकरण ने एक परिवर्तन भी किया है। वरिष्ठ प्रबंधकों की आय में एक दशक की तुलना में 15, 20, 30 और कुछ मामलों में तो 100 गुना तक वृद्धि हुई है। इसका रत्ती-भर भी संबंध कुशलता से नहीं है। कॉरपोरेट-क्षेत्र में मिलनेवाले वेतन-भत्तों को व्यापक तौर पर तमाम सीमाओं से मुक्त कर दिया गया है।

आजादी के बाद से वेतन पर जो वैधानिक सीमा लगी हुई थी, उसे खत्म कर दिया गया। विदेशी कंपनियाँ बड़ी तत्परता से देश में अपने कार्यालयों में लोगों को नियुक्त कर रही हैं। चूँकि ये कंपनियाँ भारतीय अर्थव्यवस्था से मोटी कमाई कर रही हैं, इसलिए अपने चुनिंदा कर्मचारियों को अंतर्राष्ट्रीय स्तर का वेतन मुहैया कराना उनके लिए कोई समस्या नहीं है। इन संस्थानों के प्रवक्ता मौके का खूब फायदा उठा रहे हैं। क्या अभूतपूर्व घटनाक्रम है! श्रम-बाजार इससे ज्यादा उदार नहीं हो सकता। उनके कुछ स्नातक जो महज 24 या 25 साल के हैं, सालाना 50 लाख रुपए या प्रति माह साढ़े चार लाख रुपए से ज्यादा की नौकरी कर रहे हैं। एक मोटे अनुमान के अनुसार देश में पाँच से दस हजार लोग इस स्तर का वेतन पा रहे हैं।

शर्मनाक स्थिति

यह तब शर्मनाक लगेगा, जब इनको भारतीय श्रमिक वर्ग के बहुसंख्य तबके को मिलनेवाले वेतन के संदर्भ में देखा जाएगा। नवीनतम वेतन आयोग ने सभी दर्जों की सरकारी नौकरियों के वेतन में तकरीबन 20 फीसदी वृद्धि करने की सिफारिश की है। सरकारी संस्था, केंद्रीय सांख्यिकीय संगठन (सीएसओ) इन दिनों आँकड़ा इकट्ठा करने के अलावा सामाजिक उपदेश भी देने लगी है। इनका कहना है कि पिछले दशक में सकल घरेलू उत्पाद में सेवा-क्षेत्र से होनेवाली आय के तुलनात्मक हिस्से में भारी वृद्धि का एक कारण सरकारी वेतनों में हुई वृद्धि है। सीएसओ बहुत ही धूर्ततापूर्ण ढंग से इस बात को नजरअंदाज कर गया कि निजी क्षेत्र में सेवा-गतिविधियों से होनेवाली आय में वृद्धि की दर कई गुना अधिक रही। प्रिंट-मीडिया व संचार के क्षेत्र में दखल रखनेवाले अन्य लोग भी चुप हैं। इस बात का कोई भी प्रमाण नहीं है कि किसी भी अखबार के पन्ने या राजनीतिक दायरों में होनेवाली चर्चाओं में इस तथ्य पर कोई हैरत या विस्मय प्रकट किया गया हो कि इस गरीब देश में, जहाँ आबादी का करीब 30 फीसदी हिस्सा अपने अस्तित्व को बचाए रखने के लिए भोजन तक का जुगाड़ नहीं कर पाता, वहाँ कुछ कंपनियाँ नए रंगरूटों को सालाना 45 लाख रुपए तक की तनख्वाह देने की धृष्टता कर रही हैं।

बहुमत बाजार से धकेल दिया गया है

प्रधानमंत्री उल्लास से विभोर होकर बताते हैं कि भंडार क्षमता से अधिक भर गए हैं और भारतीय खाद्य निगम बढ़ते हुए खाद्यान्न-स्तर से चिंतित हैं। क्या प्रधानमंत्री को इससे थोड़ी बेहतर जानकारी नहीं होनी चाहिए? सच तो यह है कि सार्वजनिक वितरण प्रणाली से खाद्यान्नों का भंडार इसलिए नहीं घट रहा, क्योंकि यहाँ देश के गरीबों के लिए सरकार जिस कीमत पर खाद्यान्न उपलब्ध करा रही है, वह उनकी मौजूदा आय को देखते हुए बहुत अधिक महँगा पड़ता है। हमारे अंदर

इस बात को स्वीकार करने की ईमानदारी होनी चाहिए कि भारतीय उपभोक्ताओं का बहुमत, जिसमें अधिकांश छोटे किसान व भूमिहीन मजदूर शामिल हैं, खाद्यान्न-बाजार की कीमतों के जरिये बाहर धकेला जा चुका है। इस बड़ी मानव-त्रासदी के घटित होने का सैटेलाइट चैनल उसी तरह से अनदेखा कर देते हैं, जैसे अखबार।

इस बात के समर्थन में आधिकारिक आँकड़े हैं। नवीनतम आर्थिक सर्वेक्षण में देश में कृषि-उत्पाद की समग्र विकास-दर के बारे में महत्त्वपूर्ण जानकारी है। नब्बे के दशक में, यह वृद्धि-दर जनसंख्या विकास-दर के अनुरूप ही बढ़ती रही। यह इस बात को कहने का दूसरा ढंग है कि महान आर्थिक सुधारों के शुरू होने के बाद से प्रति व्यक्ति कृषि-उत्पादन की उपलब्धता स्थिर रही। मुंबई के सम्मानित शोध संस्थान—सेंटर फॉर मॉनिटरिंग दि इंडियन इकॉनमी (सीएमआईएई) ने विकास-दर के बारे में पेश किए गए इन आधिकारिक आँकड़ों के बारे में संदेह व्यक्त करते हुए कहा कि सरकारी एजेंसियों ने 1990 के शुरुआती दौर से लेकर अब तक कृषि-क्षेत्र के विकास के बारे में बढ़-चढ़कर अनुमान लगा लिए थे। अगर सीएमआईएई की अवधारणा सही है, तो वर्ष 1991 के बाद से प्रति व्यक्ति कृषि व खाद्यान्न-वृद्धि जनसंख्या में वृद्धि से कम रही है। अन्य शब्दों में, प्रति व्यक्ति खाद्यान्न-उपलब्धता उदारीकरण का दौर शुरू होने के बाद से घटी है।

वास्तविक आय में इजाफा नहीं

इसी आँकड़े से एक और निष्कर्ष निकाला जा सकता है। मोटे तौर पर भारतीय जनसंख्या का करीब दो-तिहाई हिस्सा कृषि-क्षेत्र से अपना जीविकोपार्जन करता है। यह स्थिति पाँच दशक पहले थी और आज भी है। सरकारी आँकड़ों के अनुसार, पिछले एक दशक में कृषि से श्रमिकों का तुलनात्मक पलायन नहीं हुआ है। कृषि में प्रति व्यक्ति आय में कोई वृद्धि नहीं हुई है और सुधार शुरू होने के बाद से दो-तिहाई भारतीय जनसंख्या की वास्तविक आय में भी कोई इजाफा दर्ज नहीं किया गया है।

हालाँकि, इसी अवधि में, सेवा-क्षेत्र में आय में 15, 20 या 100 गुना वृद्धि हुई है। भारतीय प्रबंधन संस्थानों से निकलनेवाले नौजवान स्नातकों को अंदाजन सालाना 50 लाख रुपए का वेतन मिलता है, जबकि देश की साठ फीसदी आबादी की आय प्रति व्यक्ति महज 5,000 रुपए सालाना है। अगर गणित सही है तो, आय के बीच अंतर का अनुपात 1:1000 ठहरता है।

अमीर और अमीर हुआ है, गरीब और गरीब

हम इस दिशा में कुछ और आगे बढ़ सकते हैं। यह जानकर काफी हैरत होगी कि इस दशक में कृषि में आय-वितरण कृषि-समाज के शीर्ष 10 से 15 फीसदी तबके के पक्ष में और ज्यादा झुका है। इस अवधि में कोई भी उल्लेखनीय भूमि-

सुधार नहीं हुआ और पानी की उपलब्धता, उर्वरक, उच्च उत्पादकता वाली चीज की किस्मों से होनेवाला लाभ अमीर किसानों की ही झोली में गया है। इन स्थितियों में, छोटी जोतवाले किसानों, बटाईदारों व भूमिहीन मजदूरों, जो भारतीय जनसंख्या का अच्छा-खासा हिस्सा है, की प्रति व्यक्ति वास्तविक आय में 1990 के बाद से गिरावट आई है, जबकि उच्च आय वर्ग में, विशेष कर सेवा-क्षेत्र में लोगों की वास्तविक आय में भारी-भरकम वृद्धि दर्ज की गई है। सुधारों के बाद के विराट, सांस्कृतिक रूप से परिष्कृत, वैश्वीकृत समाज में इन तथ्यों का जिक्र करना अपेक्षित नहीं है। जो मूढ़मति इन मुद्दों को उठाने की जोखिम लेते हैं, उनको बहिष्कृत कर दिया जाता है और उनकी आवाज शांत कर दी जाती है। लेकिन एक संदेह बना रहता है। क्या जनता पर शासन करनेवाला उच्च वर्ग इस बात के प्रति आश्वस्त हो सकता है कि जिस तरह की प्रकृति-विरुद्ध व तर्क-विरुद्ध व्यवस्था को वह पल्लवित-पुष्पित कर रहा है, वह लंबे समय तक कायम रहेगी?

बड़ी ही बेतुकी-सी स्थिति है। भूमिहीन किसान ज्यादा से ज्यादा सालभर में 5,000 रुपए कमाता है, जबकि एक नौजवान आईआईएम स्नातक को 50 लाख रुपए दिए जाते हैं। क्या इसका अर्थ यह हुआ कि आईआईएम स्नातक भूमिहीन किसान से एक हजार गुना अधिक सक्षम है? मान लीजिए, आईआईएम स्नातक को अपने यहाँ नियुक्त करनेवाली बहुराष्ट्रीय कंपनी अचानक उसके वेतन को 50 लाख से बढ़ाकर एक करोड़ रुपए कर देती है, तो क्या इसका मतलब यह होगा कि वह उस गँवार व्यक्ति से रातों-रात 2,000 गुना अधिक कुशल हो गया?

सर्वोत्कृष्ट नहीं है यह मॉडल

कुछ लोकप्रिय आँकड़ों के आधार पर भले ही अमेरिकी अर्थव्यवस्था को सर्वोत्तम ठहरा दिया जाए, लेकिन उसे आदर्श मॉडल नहीं माना जा सकता

एक जमाने में स्वीडिश, जर्मन, जापानी व पूर्व-एशियाई देशों के आर्थिक मॉडल बेहद लोकप्रिय थे। लेकिन आज ये सभी देश किसी न किसी तरह के संकट की गिरफ्त में हैं। दूसरी तरफ, अमेरिका की अर्थव्यवस्था उत्तरोत्तर मजबूत होती जा रही है। यही नहीं, मौजूदा समय में अमेरिकी अर्थव्यवस्था दुनिया में सफलतम मानी जा रही है। लिहाजा, कहा जा रहा है कि दुनिया के सभी गरीब व अमीर देशों को अमेरिकी अर्थ-व्यवस्था का अनुसरण करना चाहिए। उन्हें अपनी अर्थव्यवस्था में लचीले श्रम व उत्पाद-बाजार और शेयरधारक पूँजीवाद का समावेश करना चाहिए। लेकिन क्या अर्थजगत के सिरमौर बन चुके अमेरिकी मॉडल में इतनी अनुकरण-योग्य खूबियाँ हैं?

यह सच है कि कभी आर्थिक क्षेत्र में अमेरिका के प्रतिद्वंद्वी कहे जानेवाले देश आज संकटग्रस्त हैं। एक दशक पहले तमाम अर्थशास्त्री अमेरिका को जापानी मॉडल अपनाने की सलाह दिया करते थे। लेकिन आज जापानी अर्थव्यवस्था का हश्र भी किसी से छिपा नहीं है। एशियाई देशों का भी यही हाल है। कुछ ही समय पहले तक 'एशियन टाइगर' कहे जानेवाले दक्षिण एशियाई देश अब मंदी की गिरफ्त में फँस गए हैं। आज निर्यातोन्मुख पूँजीवाद अपनाने के लिए इन देशों की भर्त्सना की जा रही है।

इसी प्रकार, कभी सामाजिक बाजार मॉडल के लिए प्रशंसा पानेवाले देश जर्मनी की आज धीमी विकास-दर व बढ़ती बेरोजगारी के लिए आलोचना की जा रही है। लोकप्रिय अर्थ-

व्यवस्था के रूप में चर्चित न्यूजीलैंड भी अपने आर्थिक मॉडल को लेकर अन्य देशों की तरह ही परेशान है। जापान के अलावा यह अकेला संपन्न देश है, जो साल-दो साल से मंदी की मार झेल रहा है।

मानदंडों की कसौटी पर

बहरहाल, सवाल यह उठता है कि क्या अमेरिकी अर्थव्यवस्था का प्रदर्शन सचमुच सबको पीछे छोड़ चुका है? इसकी पड़ताल के लिए दुनिया की तीन प्रमुख अर्थव्यवस्थाओं—जापान, जर्मनी और अमेरिका—को तीन बुनियादी मानदंडों—उत्पादन-वृद्धि-दर उत्पादकता और रोजगार-सृजन—की कसौटी पर कसना होगा। प्रसिद्ध विदेशी पत्रिका 'दि इकोनॉमिस्ट' के मुताबिक पिछले सात सालों के दौरान अमेरिका की सकल घरेलू उत्पाद (जीडीपी)-वृद्धि-दर में निरंतर वृद्धि दर्ज की गई। 1992 से 1998 के बीच यहाँ सालाना जीडीपी-वृद्धि-दर औसत 3.1 फीसदी रहा, जबकि जापान में यह औसत 0.8 फीसदी और जर्मनी में 1.7 फीसदी रहा। लेकिन ये प्रचलित आँकड़े काफी हद तक दिग्भ्रमित करनेवाले हैं। 1992 के बाद से अमेरिकी अर्थव्यवस्था का विस्तार हुआ है, जबकि जापान और जर्मनी दोनों ही देशों को मंदी का सामना करना पड़ा है।

आर्थिक चक्र के प्रभाव से निकलने का कोई आसान रास्ता नहीं होता और न ही एक-दो साल के आँकड़ों के आधार आर्थिक मॉडलों के गुण-दोषों की तुलना की जा सकती है। लेकिन लंबी अवधि में यह तुलना आसान जरूर हो जाती है। अमेरिका को भी हाल की मंदी के दौर से निकलने में दस साल लग गए थे। यह भी काबिलेगौर है कि अमेरिका की जनसंख्या इन दोनों देशों के मुकाबले कहीं तेजी से बढ़ी है।

आर्थिक विकास को मापने का अकेला सबसे अच्छा माध्यम प्रति व्यक्ति जीडीपी की दर होती है। आलोच्य अवधि के दौरान अमेरिका में प्रति व्यक्ति जीडीपी-वृद्धि-दर जापान के बराबर 1.6 फीसदी रही, जो जर्मनी की प्रति व्यक्ति जीडीपी-वृद्धि-दर के मुकाबले कम है। जर्मनी में प्रति व्यक्ति जीडीपी-दर बढ़ने के पीछे एकीकरण को प्रमुख कारक माना जाता है। लेकिन. व्यापक दृष्टिकोण से देखा जाए, तो जर्मनी की प्रति व्यक्ति जीडीपी-वृद्धि-दर अमेरिका के बराबर ही है। जापान में प्रतिव्यक्ति जीडीपी-दर के 1.6 फीसदी रहने के पीछे कुछ वर्षों में दर्ज की गई अचानक तेजी है और यही कारण अमेरिका के संदर्भ में भी सटीक बैठता है। हालाँकि अर्थव्यवस्था में अचानक तेजी आने को सकारात्मक नहीं माना जाता, क्योंकि इसमें जोखिम अधिक होता है।

लिहाजा आनेवाले कुछ वर्षों में अमेरिका को कुछ क्षेत्रों में तेज गिरावट या मंदी का सामना भी करना पड़ सकता है। ज्ञातव्य है कि अमेरिकी मॉडल की हूबहू नकल करनेवाले देश ब्रिटेन में पिछले दशक के दौरान आर्थिक विकास की दर फ्रांस व

जर्मनी के मुकाबले काफी कम रही है।

आर्थिक विकास को मापने का दूसरा प्रमुख पैमाना उत्पादकता है। दावा किया जाता है कि अमेरिका ने उत्पादकता के क्षेत्र में चमत्कार कर दिखाया है। अमेरिका की उत्पादकता (जीडीपी प्रति कर्मचारी) का स्तर दुनिया में सर्वाधिक होने और हाल के वर्षों में इस दर के और तेज रहने की बात भी कही जाती है। लेकिन एक तथ्य यह भी है कि पिछले एक दशक के दौरान अमेरिका की उत्पादकता-वृद्धि-दर जापान के मुकाबले कम रही, जबकि जर्मनी की उत्पादकता-वृद्धि-दर तो अमेरिका के मुकाबले दोगुनी है। हालाँकि यह सच है कि अमेरिका के आधिकारिक आँकड़े उत्पादकता-वृद्धि-दर की सही तस्वीर पेश नहीं करते, लेकिन यह समस्या अन्य देशों के साथ भी है।

आर्थिक विकास को मापने का तीसरा पैमाना है रोजगार-सृजन। इस मोर्चे पर अमेरिका का प्रदर्शन स्पष्ट रूप से अन्य देशों के मुकाबले कहीं बेहतर रहा है। अमेरिका में बेरोजगारी की दर 4.2 फीसदी है जो जर्मनी की बेरोजगारी दर 10.5 फीसदी के मुकाबले आधी से भी कम है। समझा जाता है कि पहली बार अमेरिका ने जापान की 4.6 फीसदी की बेरोजगारी दर को पीछे छोड़ा है। अब इसमें संदेह की कोई गुंजाइश नहीं रह जाती कि अमेरिका में रोजगार के अवसर जापान और जर्मनी के मुकाबले कहीं अधिक हैं।

श्रेष्ठता पर प्रश्नचिह्न

इस संपूर्ण विवेचना के आधार पर अमेरिकी अर्थव्यवस्था के सर्वश्रेष्ठ होने पर प्रश्नचिन्ह लगाया जा सकता है। अमेरिका में आय के स्तर पर व्यापक असमानता के चलते उसकी अर्थव्यवस्था की आलोचना तर्कसंगत लगती है। हमेशा यह कहा जाता रहा है कि अमेरिका ने तेज विकास-दर हासिल करने के लिए असमान विकास की प्रवृत्ति को बढ़ावा दिया है। पिछले दशकों में अमेरिका में आय की भारी असमानता के बावजूद इन तीनों ही देशों में औसत आय समान रूप से बढ़ी है। अमेरिका के सर्वाधिक समृद्ध 20 फीसदी लोग वहाँ के 20 फीसदी अत्यंत गरीब लोगों की तुलना में नौ गुना अधिक धन कमाते हैं, जबकि जापान में यह अनुपात चार गुना और जर्मनी में छः गुना है। अमेरिका में औसत आय अधिक होने के बावजूद जापान के 20 फीसदी अत्यंत गरीब लोग अमेरिका के इसी वर्ग के 20 फीसदी लोगों के मुकाबले 50 फीसदी बेहतर हालत में हैं।

यदि अमेरिकी अर्थव्यवस्था अब मंदी के दौर में चली जाती है, तो इसके मॉडल की चौतरफा आलोचना की जाएगी। क्या इसका मतलब यह निकाला जाए कि अमेरिकी अर्थव्यवस्था अन्य देशों की अर्थव्यवस्था के मुकाबले बेहतर नहीं है? ऐसा जरूरी नहीं है। लंबी अवधि के दौरान अमेरिकी अर्थव्यवस्था का प्रदर्शन प्रतिद्वंद्वी अर्थव्यवस्थाओं के समान ही रहा है, इस संदर्भ में कई तर्क दिए जा सकते हैं। जैसे,

जापान और जर्मनी में प्रति व्यक्ति जीडीपी अमेरिका के मुकाबले कम है। लिहाजा दोनों देशों के लिए जीडीपी-दर बढ़ाना कहीं आसान होगा। इसके अलावा आर्थिक सिरमौर बनने से कहीं ज्यादा आसान काम इन देशों के लिए दूसरे देशों में विकसित होनेवाली प्रौद्योगिकी को अपनाना होगा।

अंधानुकरण का नतीजा

देखा यह गया है कि अनेक देश आर्थिक मॉडल को जल्द उन्नत करने के चक्कर में कई बार अंधानुकरण कर बैठते हैं। इसका सर्वश्रेष्ठ उदाहरण पूर्वी एशिया की अर्थव्यवस्थाएँ हैं। मुक्त बाजार व्यवस्था के पक्षधरों ने बाजार-अनुकूल नीतियों को इस क्षेत्र के तेज विकास का प्रमाण बताया। लेकिन अब इनमें से कई मौजूदा संकट के लिए बैंकिंग, उद्योग और व्यापार में सरकारी हस्तक्षेप को दोषी ठहरा रहे हैं। अभी कुछ समय पहले तक अर्थव्यवस्था में तेजी का श्रेय सरकारी हस्तक्षेप को दिया जा रहा था।

सत्तर और अस्सी के दशक को जापानी अर्थव्यवस्था का सबसे कामयाब समय कहा जा सकता है। खास कर निर्यात के मोर्चे पर जापानी आर्थिक मॉडल उस समय काफी कुछ अमेरिका के मुक्त बाजार मॉडल से मेल खाता था। हालाँकि जापान-सरकार ने अन्य देशों के मुकाबले कम हस्तक्षेप की नीति कायम रखी थी। जापान में करों का बोझ जीडीपी के प्रतिशत के लिहाज से अमेरिका के मुकाबले कम और जर्मनी के मुकाबले काफी कम रहा।

अमेरिकी मॉडल के संबंध में भी जैसा प्रचारित किया जाता है, दरअसल वह वैसा है नहीं। उदाहरण के लिए अमेरिका की छवि कॉरपोरेट-नियंत्रण से अप्रभावित बाजार की है, लेकिन यहाँ जबरिया अधिग्रहण की गतिविधियाँ तेजी से बढ़ रही हैं।

अलग-अलग देश के लिए अलग-अलग मॉडल

आर्थिक अध्ययनों के मुताबिक विकास के लिए लंबी अवधि के उपाय कारगर होते हैं। लेकिन इसके लिए एक नहीं, कई उपायों की जरूरत होती है। इनमें उच्च बचत-दर, न्यूनतम कराधान, व्यापार में खुलापन, अच्छी शिक्षा, श्रेष्ठ प्रशासन और दमदार मौद्रिक व वित्तीय नीतियाँ शामिल हैं। अर्थव्यवस्था के प्रत्येक मॉडल में किसी एक उपाय पर विशेष जोर दिया जाता है। उदाहरणस्वरूप जर्मनी और जापान में बेहतर शिक्षा को अमेरिकी व्यवस्था की तुलना में ज्यादा महत्त्व दिया जाता है। इसी प्रकार, इन दोनों ही देशों में बचत-दर अमेरिका से कहीं अधिक है। लेकिन अमेरिकी मॉडल रोजगार-सृजन के मामले में सबसे ज्यादा सफल रहा है, जबकि जर्मनी व जापान सभी क्षेत्रों में समानता के साथ विकास को प्राथमिकता देते हैं। व्यापक दृष्टिकोण से देखा जाए तो अलग-अलग देशों की संस्कृतियों के लिए अलग-अलग आर्थिक मॉडल उपयुक्त हो सकते हैं।

अमेरिकी अर्थव्यवस्था के पिछले एक दशक के दौरान औसत से बेहतर प्रदर्शन के पीछे यह तर्क दिया जा सकता है कि आदर्श आर्थिक मॉडल अपने आपको परिस्थितियों के अनुरूप बदलता रहता है। 1960 और 1970 के दशक में जापान में श्रमिकों की कमी से निपटने के लिए उच्चस्तरीय प्रशिक्षण और आजीवन रोजगार उपलब्ध कराने की नीतियाँ अपनायी गईं।

इसके अलावा जापान में कंपनियों, बैंकों व सरकार के बीच मधुर संबंधों की बदौलत व्यापक निवेश को प्रोत्साहन मिला। मौजूदा हालात में लचीले व मूल्य-संवेदनशील बाजार आविष्कारों को प्रोत्साहित करने के लिए काफी फायदेमंद साबित हो रहे हैं। खास कर, द्रुत गति से बदल रहे सूचना-प्रौद्योगिकी के क्षेत्र में तो यह तथ्य सोलह आने खरा उतर रहा है।

दोषपूर्ण आकलन

संभव है कि अगले दशक तक आर्थिक सुधारों के अभाव में जापान व जर्मनी का आर्थिक विकास अमेरिका से पिछड़ जाए। दोनों देशों की विकास-दर के कम होने के कारण अलग-अलग हो सकते हैं। दूसरी तरफ, अमेरिका के बेहतर प्रदर्शन के दोषपूर्ण आकलन से कुछ नीति-निर्धारकों द्वारा सूक्ष्म आर्थिक नीतियों पर ज्यादा ध्यान दिया जा रहा है। और, वे इस चक्कर में, वृहद् अर्थव्यवस्था (मौद्रिक व वित्तीय नीति) को नजरअंदाज कर गए।

गौरतलब है कि 1920 में अमेरिकी अर्थव्यवस्था को दुनिया में सबसे मजबूत माना जाता था। लेकिन 1930 में यही अर्थव्यवस्था बदतर हालत में आ गई। इसकी वजह अमेरिका के आर्थिक मॉडल में तबदीली नहीं, बल्कि मौद्रिक और व्यापार-नीति में त्रुटियाँ थीं। हाल ही में जापान की अर्थव्यवस्था में गिरावट और जर्मनी में मंदी का कारण माँग का घटना है। इन दोनों ही देशों में अर्थतंत्र की खामियों के चलते उत्पादन में गिरावट आई और वर्तमान हालात के लिए, अत्यधिक सख्त मौद्रिक नीतियाँ भी आंशिक रूप से जिम्मेदार हैं। इसी तरह, न्यूजीलैंड की अर्थव्यवस्था में मंदी के लिए उसकी कठोर मौद्रिक नीति को खास कर तब, जब दक्षिण-पूर्व एशियाई संकट के चलते अर्थव्यवस्था प्रभावित हो रही हो, दोषी ठहराया जा सकता है। इनके विपरीत अमेरिका की शिथिल और सही कहा जाए तो अति शिथिल मौद्रिक नीति के चलते ही वहाँ की विकास-दर तेजी से बढ़ी है।

बहरहाल, इतना तो साफ है कि मौद्रिक व राजकोषीय नीतियों में बेहतर तालमेल ही किसी अर्थव्यवस्था के लिए संजीवनी नहीं है। अर्थव्यवस्था एक कार की तरह है। जिस तरह सबसे अच्छी कार के लिए अच्छे ड्राइवर व ईंधन की जरूरत होती है, उसी तरह अर्थव्यवस्था के भाग्य-विधाताओं के हाथों में सारा दारोमदार होता है।

पीआर की महिमा भी कम नहीं

जनसंपर्क यानी पब्लिक रिलेशंस (पीआर) अपने-आपमें कोई साध्य नहीं, बल्कि अच्छे प्रबंधन का एक पहलू-भर है। वह प्रबंधन का एक दर्शन, एक विचार-पद्धति है, जिसका उद्देश्य संगठन और उसकी जनता—कर्मचारी, शेयरधारक, ग्राहक, आपूर्तिकर्ता, डीलर आदि—के बीच सामंजस्य स्थापित करना है। वह मात्र निष्पादन-सूचना यानी परफॉर्मेंस-रिपोर्टिंग नहीं है, जैसाकि किसी मसखरे ने कहा है; न ही वह पब्लिक यानी जनता के साथ रिलेशंस यानी रिश्तेदारों की तरह पेश आना है, जैसा एक हास्य-कवि ने बताया है।

जनसंपर्क लोगों के मन में उद्यम की छवि बनाने के नैतिक साधन अपनाता है

जनसंपर्क एक स्वर-संगति यानी ट्यूनिंग है। वह एक नई सामाजिक अवधारणा है, जो 19वीं सदी के उत्तरार्ध के उस पुराने सोच का खंडन करती है जिसके अनुसार जनता को तिरस्कार-योग्य समझा गया है।

प्रचार से भिन्न

जनसंपर्क प्रचार यानी प्रोपेगैंडा नहीं है। 'प्रोपेगेंडा' शब्द भीड़ को अपने पीछे चलाने (मास-फॉलोइंग) और उसके मतारोपण (ब्रेन-वाशिंग) से संबंध रखता है। वह अन्य लोगों के मत और कार्यों को प्रभावित करने का एक सजग प्रयास है। अच्छे काम के लिए इस्तेमाल किए जाने पर वह अच्छा साबित हो सकता है, पर गलत काम (जैसे नफरत भड़काने) के लिए प्रयुक्त किए जाने पर वह बुरा भी सिद्ध हो सकता है (आर्य जाति की शुद्धता

की रक्षा के लिए नाजी-अत्याचार इसका एक घिनौना उदाहरण है)। प्रोपेगेंडा केवल बाहर की ओर निर्दिष्ट होता है, जबकि जनसंपर्क एक द्विमार्गी गली है। जनता में उद्यम की छवि प्रस्तुत और निर्मित करने के लिए जनसंपर्क नैतिक साधन अपनाता है। कर्मचारी समस्त संगठनों के लिए अत्यंत महत्त्वपूर्ण है। कारगर परिणामों के लिए उद्यम के लक्ष्यों में उनकी संलग्नता और निष्ठा अनिवार्य है। कर्मचारी हर संगठन की अपरिहार्य परिसंपत्ति और महत्तम अप्रयुक्त संसाधन हैं, तथा कोई जनसंपर्क-कार्यक्रम उनकी उपेक्षा नहीं कर सकता। उल्लेखनीय है कि जनसंपर्क-कार्यक्रम सुविचारित, सुनियोजित और दीर्घकालिक होते हैं। व्यक्तियों के बीच और व्यक्ति-समूहों के बीच संबंध आधारभूत होते हैं और जनसंपर्क-कर्मियों के सजग प्रयासों के बिना ही विद्यमान रहते हैं। जनसंपर्क-कर्मियों का काम है सही मानसिकता पैदा करना और पारस्परिक व्यवहार को प्रोत्साहित करना, जो आपसी समझदारी के नाजुक पौधों का पोषण करता है और उनकी ठोस, स्वस्थ प्रगति में सहायक होता है।

प्रबंधक में जनसंपर्कीय गुण

बढ़ती व्यावसायिकता के साथ जनसंपर्क-व्यवसायी अधिक प्रबंधनोन्मुख हो गए हैं। अब तकनीकों और मीडिया पर कम और प्रबंधन-मंत्रणा पर ज्यादा जोर दिया जाने लगा है।

प्रबंधक की प्रभावोत्पादकता उसके तकनीकी, मानवीय और वैचारिक आदि अनेक व्यक्तिगत कौशलों पर निर्भर करती है। एक प्रभावशाली प्रबंधक में अन्य बातों के अलावा बहुत-से जनसंपर्क-गुण दिखाई देते हैं। प्रबंधक का मुख्य कार्य किसी एक शब्द में वर्णित करना हो तो वह है संप्रेषण। प्रबंधक एक शिक्षक, विशेषज्ञ, नेता और समन्वयकर्ता होता है। पर इन सबके लिए उसका उच्च कोटि का संप्रेषक होना अनिवार्य है।

जनसंपर्क-कार्यक्रम की सफलता वांछित परिणाम हासिल करने के लिए भली भाँति सोच-विचारकर बनाई गई योजनाओं पर ही नहीं, जन-संदेश को संप्रेषित करने की सर्वोत्तम विधियों के कुशल चयन पर भी निर्भर करती है। अच्छा जनसंपर्क-प्रशिक्षण लिखित या मौखिक संदेश-प्रेषण में परिशुद्धता, लघुता और स्पष्टता की आदतें विकसित कर देता है और संप्रेषण को प्रभावोत्पादक बना देता है। यथार्थवादी प्रबंधक हमेशा अपनी मदद के लिए भाषा को लेकर चलता है।

जैसे-जैसे संगठन उन्नति करता है, संप्रेषण-मार्गों में एक तरह का धमनी-काठिन्य यानी आर्टरियोस्क्लेरोसिस पैदा हो जाता है। विभिन्न संगठनात्मक कार्यों पर उल्लेखनीय प्रभाव डाल सकनेवाली तकनीकी, वित्तीय या अन्य सूचना अकसर विभागीय विशेषज्ञता के समुद्र में खो जाती है। संगठन समझ-बूझ बढ़ाने, उत्पादकता में वृद्धि करने, टीम-वर्क को प्रोत्साहित करने और एक पहचान बनाने के लिए अंतरविभागीय और विभागेतर, दोनों तरह के संप्रेषण विकसित करते हैं। पर जैसे

कोई फोटोग्राफ उस नेगेटिव से, जिससे कि वह बना .है, ज्यादा स्पष्ट नहीं हो सकता, वैसे ही प्रबंधनकर्मी उससे ज्यादा संप्रेषित नहीं कर सकता, जितना कि वह समझता है। अतः प्रभावोत्पादकता के लिए शीर्ष प्रबंधन पर अपने प्रबंधकों के साथ पूर्ण संप्रेषण कायम रखने की जिम्मेदारी होती है।

संवाद का महत्त्व

ऊपर से नीचे तक संप्रेषण-मार्ग खुले रखने का सर्वोत्तम तरीका है निरंतर संवाद, क्योंकि आमने-सामने की बातचीत का कोई विकल्प नहीं है। पिकनिक या ऑफिस-लंच पर होनेवाली अनौपचारिक बातचीत भी कार्यालय या फैक्टरी-परिसर में होनेवाले अनौपचारिक संवादों जितनी ही मूल्यवान होती है। सुकरात ने कहा था, 'बोलो, ताकि मैं तुम्हें देख सकूँ।' लेकिन सुनने में बाधाएँ क्या हैं? दंभ, हीनभावना, जिज्ञासा का अभाव, बातूनीपन, और अंत में—वक्ता का दोष।

जन-प्रवाद यानी ग्रेपवाइन भी एक अनौपचारिक संप्रेषण-माध्यम है, जो सभी संगठनों में मौजूद रहता है। वह अकसर औपचारिक संप्रेषण-माध्यमों से ज्यादा तेज और प्रत्यक्ष होता है। जन-प्रवाद कनिष्ठ स्तरों पर प्रबल होता है। पर वह प्रबंधन को प्रभावित बराबर करता है। खबर महत्त्वपूर्ण होने पर वह खास तौर से तेज और सक्रिय होता है। वह औपचारिक समाचार-संप्रेषण-तंत्र को, यदि वह तेज और विश्वसनीय न हो तो, छिन्न-भिन्न कर देता है। अतः प्रबंधन को गोपनीयता और सूचना की जमाखोरी से बचना चाहिए। इससे पहले कि सूचना का विकृत रूप जन-प्रवाद के माध्यम से प्रसारित हो, उसे तेजी से बता दिया जाना चाहिए। प्रशासनिक प्रभावोत्पादकता के दर्शन में शामिल समस्त कारकों में से जनता का योगदान सर्वाधिक उल्लेखनीय है। जनता की राय और उसका रुख प्रशासनिक प्रक्रिया का अभिन्न अंग है। क्योंकि अंततः जनता जो चाहती है, पा लेती है। इसलिए जनसंपर्क जनता की राय को प्रभावित करनेवाला कम, उसकी इच्छा का ईमानदार प्रतिवाद (रेस्पांस) ज्यादा है। अच्छे जनसंपर्क-कार्यक्रम संगठनों को जनोन्मुख और प्रबंधकों को ज्यादा मानवीय बनाते हैं। प्रबंधन लोगों में रुचि ले और उन्हें 'टेकन फॉर ग्रांटिड' न समझे, तो वे प्रेरित जरूर होते हैं।

प्रबंधन का अंग

जनसंपर्क शीर्ष से शुरू होता है, जहाँ नीति बनती है। वह मूलभूत और दूरगामी है, इसलिए शीर्ष कार्यपालक के सिवा किसी को नहीं सौंपा जा सकता। व्यवसाय और उद्योग में जनसंपर्क प्रबंधन का उत्तरदायित्व है। सरकार में वह प्रशासन का कार्य है। जनसंपर्क को कारगर बनना है तो उसे उद्यम के प्रधान, जिसका अपने महत्त्व और शक्ति में विश्वास होना जरूरी है, से निर्देश प्राप्त करने होंगे।

जनसंपर्क प्रत्यायोज्य (दूसरों को सौंपा जा सकनेवाला यानी डेलीजेबल) नहीं। मुख्य कार्यपालक जनसंपर्क के पहिए की धुरी होता है। उसी से संस्था के अपनी जनता के साथ संबंधों को नियंत्रित-संचालित करनेवाली नीतियों और निर्णयों का विकिरण होता है। जनसंपर्क को प्रशासनिक प्रक्रिया से अलग नहीं किया जा सकता, क्योंकि वह प्रबंधन-तंत्र का अंग है। शीर्ष प्रशासन सहित पदानुक्रम में कोई भी जनसंपर्क का परित्याग नहीं कर सकता।

अपनी कंपनी के बाह्य संबंधों के बारे में मुख्य कार्यपालक के निर्णय को प्रभावित करनेवाले कारकों में से एक है—व्यावसायिक माहौल के भीतर और बाहर रोजाना उसके संपर्क में आनेवालों से मिलनेवाला फीडबैक। औपचारिक फीडबैक या मत-सर्वेक्षण का मानदंड हमारे देश में बहुत कम प्रचलित है, पर वह प्रबंधन-प्रभावोत्पादकता का एक अच्छा संप्रेषक यानी कम्यूनिकेटर है। फीडबैक के जरिये ही हम यह देखना सीख सकते हैं कि दूसरे हमें किस रूप में देखते हैं।

सुनिवेशित धन

इसमें शक नहीं कि अच्छे जनसंपर्क पर काफी धन खर्च होता है। पर अच्छे संयंत्र-विन्यास, बिक्री-संवर्धन या लीगल प्रैक्टिस पर खर्च किए जानेवाले धन की ही तरह अच्छे जनसंपर्क पर खर्च किया गया धन सुनिवेशित धन होता है। भविष्य के प्रबंधक को शेयरधारकों, कर्मचारियों, संरक्षकों और उपभोक्ताओं के परस्पर-विरोधी हितों का समाधान करने और अपने इर्द-गिर्द के नए माहौल की अस्तव्यस्तता से उनकी संगति बिठाने के लिए जनसंपर्क-कौशलों की आवश्यकता होती है। उसे अपने संगठन को एक अलग सत्ता के बजाय समाज के एक अभिन्न अंग के रूप में अग्रसर करने के लिए कर्मचारियों के साथ ज्यादा अधिकार और जिम्मेदारी बाँटनी होगी। लाभ कमाने के उसके प्रयास सामाजिक न्याय द्वारा संतुलित किए जाएँगे। अपने संगठन को महज लाभ कमाने का उपकरण समझनेवाला प्रबंधक अब अतीत की चीज है। जब पूँजी की जरूरत थी, पूँजी सत्ता थी। जब श्रम की ज़रूरत पड़ी, श्रम सत्ता बन गया। आज सत्ता समाज के पास है। आनेवाले समय में संगठनों का अस्तित्व मुख्यतः माहौल के इस बदलाव के अनुरूप ढलने की उनकी योग्यता पर निर्भर करेगा।

उपयुक्त समाधान है विलय

बजट-प्रस्तावों ने कमजोर बैंकों समेत समूचे वित्तीय क्षेत्र के पुनर्गठन के लिए कई अवसर खोल दिए हैं। अब किसी लाभ कमानेवाली कंपनी के किसी घाटा उठा रही कंपनी के साथ विलय की स्थिति में कंपनियों के लिए कर-नुकसान का समायोजन करना मुमकिन होगा। चूँकि पुनर्गठन की प्रक्रिया अब कर-निरपेक्ष हो गई है, इसलिए क्या यह अपेक्षा की जा सकती है कि भारतीय कंपनियों में पुनर्गठन का एक दौर-सा चल निकलेगा? क्या कमजोर बैंक और वित्तीय कंपनियाँ विलयों व समामेलनों का लाभ उठा सकती हैं और क्या इसकी परिणति भारतीय वित्तीय क्षेत्र के सुदृढ़ीकरण के रूप में होगी? ये उन सवालों में से कुछ हैं, जो इस समय बैंकों, योजनाकारों और निश्चित रूप से देश के केंद्रीय बैंकों को भी परेशान कर रहे हैं।

विदेशों से मिल रही प्रतिस्पर्धा और कुशलता की तलाश विलयों के जरिये सुदृढ़ीकरण की प्रक्रिया को प्रोत्साहित करेगी ही करेगी

विलयों व समामेलनों के पक्ष में मुख्य दलील यही है कि वैश्वीकरण व प्रतिस्पर्धा के उभरते परिदृश्य में बड़ी कंपनियों व बैंकों का लाभदायक स्थिति में होना लाजिमी है, क्योंकि उनकी जोखिम ज्यादा क्षेत्रों व बाजारों में बँटी रहेगी। जापान भी अपने समस्याग्रस्त बैंकिंग व वित्तीय क्षेत्र को स्थिरता प्रदान करने के लिए नियोजित विलयों की दिशा में आगे बढ़ने की योजना बना रहा है। दुनिया-भर में कुशलता को अधिकतम करने के लिए वित्तीय क्षेत्र के पुनर्गठन का काम विलयों व समामेलनों के रूप में करने की प्रवृत्ति जोर पकड़ती जा रही है। पिछले कई सालों से पश्चिमी देशों में विलय के चलते बैंकों की वृद्धि-दर पर सकारात्मक प्रभाव पड़ता रहा है। हाल के सालों

में इसमें तेजी आई है और कई भारी-भरकम सौदे हुए हैं। इसके चलते विश्व के शीर्ष बैंकों की स्थितियों में बदलाव हो गया है।

पुनर्जीवित करने का तरीका

भारत में भी विश्लेषकों का यह मानना रहा है कि बैंकिंग क्षेत्र को पुनर्जीवित करने का एक तरीका विलय व समामेलनों के रूप में गठजोड़ स्थापित करना ही हो सकता है। माना जाता है कि कुछ छोटी स्वतंत्र कंपनियाँ पहले ही बैंकों और बड़ी व मजबूत वित्तीय कंपनियों के निशाने पर हैं। एनपीए के प्रबंधन की समस्या के अलावा, देश के बैंकों को अब अंतर्राष्ट्रीय बैंकों की प्रतिस्पर्धा का भी सामना करना पड़ रहा है। वे आर्थिक झटकों व राजनीतिक अस्थिरता के प्रति भी खासे संवेदनशील हैं। ऐसी स्थिति में पूँजी-आधार को मजबूत करने की अनिवार्यता पर जोर देना लाजिमी ही है। मुद्रा-बाजारों में ज्यादा अस्थिरता और मौद्रिक नीति के उपकरणों के रूप में ब्याज-दर के उतार-चढ़ाव का ज्यादा इस्तेमाल होने से विदेशी संपत्तियों व घरेलू निवेश, दोनों के मामले में बाजार या संपत्ति-कीमत-जोखिम अब खासी बढ़ गई है। उधर भारतीय शेयर बाजार में डेरीवेटिव-ट्रेडिंग की इजाजत मिलने के प्रस्ताव के मद्देनजर तो बैंकों को अब बैलेंस-शीटों से इतर जोखिमों का भी ज्यादा सामना करना पड़ेगा। विलयों से निश्चित रूप से बैंकों को ज्यादा प्रतिस्पर्धी धार मिल सकेगी।

हालाँकि, दुनिया-भर के विपरीत भारतीय बैंकिंग-प्रणाली में अभी विलयों व अधिग्रहणों की संस्कृति को ज्यादा प्रोत्साहन नहीं मिल पाया है, खास तौर पर अमैत्रीपूर्ण अधिग्रहणों को। चूँकि ज्यादातर बैंक इस समय सार्वजनिक क्षेत्र में ही हैं, इसलिए विलय व अधिग्रहण के इक्का-दुक्का मामले ही देखने में आते हैं। हालाँकि विश्लेषक मानते हैं कि भारत में भी बैंकिंग क्षेत्र में जल्दी ही यह प्रवृत्ति दिखाई देने लगेगी। विदेशों से मिल रही प्रतिस्पर्धा और कुशलता की तलाश के कारण विलयों के जरिये सुदृढ़ीकरण की प्रक्रिया को प्रोत्साहन मिलना अपेक्षित ही हे। यह धारणा प्रबल होती जा रही है कि बैंक के आकार में वृद्धि उसके डूब जाने की आशंका को कम कर देती है। बड़े बैंक निश्चित रूप से अपने परिचालन का विविधीकरण करने और इस तरह से अपनी जोखिम को कम करने में ज्यादा सक्षम होते हैं। बहरहाल, प्रतिकूलताओं के बावजूद आला दर्जे के बैंक सफल परिचालन करते रहेंगे, लेकिन उन्हें इस दिशा में बड़ी सावधानी बरतने की जरूरत है।

खर्चों में कटौती

परिचालन व प्रबंधन को सुधारना बैंकों के सामने एक और बड़ी चुनौती है। बैंकों के मामले में आधुनिक प्रतिस्पर्धा दरअसल प्रबंधन की क्षमताओं व दक्षताओं की प्रतिस्पर्धा ही है। बैंकों को एक ओर सावधानी बरतकर प्रासंगिक निगरानी-

अनिवार्यताओं व नियमनों का ध्यान रखना होता है, तो दूसरी ओर उन्हें प्रबंधन की प्रभावशीलता बढ़ाने के साधन भी अपनाने होते हैं। इसका एक तरीका लागत घटाना और लागत-आय-अनुपात पर कड़ी निगाह रखना है। एक ही बाजार-क्षेत्र में प्रतिस्पर्धा कर रहे बैंकों का विलय यकीनन कई खर्चों में कटौती करेगा, खास तौर पर शाखाओं की युक्तिसंगत स्थापना और दोहरीकरण से बचाव के संदर्भ में। विलयों व अधिग्रहणों के जरिये जो सहशक्ति विकसित हो रही है, उससे संक्रमण की प्रक्रिया में भी सहूलियत मिलेगी और बैंक विदेशी बैंकों की प्रतिस्पर्धा का सामना करने के लिए ज्यादा मुस्तैद हो जाएँगे।

विलयों के देश की बैंकिंग-प्रणाली व अर्थव्यवस्था पर पड़नेवाले प्रभावों पर विचार किया जाना चाहिए। विलयों के बाद बैंक मजबूत होकर उभरेंगे, उनकी अर्जन-क्षमता सुधर जाएगी और बढ़ी हुई आय से वे पूँजी-आधार को सुदृढ़ करने में सक्षम हो सकेंगे। पूँजी-आधार बढ़ने से बैंक विविध गतिविधियों को अपना सकेंगे और अपने उत्पादों को नए आपूर्ति-चैनल उपलब्ध करा सकेंगे।

भारतीय वित्तीय क्षेत्र के दिग्गज लोग, दबी हुई आवाज में ही सही, विलयों के जरिये क्षेत्र को मजबूत करने की बात कहने लगे हैं। समय आ गया है कि संबद्ध अधिकारी इस जटिल मुद्दे पर ज्यादा साहस व कल्पनाशीलता दिखाते हुए विचार करें। अगर इस प्रक्रिया को केवल कमजोर व मजबूत बैंकों के विलय तक ही सीमित रखा जाता है, तो इससे उसका उद्देश्य पूरा नहीं होगा। समझदारी इसमें हो सकती है कि एक अत्यंत लाभकारी निजी बैंक, जिसका बाजार-हिस्सा अच्छा हो, व्यापक आधारवाली शेयरधारिता हो और जो मुख्य रूप से छोटे व मझोले व्यवसायों को लक्ष्य बनाकर चल रहा हो, का विलय सार्वजनिक क्षेत्र के एक बड़े बैंक में हो जाए, जिसके ग्राहकों में मुख्यतः बड़ी कंपनियाँ शामिल हों और जो अंतर्राष्ट्रीय स्तर पर अपनी उपस्थिति दर्ज करा चुका हो। इसी तरह विभिन्न क्षेत्रों में उपस्थिति रखनेवाले दो मझोले आकार के बैंक भी विलय से लाभ उठा सकते हैं। विलय से वे बैंक खास तौर पर लाभान्वित होंगे, जिन्हें अंतर्राष्ट्रीय प्रतिस्पर्धा का सामना करना पड़ रहा है। इस बात को भी महसूस किया जाना चाहिए कि हालाँकि कुछ कमजोर बैंकों का विलय किया जा सकता है, लेकिन कुछ अन्य को बंद भी करना पड़ सकता है। उबारने के लिए किए जानेवाले विलय समस्या सुलझाने के स्थान पर नई समस्याएँ खड़ी कर सकते हैं। इसके अनुभव भारतीय बैंकिंग-प्रणाली को मिल भी चुके हैं। वास्तव में जरूरत साहसी राजनीतिक पहल करने और मौजूदा प्रतिस्पर्धा माहौल में आर्थिक ताकतों की पारस्परिक क्रिया को समझने की है।

विशिष्ट कानून के अभाव में

भारत में किसी बैंकिंग-कंपनी के अमैत्रीपूर्ण अधिग्रहण के बारे में कोई विशिष्ट

कानून नहीं। बैंक परस्पर सद्भाव, शेयरधारकों के समायोजन व बोर्ड की मंजूरी के बाद स्वामित्व में परिवर्तन ला सकते हैं। लेकिन इस प्रक्रिया को गति देने से पहले बैंकों के मामले में स्वाभाविक तौर पर पहली प्राथमिकता बैलेंस-शीटों को साफ-सुथरा बनाने को दी जानी चाहिए, जिसकी सूरत अनर्जक परिसंपत्तियों और राजनीतिक आधार पर दिए गए ऋणों के चलते, बहुत बिगड़ चुकी होती है। ज्यादा व्यावहारिक और पारदर्शी खाता-मानकों को अपनाए जाने की तरफ भी पर्याप्त ध्यान दिया जाना चाहिए।

भारत में उभरते परिदृश्य में विलयों व अधिग्रहणों की अपरिहार्यता को देखते हुए सरकार को रिजर्व बैंक से सलाह-मशविरा करके इस मुद्दे पर एक व्यापक नजरिया अपनाना चाहिए। इस सिलसिले में अंतर्राष्ट्रीय बैंकिंग की प्रवृत्तियों पर ध्यान रखना होगा। जापान व दक्षिण-पूर्व एशिया में हासिल किए गए अनुभवों से कई सबक सीखे जा सकते हैं। यह भी जरूरी है कि एक ऐसी वैज्ञानिक पद्धति विकसित की जाए, जिससे बैंक व वित्तीय संस्थान अपनी मजबूतियों व कमजोरियों, प्रबंधन की विशेषताओं, प्रशासनिक प्रवृत्तियों, जानकारियों के स्तर और बाजार की माँग के प्रति उनकी प्रतिक्रिया आदि का मूल्यांकन कर सकें। निवेशकों तक पहुँचनेवाली सूचनाओं के प्रवाह पर विशेष ध्यान देना होगा। सेबी का गठन ही निवेशकों, खास तौर पर छोटे निवेशकों के हितों की सुरक्षा के लिए किया गया है। उसे एक ऐसी प्रणाली व निगरानी-प्रक्रिया की रचना करनी चाहिए, जिससे सूचना-प्रवाह में ऐसी कोई दरार न पैदा होने पाए जो संबद्ध बैंकों के शेयरधारकों को नुकसान पहुँचाती हो। सेबी को भी खुद को एक अंपायर की भूमिका के रूप में पूरी तरह मुस्तैद कर लेना चाहिए।

पहचान का सवाल

विवाद का एक और मुद्दा समंजन स्थापित करने और अपनी पहचान के भाव को बनाए रखने से जुड़ा है। यह स्थिति तब पैदा होती है, जब दो ऐसे बैंकों को विलय होता है जिनकी कार्यसंस्कृति एक-दूसरे से एकदम भिन्न है। ऐसे में कार्य संस्कृति, मूल्यों व नजरियों में अंतर को लेकर संकट खड़ा होना तय है। ऐसी समस्याएँ अतीत में भी आती रही हैं। लेकिन यदि प्रबंधन जागरूक रहे तो कालांतर में इन समस्याओं से पार पाकर विलय को कारगर बनाया जा सकता है, क्योंकि एक बड़े व मजबूत निकाय के गठन में जोरदार सहशक्ति व अवसर समाहित होते हैं।

हालाँकि यह तय है कि विलय व अधिग्रहण संपत्तियों की खराब गुणवत्ता, लचर प्रबंधन, प्रौद्योगिकीय उन्नयन की उपेक्षा, परिचालन में लचीलेपन और कामकाजी स्वायत्तता के अभाव का कोई विकल्प नहीं है। इसी तरह बदलते समय की जरूरतों के अनुरूप एक उपयुक्त वैधानिक ढाँचा भी विकसित किए जाने की जरूरत है।

अंत में, बैकिंग-प्रणाली का परिचालन कुशल और स्वतंत्र लोगों के हाथों में होना चाहिए। पर्याप्त अधिकार इसके पूरक होंगे। खास तौर पर सार्वजनिक क्षेत्र के बैंक-प्रबंधनों ने अकसर परिचालन में स्वायत्तता के अभाव की शिकायत की है। नियामकों के पास उपयुक्त अधिकार न होना भी एक ऐसी खासियत है, जो न केवल भारत में बल्कि अन्य समस्याग्रस्त देशों में भी दिखलाई देती रही है। इन सारी बातों का ध्यान तो रखना ही होगा।

खातों के प्रति जवाबदेह होता है अंकेक्षक

केंद्रीय उत्पाद शुल्क कानून की धारा 14ए और 14एए के अधीन किए जानेवाले विशेष अंकेक्षण का विषय लंबे समय से चर्चा में रहा है। इस दृष्टिकोण से ऐसी अंकेक्षण-योजना का स्वतंत्र मूल्यांकन और गुण-दोष विवेचन करना जरूरी है। उत्पाद शुल्क कानून के अंतर्गत किया जानेवाला अंकेक्षण लगभग आयकर कानून की धारा 142ए (2ए) जैसा ही है। उत्पाद शुल्क कानून के अधीन इस समय जिस तरह के आदेश दिए जा रहे हैं, उनसे विशेष अंकेक्षण कराने के प्रावधान का उद्देश्य विफल होता है। केंद्रीय उत्पाद शुल्क कानून में आयकर कानून की धारा 44एबी के अधीन किया जानेवाला नियमित अंकेक्षण-जैसा अंकेक्षण नहीं किया जाता। यह कंपनी कानून की धारा 224 के अधीन किया जानेवाला वित्तीय अंकेक्षण भी नहीं। कंपनी कानून में भी धारा 233ए के अधीन विशेष अंकेक्षण का प्रावधान इस कानून की धारा 224 के अधीन किए जानेवाले नियमित अंकेक्षण के अतिरिक्त है।

अंकेक्षक की जानकारी के बिना खातों में हेराफेरी संभव नहीं

कंपनी कानून और आयकर अधिनियम की तुलना में उत्पाद-शुल्क इस मामले में हटकर है कि इसमें केवल विशेष अंकेक्षण का प्रावधान है और नियमित अंकेक्षण का कोई प्रावधान नहीं। इस विशेष अंकेक्षण का अर्थ है—आवश्यक होने पर किया जानेवाला नियमित या संपूरक अंकेक्षण। यही कारण है कि कंपनी कानून और आयकर कानून दोनों में नियमित और विशेष दोनों तरह के अंकेक्षण का प्रावधान रखा गया है।

यदि किसी प्रयोजन के लिए आवश्यक हो तो कंपनी कानून और आयकर कानून की तरह ही उत्पाद कानून में भी नियमित अंकेक्षण की प्रणाली के लिए आवश्यक है कि इस कानून में संशोधन किया जाए।

विशेष अंकेक्षण

कंपनी कानून के अधीन विशेष अंकेक्षण पर परिचर्चा करना भी इस प्रसंग में आवश्यक प्रतीत होता है। कंपनी कानून के अधीन धारा 224 में नियमित अंकेक्षण करने के अलावा 253ए के अधीन विशेष अंकेक्षण करना भी आवश्यक होता है। लगभग सभी मामलों में यह देखा गया है कि धारा 226 के अधीन नियुक्त कानूनी अंकेक्षक इस कानून की धारा 233ए के अधीन विशेष अंकेक्षक की तरह निखुक्त किए जाते हैं।

पूर्व में उल्लिखित जिन संस्तुतियों के आधार पर चार्टर्ड एकाउंटेंट को धारा 226 के अधीन अंकेक्षक के रूप में चुना जाता है, उन पर यह सुनिश्चित करने का दायित्व है कि व्यवहार में मुख्य सिद्धांतों का अनुसरण किया गया है या नहीं। भारतीय रिजर्व बैंक ने व्यवसाय में निपुणता के संबंध में कहा है कि गैर-बैंकिंग वित्तीय कंपनियों के अंकेक्षकों में तकनीकी ज्ञान और अंकेक्षण करने की विशेषज्ञता का अभाव रहता है, इसलिए अन्वेषण और अंकेक्षण रिजर्व बैंक के अधिकारियों द्वारा किया जाता है।

विचारणीय बिंदु

सामान्यतया यह देखा गया है कि मुवक्किल के संकेत मिलते ही लेखाकारों की फर्म उसका अंकेक्षण करने के लिए तैयार हो जाती है। कहीं-कहीं तो यह देखा गया है कि लेखाकार स्वयं भी मुवक्किलों को अपनी ओर आकर्षित करने का भरसक प्रयास करते हैं, अर्थात् मुवक्किलों को प्रारंभ में ही यह अहसास करा देते हैं कि वह उनसे अधिक जरूरतमंद हैं। इसका परिणाम शीघ्र ही सामने आ जाता है, जब मुवक्किल लेखाकार के सुझाए गए मार्ग को सहजता से नहीं लेता बल्कि उसके बीच में स्थान-स्थान पर परिवर्तन कर लेता है और कई बार तो अंकेक्षक (लेखाकार) को अपनी बात मनवाने के लिए जरूरी है कि वह अपनी स्वीकृति देने से पहले कई बिंदुओं पर विचार करे। इन बिंदुओं में मुवक्किल का पूर्व व्यवहार, उसके कारोबार की प्रवृत्ति, अपनी कार्यक्षमता का परीक्षण, फर्म में नियुक्त किए गए कार्यकारी लेखाकारों की संख्या और उनकी कार्य-क्षमता आदि मुख्य हैं।

यदि इन बातों पर ध्यान न दिया गया तो लेखाकार-कर्म चाहे छोटे आकार की हो या बड़े आकार की, उसके पास अच्छे मुवक्किलों की हमेशा कमी रहेगी और ऐसे मुवक्किल ही उस फर्म में भरे रहेंगे जो किसी तरह से फायदेमंद नहीं। समुचित, समयबद्ध और निपुण सेवा प्रदान करनेवाले लेखाकार के पास हर समय मुवक्किलों

का हुजूम लगा रहता है। इसके लिए जरूरी है कि किसी मुवक्किल से नियुक्ति प्राप्त करने के पहले यह नीतिगत बात सुनिश्चित कर ली जाए कि कार्य करते समय परस्पर हितों का टकराव तो नहीं होगा या मुवक्किल के साथ बननेवाला वैयक्तिक संबंध अंकेक्षण के उद्देश्य को दृढ़ता से लागू करने में बाधक तो नहीं बनेगा? इसके बाद संबंधित मुवक्किल को यथासंभव श्रेष्ठ सेवा प्रदान करने की व्यावसायिक योग्यता पर अपने पास उपलब्ध कर्मचारियों या भागीदारों के प्रसंग में विचार करना चाहिए। साधन न रहने पर भी मुवक्किलों की नियुक्ति स्वीकार कर लेना आगे चलकर दुखद परिणाम देता है।

अंकेक्षण सही होना चाहिए

इन बातों पर विचार करने के बाद इच्छुक मुवक्किल द्वारा सौंपे जानेवाले कार्य के निबंधन और शर्तों को समझना और महत्त्वपूर्ण बातों को लिखना जरूरी है। लेखाकार फर्म जिस भागीदार को अंकेक्षण का दायित्व सौंपे, उससे यह रिपोर्ट भी हस्ताक्षर-सहित माँगे कि उसने पूरी जिम्मेदारी के साथ कार्य पूरा किया है और वह इस बात को जानता है कि कुछ गलती होने की दशा में उसको ही परिणाम भुगतना है। ऐसी रिपोर्ट लिखवाने से न केवल अंकेक्षण-कार्य के प्रति आश्वस्त मनःस्थिति बनेगी, बल्कि संबंधित भागीदार भी सौंपा गया अंकेक्षण-कार्य सही तरह करने के लिए विवश रहेंगे। समस्त सावधानियाँ बरतने के बाद भी जब किसी मुवक्किल या उसके सौंपे गए कार्य में किसी तरह की जोखिम विशेष दिखाई दे तो अनुभवी भागीदारों की एक टीम को ऐसा अंकेक्षण करनेवाले भागीदारों को सलाह देनी चाहिए। अंकेक्षण-कार्य इतना सही होना चाहिए कि जहाँ तक संभव हो, इसमें किसी तरह की जोखिम का सामना न करना पड़े।

द्वितीयक बाजार में अपने शेयरों के प्रति आकर्षण पैदा करने के लिए कंपनियाँ अपनी बैलेंस-शीट में काल्पनिक और बढ़ा-चढ़ाकर आय का ब्योरा पेश करती हैं। यही कंपनियाँ ठीक अगले वर्ष गंभीर हानि दर्शानेवाले परिणाम प्रकाशित कराती हैं, जिसके कारण शेयर का मूल्य तेजी से नीचे गिर जाता है और छोटा निवेशक बहुत हानि उठाता है और मानसिक अशांति का शिकार बन जाता है। इन छोटे निवेशकों को कंपनी के अंदर की वास्तविक स्थिति का पता नहीं लग पाता, अतः वे बाद के वर्ष में एकदम विपरीत परिणाम दर्शानेवाले बैलेंस शीट की मृगतृष्णा के शिकार हो जाते हैं। इस तरह पहले वर्ष के दबाए गए नुकसान भी अगले वर्ष में एकसाथ प्रकट कर दिए जाते हैं। इन सभी बैलेंस-शीटों का अंकेक्षण अंकेक्षकों द्वारा ही किया जाता है। अंकेक्षकों के साथ कंपनी की मिलीभगत से या अंकेक्षकों को वास्तविक परिणाम से दूर रखने की युक्ति से ऐसा किया जाता है। दोनों दशाओं में तकनीकी सक्षमता और स्वतंत्रता पर आघात लगता है और इसका परिणाम कर्मचारियों और राज्य सरकार के लिए घातक होने के साथ-साथ कर्जदाताओं,

निवेशकों और अन्य शेयरधारकों के लिए भी खतरनाक बन जाता है।

अंकेक्षक का हाथ

प्रश्न उठता है कि हानि उठानेवाली कंपनियों को लाभान्वित कंपनी की तरह दिखाने में क्या अंकेक्षक का कोई हाथ नहीं होता? क्या उसकी जानकारी के बिना ऐसा हो सकता है? इसके अलावा नियमित अंकेक्षण करनेवाली चार्टर्ड एकाउंटेंट फर्म को ही विशेष अंकेक्षण भी सौंप दिया जाता है। इसमें सबसे पहले यह प्रश्न उठता है कि क्या नियमित अंकेक्षण होने पर भी विशेष अंकेक्षण कराना जरूरी है? धारा 227 के अनुसार अंकेक्षकों को यह सुनिश्चित करना होता है कि कंपनी या इसके सदस्यों के हित में ही ऋण और अग्रिम दिए गए हैं या नहीं और ऐसे संव्यवहार किए हैं, जो उनके हितों के प्रतिकूल नहीं हैं। उन्हें अपने द्वारा जाँची गई लेखा-पुस्तकों पर यह रिपोर्ट देनी होती है कि कंपनी के कार्य-मामले उसके लाभ व हानि खाते में सही और उचित तरह से प्रकट किए गए हैं।

विशेष अंकेक्षण में सभी पहलुओं को सम्मिलित करनेवाले विस्तृत संदर्भ लिखित रूप में उपलब्ध हैं। इसके अलावा यह कैसे संभव है कि जो अंकेक्षण उस कारोबार की प्रणाली सही होने या न होने का पता नहीं लगा पाया, वही विशेष अंकेक्षण कराने के मामले में यह जान लेगा? धारा 617 के अधीन एक सरकारी कंपनी होने की दशा में चार्टर्ड एकाउंटेंट से अंकेक्षण कराने के बाद इनका अंकेक्षण पुनः भारत के नियंत्रक व महालेखा परीक्षक (कैग) द्वारा किया जाता है। कैग का यह मानना है कि सरकारी उद्यमों में से 50 फीसदी उद्यम ऐसे हैं, जिनके विभाग द्वारा अनुपूरक अंकेक्षण किए गए हैं फिर भी उन्हें लेखा-पुस्तकों का पुनरीक्षण प्रतिवर्ष कराना पड़ता है, अतः स्पष्ट है कि इन उद्यमों का चार्टर्ड एकाउंटेंट द्वारा किया गया अंकेक्षण सही नहीं होता। उक्त कारण से विशेष अंकेक्षण का कार्य केवल चार्टर्ड एकाउंटेंट को सौंपना निष्प्रभावी रहेगा, अतः इस प्रणाली को समाप्त किया जाना चाहिए। धारा 237 के अधीन अन्वेषण में इसे विलीन किया जाना चाहिए।

कंपनी अधिनियम की धारा 209 के प्रसंग में 'लेखाकार' शब्द का उल्लेख रहने पर भी इस कानून में इसकी परिभाषा नहीं दी गई है। इस कानून के अंकेक्षण की परिभाषा अवश्य दी है, परंतु लेखाकार की नहीं। आयकर कानून में लेखाकार का अर्थ चार्टर्ड एकाउंटेंट दिया गया है। किसी व्यवसाय-विशेष को सुरक्षा प्रदान करने की पूर्वमानसिकता के साथ जबरदस्ती न जुड़ने की दशा में ही हमारे कानून-निर्माता इस समाज के लोकतांत्रिक ताने-बाने के प्रति न्याय कर सकेंगे। उन्हें एक कंपनी का अंकेक्षण समान संख्या में लागत-लेखाकार, चार्टर्ड एकाउंटेंट और कंपनी-सचिववाली फर्म द्वारा संपन्न करने का प्राधिकार देनेवाला संशोधन करना चाहिए, ताकि ये तीनों संस्थान और इनके उपाधिधारक अंकेक्षण-कार्य स्वतंत्र रूप से संपन्न कर सकें।

व्यावसायिक संस्कृति का अभिन्न अंग है उपहार

'तीस साल पहले मैं जिस कंपनी में काम करता था, वहाँ मेरे बॉस को क्रिसमिस पर हमारे एक स्टॉकिस्ट ने एक तोहफा दिया। उसमें फल, चॉकलेट, मेवे और स्कॉच व्हिस्की की चार बोतलें थीं। उन्होंने उसमें से फल व चॉकलेट तो अपने पास रख लिए, लेकिन व्हिस्की की बोतलें एक विनम्र टिप्पणी के साथ लौटा दीं। उस टिप्पणी में लिखा था कि कंपनी उन्हें इतने महँगे उपहार स्वीकार करने की अनुमति नहीं देती और इसलिए वे उसे लौटा रहे हैं। हालाँकि वे इस उदारता के लिए तहेदिल से शुक्रगुजार हैं।...

उपहार देने का तरीका और समय उसकी कीमत से ज्यादा महत्त्व रखते हैं

'कई साल बाद, एक अन्य कंपनी में, हमारे एक स्टॉकिस्ट ने मेरे घर पर उपहार के रूप में चाँदी के बर्तनों का एक सेट भिजवाया। मेरी पत्नी ने इस पार्सल को स्वीकार नहीं किया। स्टॉकिस्ट को यह रवैया पसंद नहीं आया। उस समय उसकी कंपनी की रजत जयंती थी और वह यह उपहार अपने सभी व्यावसायिक सहयोगियों को दे रहा था। उसने कहा कि कंपनी को 25 साल हो गए हैं और उसकी इतनी हैसियत हो गई है कि वह इस कीमत के उपहार वितरित कर सके और वैसे भी यह कीमत उसके लिए अधिक नहीं है। मुझे यह भी पता चला कि मेरे बॉस व सहयोगियों ने इस उपहार को स्वीकार कर लिया है और उपहार के लिए मेरा मना करना उनके लिए, विशेष कर मेरे बॉस के लिए काफी परेशानी का सबब बना हुआ है। खाने की मेज पर वह 'हमारे बीच मौजूद कुछ उच्च नैतिक

सिद्धांतोंवाले लोगों' के बारे में व्यंग्यात्मक टिप्पणियाँ करने लगा। मुझे लगा कि इन सब स्थितियों से निकलने का सम्मानजनक तरीका यही है कि चाँदी के सेट को स्वीकार कर लिया जाए।'

मेरे दोस्त सोमन ने एक बार मुझे यह किस्सा सुनाया था। इन दिनों वह एक बड़ी कंपनी में मैटीरियल-मैनेजर है। सप्ताह के पाँच कार्यदिवसों में से तीन या चार दिन वह अपना भोजन पाँच-सितारा होटलों में लेता है। उसका मनोरंजन करने के लिए सप्लायरों में होड़ लगी रहती है और बदले में वह भी उनका ध्यान रखता है। इस तरह प्रत्येक सप्लायर को पाँच महीने में एक बार उसके साथ उठने-बैठने का अवसर मिल जाता है। यह बहुत अधिक नहीं है और इसलिए वह अपनी इस सुविचारित योजना को तर्कसंगत ढग से जारी रखे हुए है।

संबंध कायम करने का उद्देश्य

शायद कोई भी अन्य क्षेत्र इतने अधिक भ्रम का शिकार नहीं है, जितना भ्रम उपहार देने व लेने की कारोबारी प्रवृत्ति के बारे में है। फिर भी अगर उपहार देने के पीछे चीजें देकर सामनेवाले को प्रभावित करने की चालबाजी निहित हो और उसके जरिये स्पष्ट रूप से सद्भावना और अच्छे संबंध कायम करने का उद्देश्य हो, तो व्यावसायिक उपहारों के लेन-देन से व्यापार बढ़ सकता है और एक सकारात्मक व्यावसायिक माहौल विकसित किया जा सकता है।

जापानी लोग हर साल 'ओसिवो' पर्व पर अधिकारियों व अन्य लोगों को, जिन्हें वे प्रभावित करना चाहते हैं, परंपरागत उपहार जैसे सीफूड, खाद्य तेल व कॉफी आदि प्रदान करते हैं।

पूरे विश्व में (भारत में दीवाली पर, पश्चिम में क्रिसमिस पर और जापान में दिसंबर के शुरू में) उपहार देने का कोई भी तर्कसंगत कारण कंपनियों को अपने व्यावसायिक रिश्ते पुख्ता करने या अपने कर्मचारियों अथवा ग्राहकों को उनके बारे में संस्थान की अच्छी भावनाओं से अवगत कराने का बेहतरीन मौका मुहैया कराते हैं।

एक स्पष्ट नीति आवश्यक

हालाँकि, उपहार स्वीकार करने या देने के बारे में एक निश्चित नीति कंपनी व उसके कर्मचारियों की विश्वसनीयता खंडित करनेवाले हितों के टकराव को रोकने में मदद करती है। वित्तीय सेवाएँ प्रदान करनेवाले एक प्रमुख संस्थान ने उपहार स्वीकार करने की अपनी नीति को इस तरह से व्याख्यायित किया है :

'कर्मचारी (जिसमें उसके परिवार के सदस्य शामिल हैं) किसी भी ऐसे व्यक्ति, फर्म, कॉरपोरेशन या एसोसिएशन से बोनस, शुल्क, कमीशन, उपहार, ग्रेच्यूटी, अत्यधिक मनोरंजन-व्यय या इसी तरह की अन्य प्राप्तियों को, जो सामान्य मूल्य से

ज्यादा हों, प्रत्यक्ष या परोक्ष रूप से स्वीकार न करें, जिनके साथ संस्थान या तो व्यापार कर रहा है या करने का इच्छुक है। दूसरे शब्दों में कहा जाए तो उपहार लेना कॉरपोरेट-नीति के खिलाफ है, जब तक इस बारे में संबंधित अधिकारी से विशिष्ट अनुमति न मिल जाए।'

कम कीमत के उपहार

सामान्य तौर पर हितों की टकराहट तब तक एक मुद्दा नहीं बनती, जब तक व्यावसायिक उपहारों का आकार छोटा होता है, जैसे पेन-पेंसिल, फलों की टोकरी, चॉकलेट, छोटी मूर्ति, खत खोलनेवाला औजार, लक्ष्मी के सिक्के, किसी खेल के मैच या थिएटर का टिकट, एक किताब, पिक्चर-फ्रेम, नवजात शिशु के लिए कपड़े, फूल या पौधे, सम्मानित व्यक्ति के नाम पर धर्मार्थ संस्थाओं को दान या सलाह के रूप में कोई सेवा उपलब्ध कराना।

उपहार लेने या देने की सकारात्मक व्यावसायिक भावना को विवादों से परे रखने का एक अच्छा तरीका यह है कि कम कीमतवाली वस्तुओं को उपहार में दिया जाए। केवल कुछ अति विशेष अवसरों या कंपनी के शीर्ष स्तर पर उपहार देने के मामलों को छोड़कर इस नियम का पालन किया जाना चाहिए। अमेरिकी सरकार एक व्यावसायिक उपहार देने के लिए अधिकतम 25 डॉलर तक खर्च करने की अनुमति देती है, जबकि अमेरिकी राष्ट्रपति पर 100 डॉलर से अधिक मूल्य के किसी भी उपहार को स्वीकार करने पर प्रतिबंध लगा हुआ है।

सही मौका

कीमत के अलावा, उपहार देने के प्रचलन का एक और अनिवार्य शर्त यह है कि कोई उपहार देने का एक सही व तात्कालिक मौका होना चाहिए, चाहे वह शिशु के जन्म का अवसर हो या दीवाली की पार्टी में आपको आमंत्रित करने के धन्यवाद-स्वरूप उपहार देने की बात हो। यह उपहार देने का एक औचित्यपूर्ण कारण भी प्रदान करता है और उपहार लेने व देनेवाले के बीच एक सकारात्मक अहसास विकसित करने में भी मदद करता है जिससे उपहार स्वीकार करनेवाला इस तरह की प्रतिक्रिया व्यक्त करने की मनःस्थिति में नहीं रहता कि 'मैं विश्वास नहीं कर सकता कि फलाँ व्यक्ति मुझे कोई उपहार दे सकता है।'

आपसदारी

उपहार देने का एक और महत्त्वपूर्ण पहलू है, पारस्परिकता। आप इस बात का लाभ उठा सकते हैं कि मानव-स्वभाव का एक नियम है कि वह समान कीमत का उपहार लौटाने के लिए खुद को बाध्य महसूस करता है। इसलिए सामान्य तौर पर उपहार देना हिसाब-किताब बराबर रखने का एक प्रश्न होता है क्योंकि जितना आप देते हैं, उतना ही आपको वापस मिलता है। इसी वजह से यह महत्त्वपूर्ण है कि

आप इन उपहारों को स्वीकार करने के प्रति संवेदनशील रहें, जो अन्य लोग आपको देते हैं और साथ ही उन उपहारों के प्रति भी, जो आप अन्य लोगों को देते हैं।

कार्यालय-सहयोगियों के बीच उपहारों का आदान-प्रदान बढ़िया है और अपने मातहतों को भी उपहार देना स्वीकार योग्य है। वस्तुतः कफलिंक व टाई, मुझे मेरे बॉस से दीवाली, शादी की सालगिरह और मेरे जन्मदिन जिसकी तारीख मेरे बॉस को हमेशा याद रहती थी, पर उपहारस्वरूप मिली थीं। हालाँकि, बॉस को उपहार देना एक ऐसे ग्राहक को उपहार देना जिससे वार्ता चल रही हो, उसे प्रभावित करने के प्रयास के रूप में देखा जा सकता है। चाहे असलियत में ऐसा कुछ न हो।

भावनाओं का प्रदर्शन

इन तमाम दिशा-निर्देशों के अलावा, सबसे अधिक महत्त्वपूर्ण है भावनाओं का प्रदर्शन। उपहार की कीमत उतनी अहम् नहीं है। गिफ्ट-पेपर में अच्छी तरह लिपटा हुआ एक उपहार, जिसके साथ एक कार्ड हो जिस पर उपयुक्त शब्द लिखे हों और जो सही समय पर, उचित अवसर पर दिया जाए, वह एक आदर्श उपहार होगा। उपहार सही समय पर दिया जाना भी जरूरी है। मुझे अपने नवजात शिशु के जन्म पर एक उपहार दस महीने बाद मिला। हर साल नवंबर में मैं करीब 200 रुपए एक डायरी खरीदने पर खर्च करता हूँ और हर साल मुझे जनवरी से लेकर मार्च तक 15 डायरियाँ मिल जाती हैं, जिन्हें मुझे बाँट देना पड़ता है। इस तरह से कई उपयोगी उपहार गलत समय पर मिलने की वजह से बेकार चले जाते हैं।

●●●